A ASTROLOGIA E A PSIQUE MODERNA

DANE RUDHYAR

A ASTROLOGIA E A PSIQUE MODERNA

Um astrólogo analisa a psicologia profunda

Tradução
MAIO MIRANDA

EDITORA PENSAMENTO
SÃO PAULO

Título do original:
Astrology and the Modern Psyche
An Astrologer Looks at Depth Psychology

Edição	Ano
2-3-4-5-6-7-8-9	89-90-91-92-93

EDITORA PENSAMENTO LTDA.

Rua Dr. Mário Vicente, 374 - 04270 São Paulo, SP - Fone: 633141

Impresso em nossas oficinas gráficas.

SUMÁRIO

III PARTE

PERSPECTIVAS ASTROPSICOLÓGICAS

Prefácio

Meu interesse pela psicologia profunda começou na primavera de 1932, quando me deram um exemplar de *The Secret of the Golden Flower*, uma obra sobre doutrinas esotéricas chinesas, com um comentário escrito por Richard Wilhelm e Carl Jung. Fiquei profundamente interessado e logo depois escrevi uma circular intitulada *Harmonic Psychology**, marcando o início do meu trabalho na Astropsicologia, ou Astrologia Humanística, conforme passei a chamá-la muito mais tarde. Eu estudava astrologia desde 1920 e tinha começado a abordá-la de uma forma mais filosófica e criativa, depois de ter lido alguns dos primeiros cursos mimeografados de Mark Edmond Jones. Mais ou menos na mesma época, fiquei entusiasmado com o livro de Ian Smuts, *Holism and Evolution*, que me forneceu um conceito, na época, inteiramente novo – o conceito do holismo.

Em 1933, tive oportunidade de ler três dos quatro livros de Jung que haviam sido vertidos para o inglês e fiquei ainda mais convencido da possibilidade de integrar a astrologia e a psicologia profunda. Naquele mesmo ano, a primeira revista que divulgou um tipo popular de astrologia solar, a *American Astrology*, foi lançada por Paul Clancy que, ao ouvir minha idéia, ofereceu-se para publicar qualquer coisa que eu escrevesse numa seção mensal, que seria dedicada à Astrologia Psicológica.

Quando Grant Lewi passou a dirigir a revista *Horoscope*, ele também me pediu para escrever artigos. Depois que Clancy se recusou a renovar a cláusula de exclusividade de nosso acordo, comecei a escrever dois

* Grande parte dessa circular original foi reimpressa no epílogo do meu livro *The Astrology of Personality*.

artigos por mês para a *Horoscope*, sendo eles de natureza mais resumida e inspirada, e isso prosseguiu durante muitos anos.

Em 1942, em Nova York, conheci a diretora associada de uma revista que já deixou de ser publicada há muito tempo, a *World Astrology*. Ela queria muito receber artigos meus e durante vários anos também escrevi dois artigos mensais para essa revista. Uma série, publicada com o pseudônimo de Daniel Morison, tratava de personalidades e eventos da atualidade. Na outra, assinada com o meu próprio nome, procurei popularizar as idéias de alguns líderes da psicologia profunda, com cujos livros eu estava bastante familiarizado, e procurei mostrar como as doutrinas psicológicas básicas que esses homens estavam promovendo podiam ser relacionadas com o caráter dos seus mapas de nascimento.

É essa segunda série, versando sobre psicologia profunda e astrologia, que compõe a maior parte deste volume. Na última parte, vários artigos publicados na revista *Horoscope* depois da II Guerra Mundial foram acrescentados, porque tratavam de questões psicológicas importantes e correlatas. Todos esses artigos foram cuidadosamente impressos e revisados, com a minha supervisão, por minha amiga e assistente Leyla Rael, cuja mente vibra em apaixonada sintonia com as idéias e a visão do mundo que venho tentando incentivar há tantos anos. Sou imensamente grato a ela por sua eficiente colaboração. Também envio meus agradecimentos a Stephen Arroyo, da CRCS Publications, cuja idéia era inicialmente reunir este material numa forma atualizada. Aqui eu poderia acrescentar que os mapas que constam deste livro foram recalculados de acordo com as Casas de Campanus, uma vez que este é o sistema de casas que tenho usado durante os últimos anos, por motivos que são explicados na primeira parte do meu livro *The Astrological Houses: The Spectrum of Individual Experience* (Doubleday, N. Y., 1973).

Acredito que, do modo como agora está sendo apresentado, o material contido neste volume oferece muitas perspectivas valiosas e, talvez, inéditas tanto às pessoas receptivas, que se interessam pela psicologia, quanto ao estudante que anseia obter uma informação mais completa dos vários aspectos desse assunto complexo, que passou a dominar uma parte tão grande de nossa vida atual. Espero e creio que este livro ajude a trazer profundas revelações psicológicas para muitas pessoas que agora se sentem atraídas pelo fascinante campo da astrologia e, também, que ele sirva para sugerir, de uma forma mais exata e explícita, aos estudiosos de psicologia, a importância de se estudar os aspectos básicos da personalidade de um psicólogo, ou psicóloga, caso se pretenda compreender plenamente o caráter e a qualidade essencial dos seus ensinamentos.

Palo Alto, Califórnia
Abril de 1976.

I Parte

A Psicologia Profunda e Seus Pioneiros

1 Freud e a Psicologia Profunda

Até poucas décadas atrás, a palavra *psicologia* dificilmente era ouvida, exceto nas discussões entre filósofos, moralistas e estudiosos de técnicas religiosas criadas para purificar e santificar a vida de alguns indivíduos, em número relativamente diminuto. O estudo da psicologia era matéria de Universidade. A ciência médica mal dava atenção a ela. Os problemas mentais, a histeria, a insanidade – uma vez atribuídos a causas "ocultas" de "possessões" demoníacas – eram, de um modo geral, considerados doenças incuráveis e as pessoas afligidas por elas eram classificadas como párias e, às vezes, como criminosas. Saúde mental e racionalidade eram vistas como marcas de divindade no homem e, uma vez que se acreditava que o indivíduo tinha "livre-arbítrio" e era "dono" da sua mente e dos seus sentimentos, a perda do equilíbrio mental e do autocontrole significavam que ele havia renunciado, mais ou menos deliberadamente, à sua natureza divina e se tornara uma vítima de forças animalescas ou diabólicas. Na maioria dos casos, os loucos eram tratados de acordo com essas crenças.

Durante o último século, idéias referentes à natureza do homem, que não tinham sido contestadas por longo tempo, começaram a ser vivamente questionadas. Os filósofos materialistas da escola alemã começaram a questioná-las em termos gerais, procurando provar que todas as atividades da alma e da mente podem ser reduzidas e explicadas como produtos de processos materiais, bioquímicos. Mais especificamente, os fenômenos psicológicos foram entregues ao exame minucioso de pessoas encarregadas de curar os doentes. As doenças situadas na linha de fronteira entre o puramente físico e o psicológico e, particularmente, todas as formas de "histeria" – no final do século XVIII – tinham atraído a atenção de investigadores, desde a época de Anton Mesmer. As várias e diferentes tentativas de curar essas doenças levaram, afinal, à psicanálise e a Sigmund Freud.

A partir daí, a psicologia moderna passou a ser dividida em vários ramos: mais basicamente, a "psicologia experimental" dos laboratórios acadêmicos, ao longo da linha do comportamento, o estudo de fenômenos primários de atenção, reflexão-ação, associação de idéias etc. – e os vários tipos de "psicoterapias", que procuram curar as enfermidades da mente e da vida interior do homem. Nosso debate principal girará em torno dos tipos de psicoterapia que não estão especificamente ocupados com a cura de formas agudas de insanidade, e cujo objetivo básico é, a princípio, trazer o homem e a mulher da nossa era caótica para um senso muito maior de saúde e sanidade (psicológica, moral e mental) e para uma compreensão mais vibrante dos seus poderes interiores. Os tipos de perturbações que essas psicoterapias tentam curar são produzidos essencialmente pelo desajustamento das pessoas ao meio que as cerca: a família, a escola, os amigos, a sociedade. Elas lidam com o conflito básico entre o individual e o coletivo, entre o ego e tudo o que não é o ego, portanto, o "mundo exterior".

Tal conflito é absolutamente básico na natureza humana, e somente na natureza humana. É privilégio do homem individualizar-se e destacar-se do rebanho, da tribo, da comunidade sócio-religiosa em que nasceu. É privilégio do homem sentir-se "separado" como um "eu", um ego que tem características ímpares. Esse é o seu privilégio e esse é seu fardo trágico, ou sua responsabilidade. Isso faz dele um deus ou um demônio.

Todos os psicoterapeutas, a partir de Freud, estão essencialmente ocupados com o ego – com a maneira como o ego se desenvolve, amadurece ou não consegue amadurecer, se cristaliza ao longo de padrões sociais de aquiescência ou de rebelião, se transforma, superando suas limitações e, em casos raros, torna-se parte de uma integração espiritual muito mais ampla. Todavia, cada escola de psicoterapia adota uma abordagem particular dos problemas do ego e geralmente enfatiza um tipo de perturbação em detrimento de outros. Isso acontece principalmente porque o psicólogo não consegue perceber o ser humano inteiro, como um *todo orgânico*, e especialmente porque ele não tem qualquer maneira de figurar para si mesmo a estrutura desse todo.

Aqui entra a astrologia, pois, no mapa de nascimento, o astrólogo tem um instrumento para estudar o padrão geral das funções, faculdades e impulsos de uma pessoa. Ele pode estudar o diagrama da personalidade total e também o seu programa de desenvolvimento, a partir do instante do nascimento. Portanto, ele pode lidar com a *pessoa como um todo*, melhor do que com apenas um ou dois dos impulsos e atividades fundamentais que contribuem para o desenvolvimento da consciência e do ego – ou para a sua deformação e destruição eventual. Todavia, o tipo de psicologia apresentada pela maioria dos astrólogos e dos manuais de astrologia é, em regra, absolutamente incapaz de se colocar à altura dessas possibilidades. Trata-se de um tipo de psicologia ainda baseada nos trabalhos de Ptolomeu e de Aristóteles – um tipo "clássico", saturado de velhos conceitos éticos e religiosos, mas ainda assim ligeiramente envolvido pelo fermento das idéias que Freud e seus sucessores deixaram para o mundo moderno.

Freud não é um fenômeno único. Existe uma correlação básica entre as atitudes em relação à vida, que foram promovidas e popularizadas por Darwin e por Freud. Pois, nesses dois pioneiros, encontramos a expressão de uma rebelião profunda contra o apoio "clássico" aos fatores intelectuais e racionais existentes na natureza humana, baseado nas explicações dadas pela teologia religiosa e pelo racionalismo do século XVIII, para justificar fenômenos biológicos e psicológicos e para explicar a gênese das espécies naturais e dos egos individuais dos seres humanos. Enquanto os psicólogos clássicos e religiosos acreditavam numa alma concedida por Deus, e os biólogos acreditavam na criação separada, por Deus, de cada espécie de entidade-vida, Darwin e Freud desistiram do conceito dessa criação "nas alturas" e procuraram imaginar um desenvolvimento progressivo, evolucionário, de espécies e de egos, "partindo de baixo". Assim nasceu a "psicologia profunda" – uma psicologia que mergulha audaciosamente nas profundezas subconscientes da alma humana, uma *psicologia evolucionista* do ego.

O que Freud e Darwin procuraram destruir foi o chamado conceito platônico de um mundo "espiritual" de Idéias ou Arquétipos *anterior* ao mundo físico, de organismos materiais. Sendo "emanações" diretas da Mente Universal e das suas Hierarquias Divinas, esses Arquétipos não eram considerados seres "em evolução". Dizia-se que eles haviam sido criados completos e perfeitos. A evolução só podia ser encontrada no mundo material: uma tentativa lenta, realizada pelos organismos físicos "e psicológicos", de chegar cada vez mais perto dos padrões ideais que constituem a "realidade".

Por outro lado, a psicologia "clássica" é baseada na suposição de que o homem é uma "alma divina" que opera numa associação mais ou menos estreita com um corpo material e com uma "personalidade" condicionada pela Terra. Cada indivíduo é "um filho de Deus" ou, a princípio, em termos mais filosóficos, uma entidade espiritual, cuja estrutura e função essencial são estabelecidas como um Arquétipo *antes* do nascimento, e que serão perpetuadas depois da morte do corpo. Essa entidade espiritual é o "eu" verdadeiro; e a ela pertencem os atributos espirituais de vontade, caráter, discriminação entre bem e mal, moralidade, racionalidade e criatividade mental. Tais atributos estão em constante conflito com os desejos e paixões do corpo e da psique, que são prisioneiros da Terra.

Durante a era vitoriana, a humanidade, tendo se encontrado subitamente de posse de tremendos poderes materiais, enfrentou um aumento generalizado na virulência do conflito entre os atributos espirituais e os desejos pessoais de auto-engrandecimento e de auto-satisfação – especialmente porque o poder das restrições religiosas e sociais do passado também estava desaparecendo sob os golpes da crítica intelectual. Os resultados foram óbvios: afirmações morais e ideais grandiloqüentes eram desmentidas, a cada passo, pelos "fatos da vida". Os seres humanos tentavam, cada vez mais, viver duas vidas ao mesmo tempo. Multiplicaram-se as neuroses, as psicoses e os casos de personalidade dividida. O perigo, além de pessoal, estava se tornando social.

Alguma coisa *precisava* acontecer. Assim como a osteologia e a cirurgia tiveram de se desenvolver numa época em que as deformações e os acidentes de trabalho se multiplicaram com a expansão da era da máquina e dos empregos em escritórios, que obrigavam a um confinamento artificial, assim também a psicoterapia (a cura da alma, ou "Psique" pessoal, condicionada pela Terra) teve de descobrir técnicas que pudessem aliviar o estado generalizado de insanidade moderada apresentado pelo habitante civilizado e mecanizado das cidades da era pós-vitoriana. Quando uma pessoa, em conseqüência de algum medo e de algum conflito interior profundo, vê-se compelida a realizar certas ações repetidamente, não só contra a sua pretensa "vontade" mas sem saber que as está realizando, a psicologia clássica deixa de ter qualquer significado prático. Se eu não sei quem sou ou o que faço – então, para todos os propósitos práticos, o termo "eu" perde o seu significado. A pessoa que se encontra sob hipnose está numa situação dessas, mas também está nessa mesma condição o homem que tem uma "neurose compulsiva" – só que em grau menor. A psicologia clássica resolveu a questão declarando o homem "insano", pois a entidade espiritual, que existe dentro dele, "abandonou o seu corpo".

Todavia, quando a linha fronteiriça entre sanidade e insanidade é ocupada por uma multidão de milhões de cidadãos aparentemente normais, o problema não pode ser posto de lado tão sumariamente. O problema de sanidade e de racionalidade – ou melhor, o significado de vontade, de personalidade, de ego – tem de ser reformulado. A formulação não pode ser um julgamento *branco e preto*, na base de consciência-ou-nada. Ele deve admitir gradações de *cinza*: inconsciente, subconsciente, semiconsciente, consciente parcial... talvez consciência de vários graus de brilho e poder de penetração; em alguns casos, consciência ganhando acesso a domínios além da escala normal até mesmo da "luz branca" – poderíamos dizer, consciência ultravioleta?

Tal "escala" de consciência sugere a existência de um processo evolutivo; um processo de crescimento que parte da raiz e que sobe, emergindo das profundezas. O "eu" individual, em vez de ser visto como um Eu *a priori*, um Eu arquetípico – como algum "modelo de perfeição" transcendente para a vida orgânica sobre a Terra – começa a ser compreendido como o resultado final da existência humana, como uma vitória que deve ser conquistada, como o resultado de um lento esforço de integração e individualização (ou "individuação"). E esse esforço poderá ser abortivo, tal como pode acontecer com o nascimento. A consciência do "eu" poderá nascer saudável, ou poderá emergir das profundezas negras e inconscientes do instinto malformado e distorcido por frustrações e pressões de todos os tipos.

A emergência do ego a partir do instinto ocorre durante os anos de infância – ela poderá até mesmo ser condicionada por causas pré-natais. As doenças da vontade e da mente e a "predisposição" para choques psicológicos e colapsos morais-patológicos devem, portanto, ter como causa aquilo que ocorreu durante os primeiros anos de vida. Conseqüentemente, o psiquiatra deveria retroceder até esses pontos de partida da personalidade individual, assim como o naturalista darwiniano estuda particularmente aqueles remanescentes do passado fossilizado que mostram novas formas de vida emergindo de espécies mais antigas. O naturalista e o paleontologista procuram suas pistas através de fósseis profundamente embutidos em rochas antigas, trazidas à superfície da Terra por ocorrências cataclísmicas ou por longas eras de erosão. O psicólogo profundo também deve encontrar seu caminho, que leva às entranhas, para as camadas primitivas da consciência infantil – ou tirar vantagem dos rompimentos psicológicos e das crises cataclísmicas que ocorrem durante o crescimento da "alma", e que trarão à superfície lembranças, há muito esquecidas, de choques e frustrações.

Normalmente, porém, as recordações *conscientes* da mente já deformada por tensão ou por medo não podem ser de real ajuda para o psicólogo, que anseia por esquadrinhar o que está contido na área entre os instintos inconscientes e os primeiros clarões de consciência do ego. O ego resiste a esse exame tanto quanto uma criança resistiria se quisessem fazê-la reentrar no ventre que condicionou sua própria estrutura. Contudo, todas as manhãs, quando a pessoa desperta, ela experimenta novamente esse processo de emergência da inconsciência para a consciência. Nessa "fase liminar" de atividade mental, o tipo de condições predominantes na primeira infância tende a ser reproduzido. Nós damos o nome de "sonhos" a essas condições. Todas as manhãs, quando sonhamos, somos bebês novamente, lutando para emergir do útero dos instintos e vir para os problemas da consciência e da adaptação do ego ao nosso complexo meio ambiente. Desse modo, aprendendo a compreender o mundo dos sonhos, nós também tomamos conhecimento das tentativas que a consciência fez, e que está fazendo constantemente, para se afirmar e enfrentar a força dos instintos.

Os instintos têm força. Eles são a vida em ação. A força deles é aquilo que os psicólogos chamam de *libido* ou de energia psíquica. À medida que o ego acha seu caminho no mundo da família e da sociedade, ele encontra condições que desafiam a expressão da libido. Ele tenta adaptar-se a essas condições e, ao fazer isso, é forçado freqüentemente a reprimir a energia dos instintos. Em conseqüência, são gerados conflitos. Conflitos e repressões repetidas causam tensão, rigidez e congestão nas estruturas em desenvolvimento da consciência. Elas são aquilo que os psicólogos chamam de "complexos", e estes, por sua vez, condicionam a adaptação futura do ego a novas experiências durante a adolescência e através da juventude. À medida que perde a sua espontaneidade e flexibilidade, o ego fica imobilizado, cristalizado e sobrecarregado de mecanismos de defesa – como uma tartaruga com o seu casco – ou desenvolve agressivos mecanismos unilaterais de ataque – como um tigre ou uma cascavel. Se confrontado por um choque violento, o ego se torna vítima de seus inflexíveis mecanismos. Desenvolvem-se neuroses e psicoses, levando a doenças e a condições patológicas.

A fim de poder curar essas desordens, o psicoterapeuta deve encontrar suas causas originais. Ele precisa "enfraquecer" as cristalizações ou "complexos" do ego e liberar a energia psíquica que elas haviam desviado e represado. Isso é uma espécie de "cirurgia da alma", ou de osteoplastia psíquica; e foi isso que Freud tentou. A psicanálise freudiana é, essencialmente, uma *técnica psicocirúrgica*. Ela usa a análise dos sonhos como um meio para descobrir sintomas ocultos. Ela força o ego a voltar para o estado liminar de consciência emergente (consciência infantil) e ajuda a pessoa a fazer aquilo que ela não conseguiu fazer na infância.

Aqui não há espaço suficiente para um estudo pormenorizado da técnica freudiana. Eu apenas destaquei algumas de suas características básicas, características que estão simbolizadas, de forma por demais impressionante, no mapa de nascimento de Freud.* O mapa ilustra graficamente a descida de Freud até as profundezas da psique – de bisturi na mão! Naturalmente, o bisturi é Marte – símbolo do aço e dos instrumentos cortantes – encontrado exatamente na raiz do mapa de Freud e "movendo-se para trás". Falando de um modo geral, esse planeta retrógrado representa uma função da vida que está voltada para dentro. Do mesmo modo, o cirurgião corta para dentro. Freud procura alcançar a camada mais profunda do organismo para libertar aquilo que ficou deformado ou congestionado, cristalizado ou apodrecido.

Quando apanhada nas garras de um "complexo", a libido torna-se destrutiva. Quando os desejos normais são frustrados, eles se transformam em abscessos psíquicos que causam auto-intoxicação. O Marte retrógrado de Freud está a 4° de Libra, no ponto do mapa que representa a mãe (e em alguns casos, o pai). Esse Marte simboliza o complexo de mãe ou complexo de Édipo, que é tão básico na psicanálise. Libra é o signo da consciência social emergente – assim como Áries simboliza a cons-

* Outro mapa em uso na Europa foi reproduzido na América recentemente, dando Escorpião no ascendente. Resta fazer uma verificação conclusiva para determinar qual dos mapas é o correto.

ciência pessoal emergente. E Marte sozinho no hemisfério inferior do mapa – opondo sua força contra a de todos os outros planetas que cercam o zênite – revela uma terrível tensão dentro da alma de Freud. Geograficamente, o desenho planetário é o de um triângulo com a ponta para baixo – quase uma verruma!

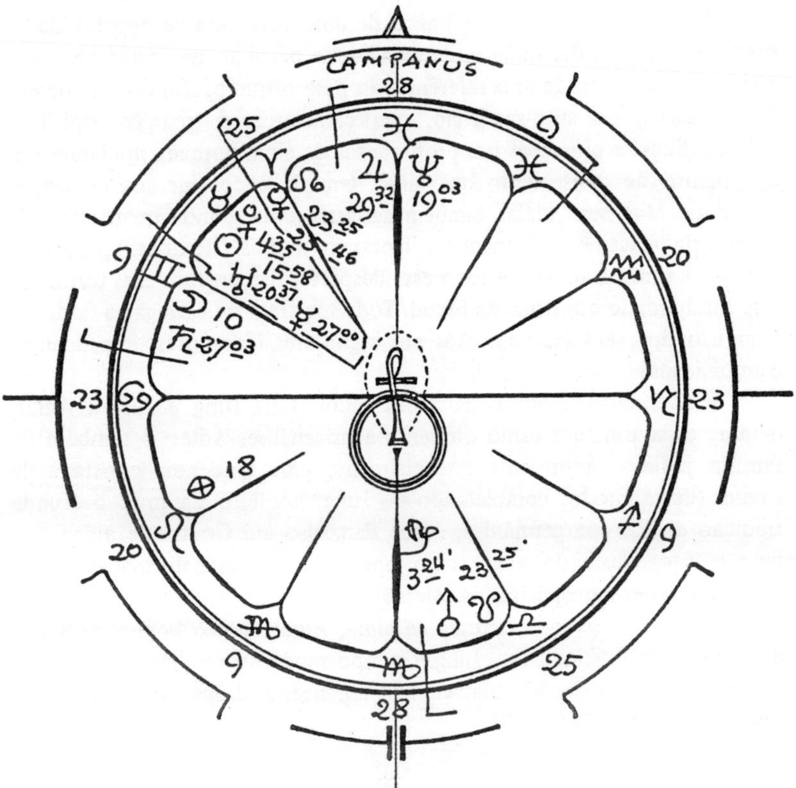

Sigmund Freud
por volta das 5 h da manhã
6 de maio de 1856
Freiberg - Morávia

Os planetas situados acima do horizonte estão todos dentro da quadratura formada por Netuno-Júpiter em Peixes e Lua-Saturno em Gêmeos. E o Sol, no centro do agrupamento, forma semiquadraturas com Júpiter e Saturno – configuração que indica, potencialmente, extrema compulsão. Saturno, na casa referente à introspecção, ao confinamento, à retribuição ou ao *karma*, sugere que Freud assumiu realmente um encargo pesado. Por outro lado, todavia, Saturno está num grau simbolizado por "falência" e o começo de uma nova vida de oportunidade. Freud era de família judia e, de uma forma peculiar, seu mapa de nascimento contém mais de uma referência ao pessimismo profundo e ao desejo de expiação, de auto-sacrifício, que caracteriza a tradição espiritual judaica. Suas explorações nas profundezas da alma humana iniciaram um movimento de pensamento que ainda tem de encontrar sua realização completa. Mas suas idéias também agitaram uma grande quantidade de substância-pensamento venenosa, liberaram muitas "toxinas" psíquicas, levaram a muitos abusos; e todo esse despertar das profundezas tornou-se responsabilidade espiritual de Freud. Todo mestre deve carregar o fardo do mau uso dos seus ensinamentos por seguidores ignorantes, imprudentes e ambiciosos!

Freud abriu a porta. Seus discípulos, Carl Jung e Alfred Adler, deram, cada um, um rumo diferente à psicanálise. Adler – também de família judia – representa essencialmente uma tendência oposta à de Freud (desse modo, completando-a). Jung, herdeiro da mais profunda tradição da Europa germânica, desde Paracelso até Goethe, e até a vida livre e integradora do povo suíço, apresenta uma transformação básica das implicações e propósitos da psicanálise.

Freud lida com a cirurgia da alma. Adler com o bem-estar social de indivíduos desajustados. Jung é o tipo moderno de "guia espiritual"; sua meta é a integração cada vez mais abrangente da personalidade – da psique humana em evolução.

2 *Alfred Adler e a Psicologia da Superação Individual*

Conforme declarei no último capítulo, a psicologia moderna – ou melhor, a psicoterapia – foi profundamente influenciada, no seu início, pelo conceito de evolução desenvolvido por Darwin. A principal preocupação de Darwin era provar a falsidade da idéia de que cada espécie de vida era uma entidade biológica inteiramente distinta, produzida por um ato separado de criação divina, e mostrar que, em vez disso, as características dessas espécies resultavam de um contínuo processo de evolução determinado pelos princípios essenciais de probabilidade de adaptação ao meio ambiente e de sobrevivência dos mais aptos, ou de "seleção natural". O método de Darwin era escavar o passado, estudar homens e fósseis primitivos, procurar aqueles períodos esquecidos de transição biológica, quando a força de adaptação evolutiva introduziu novos desvios orgânicos em resposta a mudanças externas nas condições de vida no nosso globo.

Darwin, essencialmente, *olhou para trás*. Seu método era analítico e "redutivo" – isto é, ele procurou reduzir as circunstâncias presentes a causas anteriores, para mostrar que aquilo que existe hoje desenvolveu-se durante algum ontem muito distante. Sigmund Freud procedeu da mesma maneira. Ele escavou o conteúdo reprimido e esquecido dos inconscientes dos seus clientes neuróticos como um paleontologista, ou como um geólogo cavando estratos de velhas rochas. Ele analisou as causas de neuroses, mostrando como o impulso vital básico – a *libido* – tinha sido desafiado por condições ambientais adversas e tinha se tornado destrutivo para a evolução psíquica interior da pessoa que estava se desenvolvendo. "Reduzindo" às suas causas os sintomas destrutivos da neurose, é dada à consciência, *agora madura*, uma nova chance de enfrentar a condição que produziu a neurose. O indivíduo envolvido tem oportunidade de compreender o erro ou a impropriedade do tipo de reação que tivera na infância e, desse modo, poderá finalmente liberar a energia da libido, que tinha dado força às emoções neuróticas, ou ao comportamento, levando-a para canais mais construtivos.

Contudo, as abordagens darwiniana e freudiana da matéria dos seus respectivos estudos não consideram – ou pelo menos certamente não apresentam – qualquer *objetivo* para o processo evolutivo. Para Freud, há um conflito cego e fatídico entre os instintos do indivíduo humano e as repressões tradicionais ou tabus da sociedade, e realmente há muito pouco que se possa fazer a esse respeito. Seu ponto de vista – e também o de Darwin – é, de fato, pessimista e sombrio. Contudo, nem todos os evolucionistas viram a evolução de uma forma assim tão sem propósito; Lamarck, que antecipou Darwin, tinha dado grande importância ao impulso criativo existente dentro de cada espécie de vida – e a percepção de que todo o processo evolutivo é estimulado pelo *impulso*, rumo a algum objetivo ou propósito de definição mais ou menos clara, tornou-se particularmente evidente no pensamento de alguns filósofos ingleses do século passado, levando ao conceito de "holismo", apresentado por Ian Smuts, filósofo e homem de Estado, na sua grande obra *Holism and Evolution.*

No campo psicológico, Alfred Adler estava entre os que vieram a participar das discussões do grupo reverentemente reunido em torno de Freud; e Adler logo começou a desafiar a atitude do "mestre" de uma forma extremamente básica. Diferenças de opinião e de temperamento levaram a uma violenta discordância. Adler conhecera Freud em 1906 e, finalmente, deixou o seu círculo em 1911, apresentando-se como professor por sua própria conta e como apresentador de um sistema psicológico a que deu o nome de "Psicologia Individual".

Adler trouxe vários conceitos novos para a interpretação psicológica de neuroses e perturbações correlatas. Esses novos conceitos ou atitudes de vida estão em oposição direta aos que haviam sido fundamentais para Freud. Onde Freud fala, com insistência, em "sexualidade", Adler se refere ao ego e ao seu "desejo de poder"; onde Freud concebe tudo como estando relacionado com causas passadas e procura perscrutar profundezas ocultas, Adler vê tudo como um plano condicionado por um propósito, como uma expressão do "objetivo da alma humana [que] é conquista, perfeição, segurança, superioridade" (Adler, *Social Interest*, p. 145); onde Freud analisa a psique por partes, por complexos, e coisas semelhantes, Adler enfatiza "a unidade da personalidade" – que ele identifica com o ego.

Sua identificação da unidade da personalidade é por demais significativa. A psicologia tradicional tomou como certo que um indivíduo que está dizendo "eu" sabe exatamente o que está falando e a que está se referindo; ela pressupõe que aquilo que é chamado de "eu" é uma entidade essencialmente permanente, com um caráter consistente – de fato, uma "alma" criada por Deus. Freud mostrou que o "eu" era um composto de todos os tipos de fatores, conhecidos e desconhecidos, conscientes e inconscientes; que esse "eu" podia ser dividido em "partes"; que a sua unidade era constantemente uma possível vítima da energia instintiva etc. Adler recusou-se terminantemente a ter a unidade da sua personalidade *desfeita pela análise*. Ele se aferrou ao seu "eu" com teimosa intensidade, a despeito de ter-se defrontado com os fatos incontestáveis revelados pela pesquisa psiquiátrica e pela análise dos sonhos. Então, de algum modo, ele teve de reconciliar esses fatos e seu protesto egocêntrico contra a psicanálise. Sua "Psicologia Individual" foi construída em torno dessa tentativa de reconciliação – embora ele talvez nem sequer tivesse consciência disso!

Adler, cientista e homem do século XX, não sugeriu que os seres humanos nascem com almas indissolúveis, criadas por Deus, mas, aceitando como certo que o indivíduo é uma expressão distinta do impulso evolucionário que corre através da humanidade. Para ele a personalidade é um organismo que permanece como um todo básico e consistente até ser dissolvido pela morte. Aquilo que aparenta ser os sintomas de desintegração psíquica ele viu como sendo os esforços da personalidade total (ou seja, do ego) para solucionar seus problemas de acordo com normas ineficientes. Lendo Adler, todavia, pode-se sentir sua condenação *implícita* do homem que assim escolhe um "estilo de vida" errado – não muito diferente do desprezo do moralista religioso pela pessoa que "se permite" ficar louca, ou do daquele burguês europeu endinheirado pela pessoa que se permite ir à falência (um pecado social imperdoável!).

No seu livro *Social Interest – A Challenge to Mankind*, Adler escreveu:

> Cada indivíduo adota para si mesmo, no começo da vida, uma *lei de movimento*, com comparativa liberdade de usar, para isso, seus defeitos

e capacidade inatas, assim como as primeiras impressões do seu meio ambiente. Para cada indivíduo, essa lei de movimento é diferente, em andamento, ritmo e direção. O indivíduo, que está se comparando continuamente com o inatingível ideal de perfeição, está sempre dominado e é sempre esporeado por um sentimento de inferioridade... (p. 37).

A lei fundamental da vida é a lei de vencer ... (p. 71).

Ser um ser humano implica a posse de um sentimento de inferioridade que é constantemente empurrado para a frente, rumo à sua própria conquista. Os caminhos da vitória são tão múltiplos e diversos como as metas de perfeição escolhidas. Quanto mais forte o sentimento de inferioridade experimentado, mais poderoso é o anseio de conquista e mais violenta a agitação emocional ... (p. 72).

A neurose é um fato criativo e não uma reversão para formas infantis e atávicas... (p. 131).

A neurose é a exploração automática e ignorada, realizada pelo paciente, dos sintomas resultantes dos efeitos de um choque... A cura só pode ser efetuada por meios intelectuais, pela percepção cada vez maior, por parte do paciente, do erro que cometeu, pelo desenvolvimento do seu sentimento social... (pp. 180-181).

A inferioridade orgânica e, mais ainda, um regime de mimos na infância, têm desviado a criança, levando-a a formar esse determinado estilo de vida, e têm embaraçado o desenvolvimento de uma quantidade adequada de sentimento social... (p. 133).

Segundo Adler, uma criança é impedida de desenvolver um "estilo de vida" adequado (que inclui uma quantidade correta de interesse social e de sentimento social) pelos *mimos excessivos*, pela *negligência* e pela *posse de órgãos inferiores.* Essas três *"desvantagens* básicas *da infância"* têm de ser enfrentadas e vencidas pelo "poder criativo da criança". Seu sucesso ou fracasso depende de seu "estilo de vida" que, por seu turno, depende da maneira pela qual a criança "utiliza a hereditariedade e a influência do seu meio ambiente" com "relativa liberdade".

Adler não nos diz com clareza o que é exatamente que faz a criança ter uma "liberdade relativa" no estabelecimento do seu "estilo de vida" absolutamente determinante; pode-se presumir, porém, que ele vê isso como uma expressão individual e distinta da maré criativa da evolução humana (o *Elan Vital*, de Bergson), procurando sua meta final de perfeição. Para Adler, toda pessoa deve ser conhecida e tratada como um caso individual. De fato, o mundo de Adler é um mundo de indivíduos, cuja função, como indivíduos, é considerada inquestionável e final.

Todavia, a fim de equilibrar seu individualismo extremo e sua ênfase sobre o ego e a "vontade de poder", Adler também enfatizou o sentimento social e a aptidão do indivíduo para participar na ascensão evolutiva da humanidade. Para Adler, o valor de um ser humano é determinado por sua capacidade de contribuir para "o maior desenvolvimento da humanidade como um todo". Os indivíduos "que não deram qualquer contribuição para o bem-estar geral... desapareceram completamente. Nada resta deles. ...Isso aconteceu com eles do mesmo modo que aconteceu com espécies animais que se extinguiram porque foram incapazes de se colocar em harmonia com fatos cósmicos..." porque não tinham "entendido o significado da vida".

O problema para o psicólogo, segundo Adler, é ajudar o indivíduo a ajustar o seu próprio anseio a uma conquista superior, e a sua própria "meta de perfeição" à "meta" coletiva e "decisiva da evolução humana". O neurótico, o bêbado ou o criminoso também têm a sua "meta de superioridade; mas ela leva a uma direção tão oposta à razão que nós não conseguimos reconhecer nela um alvo de perfeição decente". O destino do homem é uma "assimilação vitoriosa com o mundo exterior", é o "domínio de todas as vantagens e desvantagens determinadas pelo cosmos".

Quem foi esse homem que exaltou desse modo a "vontade de poder" e identificou o ego com o ritmo básico da totalidade da personalidade? Alfred Adler nasceu no dia 7 de fevereiro de 1870, perto de Viena, na Áustria. Sua família era judia, mas seu pai havia sido convertido para o Protestantismo. Ele contraiu pneumonia aos 5 anos de idade e decidiu, ainda criança, tornar-se médico. Adler reconhece que sua teoria do complexo de inferioridade teve como origem uma inferioridade orgânica infantil que ele lutou para superar – aduzindo que, "assim como a natureza oferece compensações para órgãos lesados, assim também o espírito do homem pode ser treinado para compensá-lo por todas as perturbações psíquicas produzidas por órgãos defeituosos".

Adler recebeu seu diploma de médico em Viena, em 1895, começou uma clínica geral como especialista ótico em 1897 e conheceu Freud em 1906. Assim que o seu Sol progredido alcançou Áries, Adler rompeu com Freud, formou sua escola de "Psicanálise Livre" e publicou o jornal *Internationale Zeitschrift fur Individual Psychologie* [Revista Internacional de Psicologia Individual]. Veio para a América em 1927, lecionou na

Universidade de Colúmbia e, em 1932, teve a primeira cadeira de psicologia médica estabelecida numa faculdade americana (Long Island College of Medicine). Morreu em 1937 de ataque cardíaco, enquanto estava em Aberdeen, na Escócia. Casara-se com uma estudante russa, em Viena, com quem teve três filhas e um filho; desse modo, seu lar foi um verdadeiro laboratório de psicologia experimental infantil e um fator importante no desenvolvimento de suas idéias.

Não tenho conseguido encontrar qualquer menção da hora exata do seu nascimento, e vários signos ascendentes possíveis ocorrem à mente em vista do seu tipo biopsicológico e da configuração da sua vida. Contudo, o Ascendente mais provável, considerando as características de Adler, é Câncer, com Urano retrógrado ascendendo (ver disposição no mapa impresso na página seguinte). De acordo com seus biógrafos, ele era "ao mesmo tempo o homem mais fácil de se conhecer e o mais difícil, o mais franco e o mais sutil, o mais conciliador e o mais implacável". Era um "homem baixo e corpulento, com olhos bonitos e uma bela voz de tenor" (*cf.* sua Lua-Júpiter em Touro); tinha um temperamento belicoso (Marte-Sol em quadratura com Júpiter-Plutão) mantido sob excelente controle, e tinha uma atitude bondosa com seus pacientes" (Vênus dominante, retrógrado, num quintil criativo com Saturno).

Se a hora do nascimento escolhida está correta, a característica mais interessante do mapa, do ponto de vista da análise da disposição ordenada (ou *Gestalt*), é o fato de que ambos, Urano e Saturno, estão colocados abaixo do horizonte, na primeira e sexta casas respectivamente, enquanto todos os outros planetas estão incluídos dentro da quadratura de Mercúrio retrógrado em Aquário, com Júpiter e Plutão em Touro, em cada um dos lados do meio-céu pisciano e de Vênus. Os planetas que estão acima do horizonte – especialmente os situados em Aquário e Touro – referem-se às tensões emocionais de Adler, aos seus problemas orgânicos e também aos seus problemas de ajustamento social (cf. Netuno em quadratura com Urano no Ascendente), que podem ter estado parcialmente relacionados com um conflito social-religioso do qual ele talvez não tenha tido consciência. Por outro lado, Urano e Saturno simbolizam os seus esforços individuais no sentido de solucionar seus problemas – e Vênus retrógrado, exaltado e elevado, simboliza os resultados finais desses esforços, publicamente exteriorizados e proclamados.

Saturno na sexta casa poderia representar o "complexo de inferiori-

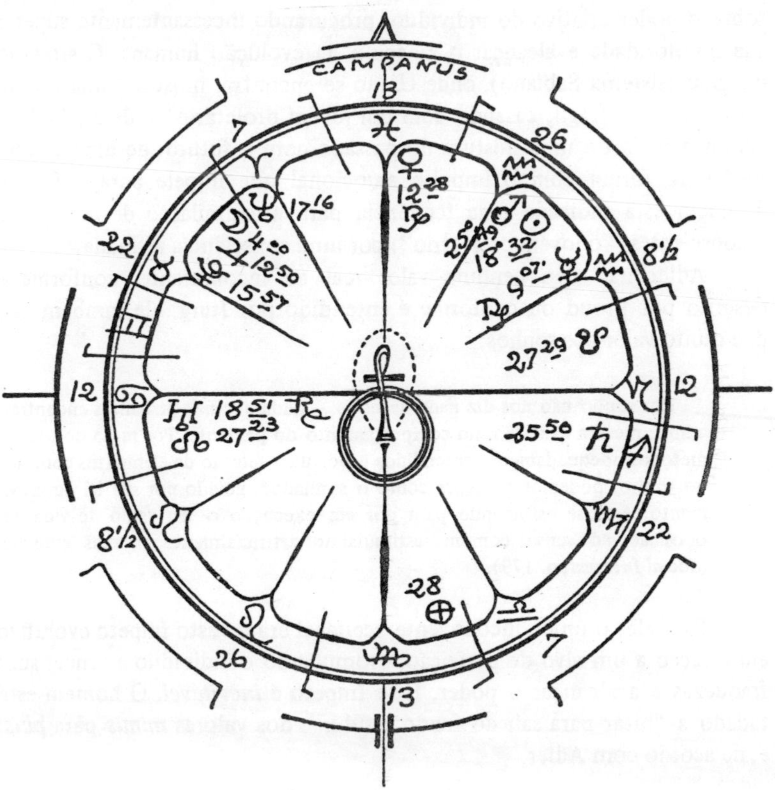

Alfred Adler
por volta das 14 h
7 de fevereiro de 1870
perto de Viena

dade" produzido pela debilidade física, assim como a tendência no sentido de estabelecer uma profilaxia mental e uma disciplina rígida. Urano, ascendendo em Câncer, estaria relacionado com a insistência de Adler sobre o poder criativo do indivíduo, procurando incessantemente superar sua inferioridade e alcançar o pináculo da evolução humana. O símbolo do grau (sistema Sabiano), onde Urano se encontra, mostra "uma jovem, aristocrática e frágil, casando com um jovem proletário" e dele nós derivamos a idéia de uma mistura do passado com o futuro, de uma combinação da forma com o impulso emocional que impele para a frente. Também está indicada uma tendência para a assimilação de conteúdos inconscientes ("o jovem proletário") por uma consciência refinada.

Adler não deu nenhum valor real ao inconsciente, conforme é descrito por Freud ou conforme é entendido por Jung. Ele também não deu muito valor aos sonhos:

> Um sonho não nos diz nada de novo – nada que não possamos encontrar, com a mesma exatidão, no comportamento do paciente. Por meio do uso de métodos adequadamente entendidos e por uma seleção de elementos contidos no sonho, podemos perceber como o sonhador, guiado por sua lei de movimento, está se esforçando para pôr em execução o seu estilo de vida em oposição ao senso comum, estimulando artificialmente as suas emoções (*Social Interest*, p. 179).

Para ele, o único inconsciente aceitável era o vasto ímpeto evolutivo em direção a um alvo de perfeição, estimulando o indivíduo a vencer suas fraquezas e a alcançar o poder. Esse ímpeto é *inevitável*. O homem está fadado a "lutar para sair do fundo e subir", dos valores *minus* para *plus*; e, de acordo com Adler,

> ... isso não só fixa uma categoria fundamental de pensamento, a estrutura da nossa razão, porém, o que é mais, produz o *fato fundamental de nossa vida*. A origem da humanidade e o eternamente repetido início da vida infantil faz isso penetrar pelos poros com cada ato psíquico: "Alcance! Levante! Conquiste!". Esse sentimento nunca está ausente (*Psychologies of 1930*, um ensaio escrito por Alfred Adler).

Essa "luta pela conquista, pela segurança, pela ascensão, que está na raiz de todas as soluções dos problemas da vida e é manifestada na maneira como enfrentamos esses problemas", pode ser vista, astrologicamente, na conjunção natal, de Adler, do Sol e de Marte em Aquário. Até mesmo o símbolo do grau ocupado pelo Sol traz o significado de "Ascendência" a essa posição. Ele representa "um incêndio, numa floresta, sendo dominado", e indica uma exageração de problemas da vida, revelando a uma pessoa a sua verdadeira dimensão, testando-a e desafiando-a a realizar uma mobilização total das suas energias. Além disso, Marte está colocado num grau que simboliza a comprovação do poder e a capacidade para exercê-lo. No simbolismo zodiacal, Aquário tem correlação com a liberação de poder através da imaginação e da vontade humana, a fim de dinamizar a busca de novos objetivos. Júpiter, em conjunção com Plutão, indica uma possível saída criativa para essa dinâmica liberação de força, pois a quadratura de Sol e Marte com a conjunção Júpiter-Plutão sugere um estado de tensão contra ideais conservadores para o destino humano.

Também poderíamos aduzir que a quadratura da Lua tauriana com o Mercúrio aquariano, retrógrado, sugere um conflito mental básico com a "imagem da mãe", uma rebeldia que, mais tarde, provavelmente foi transferida e transformada numa tensão conjugal. Conforme Jung assinalou, a mente de Adler estava funcionando ao longo da linha da introversão. Para ele, a realidade interior – o ego – era muito mais importante do que o mundo de objetos exteriores ou pessoas. Na verdade, ele propagou a grande importância dos "sentimentos sociais" – mas esta foi uma atitude puramente compensadora (veja Júpiter, sua colocação e seus aspectos). Para Adler, o ego não era apenas o centro da consciência (conforme é na psicologia de Jung); o ego absorvia o todo da personalidade unificada – e isso subentende que Adler reduziu o campo da personalidade ao *nível consciente.*

Aquilo que Freud tinha procurado fazer desajeitadamente – de uma maneira clínica e redutiva – aquilo que Jung pretendera estabelecer – numa base muito mais ampla e vigorosa – foi mostrar que aquilo que o indivíduo chama de "ele mesmo" – seu "eu" unificado – não é o seu ser total, mas somente um ser superficial. Enquanto Freud se esforçou para revelar as profundezas da psique humana, Adler, reagindo vivamente contra semelhante revelação, focalizou toda a sua atenção, toda a importância e valor sobre o *eu da superfície*. Ele glorificou o impulso evolutivo, que vem das profundezas para a superfície, mas para ele o verdadeiro eu era o exemplo mais perfeito da evolução humana, unificado e orientado numa única direção, manifestando-se como a pessoa indivisível, com um "estilo de vida" único e uma "lei de movimento". Adler via apenas exemplares integrados; ele não estava procurando construir seres humanos mais totais, mais abrangentes, com raízes profundas e um alcance mais profundo dentro da esfera submersa dos instintos e das energias básicas. Ele só queria desenvolver *personalidades mais vitoriosas*; e parece que não dava importância ao preço da vitória.

A vitória – afirmou ele – só pode ser provada por uma atuação social eficiente. A meta de supremacia é dirigida, *erroneamente*, no sentido de uma superioridade opressiva sobre os seus companheiros ou, *corretamente*, no sentido da mais plena participação e cooperação com outros, no desenvolvimento criativo da "comunidade ideal" de uma humanidade perfeita. A falta de "sentimento social" conduz ao caminho errado; a cooperação é a chave para a solução construtiva dos três "problemas principais", aos quais "todas as questões da vida podem ser subordinadas – os problemas da vida comunitária, do trabalho e do amor" (*Social Interest*, p. 42). Como pode o neurótico ou a pessoa socialmente desajustada ser ajudada a mudar da atitude errada para a certa em relação à sociedade, ao seu trabalho e às suas atividades amorosas? Adler respondeu da seguinte maneira:

> Qualquer um que não tenha adquirido na infância o grau necessário de senso social, não conseguirá tê-lo mais tarde na vida... a menos que, por acaso, alguns erros de construção perniciosos sejam percebidos pelo indivíduo e corrigidos. Nenhuma quantidade de experiência amarga poderá mudar seu estilo de vida, *enquanto ele não tiver ganho compreensão*. Todo o trabalho de educação, cura e progresso humano só pode ser promovido ao longo de linhas de maior compreensão (*Psychologies of 1930*, p. 403). (*Cf.* o Sol e Marte dominando a nona casa que é, essencialmente, a casa da compreensão.)
>
> A psicologia individual considera que a essência da terapia reside em fazer com que o paciente se aperceba da sua carência de poder cooperativo e em convencê-lo de que a origem dessa carência é encontrada em desajustamentos da primeira infância. O que acontece durante esse processo não é uma questão trivial; com a colaboração do médico, seu poder de cooperação é aumentado. É revelado o erro do seu "complexo de inferioridade". A coragem e o otimismo são despertados. E o "significado da vida" surge para ele como o fato de que é necessário dar uma importância adequada à vida. Esse tipo de tratamento poderá ser iniciado em qualquer ponto da vida espiritual (*Psychologies of 1930*, p. 404).

Especialmente nos seus últimos anos, Adler tornou-se essencialmente um educador e um moralista social. Sua psicologia era uma psicologia de sucesso individual. E ele entendia o sucesso psicológico como uma ascensão monolítica do indivíduo racional, bem ajustado à sociedade e uma ponta de lança da evolução humana. Contudo, surgem perguntas: esse indivíduo vitorioso não será superficial? A sua bem-sucedida integração pessoal e social não esconderá uma pobreza de conteúdo interior e de raízes?

Adler compensa a varredura de Freud dentro das "profundezas" doentias e subconscientes da psique do homem contemporâneo exaltando as "alturas" e o desejo de vitória do indivíduo consciente. Lendo Adler, porém, logo se percebe que suas idéias e técnicas só podem levar, na maioria dos casos, a triunfos superficiais do ego excessivamente consciente (pelo fato de ser *exclusivamente* consciente). Por esta razão, ele conquistou o seu maior sucesso numa América que tinha passado pelo flamejante otimismo do Novo Pensamento, que, em si, é uma versão mais livre da Ciência Cristã, que repudia o mal. Tornou-se tarefa de Jung observar as melhores características das psicologias de "profundidade" e de "altitude" e desenvolver uma abordagem psicológica que tivesse por objetivo realizar a integração do ser humano como um todo na base de uma interminável busca de "assimilação", cada vez mais abrangente, do conteúdo da vida, da sociedade e do universo.

3 Carl Jung e a Abordagem Positiva do Inconsciente

Nos capítulos anteriores, vimos a psicoterapia se transformando num sistema destinado ao tratamento das aberrações do comportamento pessoal, que eram consideradas como manifestações de neuroses. A análise dos fenômenos neuróticos (no comportamento, no pensamento e no sentimento) revelou, para os primeiros investigadores, o fato de que esses fenômenos eram neutralizados – por meio de hipnose, análise dos sonhos ou outros métodos – se a pessoa neurótica pudesse ser induzida a relembrar claramente certos tipos de ocorrências dolorosas da primeira infância ou da adolescência, ocorrências que haviam causado uma impressão profunda ou algum choque emocional, mas que, a despeito disso, a pessoa havia esquecido.

Este fato, e outros relacionados a ele, fizeram com que filósofos como Pierre Janet e psiquiatras como Sigmund Freud compreendessem que a natureza interior do homem – a "psique" – não era constituída apenas por um conjunto de idéias, sentimentos, percepções etc., *conscientes*, mas também incluía uma vasta quantidade de material *inconsciente*. Além daquilo que uma pessoa sabia que era – além dos pensamentos, sentimentos, estados de ânimo, aspirações, desejos e lembranças, que ela conhecia como sendo "suas" – também havia dentro dela muitos impulsos e anseios indesejáveis, estranhos, feios, imorais e, talvez, até mesmo criminosos, que o seu ego consciente não podia aceitar e, assim sendo, reprimia com medo, aversão ou horror. Pensava-se que esse conteúdo indesejável da psique, reprimido dessa maneira, retirava-se para as obscuras profundezas do "subconsciente", isto é, para além do limiar da consciência. Eles eram os réprobos e párias da psique. A psique, como as nossas cidades modernas, tinha "cortiços tenebrosos" e, se esses cortiços psíquicos ficavam excessivamente povoados ou eram excitados de um modo ou de outro, seus habitantes desvairados, grosseiros e criminosos espalhavam-se, por assim dizer, sobre a parte consciente da psique – comparável à "alta sociedade" – e causavam estragos, manifestando-se como sintomas neuróticos.

Várias explicações ligadas às razões que determinam a existência desses "cortiços psíquicos" e de seus habitantes indesejáveis foram dadas, no princípio deste século, particularmente por Pierre Janet, Freud e Adler. Praticamente, todas essas explicações salientavam o caráter *negativo* dos fatores inconscientes dentro da psique. Na opinião de Freud, os desejos, sentimentos e pensamentos indesejáveis e recalcados tinham origem nos instintos obscuros da vida animal e, em particular, nas primeiras manifestações da sexualidade; de fato, eles foram considerados como a conseqüência de um conflito básico entre a "vida" e a "ordem social". Para Adler, o conteúdo inconsciente da psique não tinha praticamente nenhum significado, a não ser como o resultado de um método errado, usado pelo indivíduo nos seus esforços de alcançar superioridade e de afirmar seu desejo de sobrevivência contra desvantagens psicológicas ou sociais. Os materiais contidos no inconsciente eram refugos, materiais tóxicas que deviam ser eliminadas pelo indivíduo saudável, auto-impelido em direção ao seu alvo e ao alvo final da sociedade humana.

Então veio Carl Jung. Em seus livros e em seus métodos de cura, ele delineou – com a grande riqueza de detalhes, analogias e compreensão imaginativa – uma imagem totalmente diferente do inconsciente. Nessa imagem nós reconhecemos algumas das características mencionadas por Freud; Jung, porém, mostra que a interpretação dada por Freud sobre a natureza e a origem dos fatores psíquicos responsáveis pelas neuroses, pela histeria e males semelhantes é unilateral e incompleta. Acima de tudo, Jung faz a diferença entre um inconsciente "pessoal" (o subconsciente de Freud) e um inconsciente "coletivo". E essa distinção remove imediatamente o método de Jung do campo estritamente clínico da cura de neurose e o traz para a esfera da educação psicológica ou da orientação religiosa. As idéias de Jung, portanto, passam a ser um assunto de interesse de todos os indivíduos que anseiam viver vidas mais plenas e mais equilibradas, mais ricas e mais integradas.

A psicologia de Jung vai até as raízes do problema da vida humana e anuncia uma nova era de compreensão psicológica e filosófica. Sua cautela científica e seu desejo de acompanhar o passo do desenvolvimento do século XX limitaram – acredito eu – o raio de observação da sua visão espiritual, pelo menos conforme a vemos formulada em suas obras conhecidas do público; não obstante, ele fez pela psicologia aquilo que Einstein e seus colegas realizaram nos domínios da Física. Ele estabeleceu um "novo" quadro de referência para o raciocínio psicológico; e, uma vez que a psicologia está destinada a assumir uma função, cada vez mais ampla, na evolução do pensamento humano, a nova civilização – que agora está lutando para encontrar formulações adequadas e manifestações concretas na estrutura na vida social e pessoal – deve e deverá muitíssimo a Carl Jung.

Talvez seja possível ligar o interesse de Jung pelos mitos e pelo simbolismo religioso ao fato de que seu pai não apenas era um sacerdote liberal mas também um homem que dedicara muito tempo ao estudo do pensamento oriental. De qualquer modo, quando já se aproximava dos quarenta anos e ainda estava ligado a Freud, ele publicou o seu livro *The Psychology of the Unconscious* (1912), dedicado à interpretação de alguns temas básicos encontrados em mitologias antigas e também nas obras inspiradas de poetas e visionários modernos. A publicação desse livro fez com que as suas diferenças de opinião com Freud chegasse a um clímax violento. Freud (pelo menos naquela época) insistia em se limitar ao campo dos conflitos pessoais que tinham causas identificáveis nos acontecimentos objetivos dos primeiros anos de vida de um indivíduo. Jung, por outro lado, começava a explorar os atributos comuns de todos os seres humanos, isto é, a herança psíquica que eras passadas de evolução humana legam a todo indivíduo recém-nascido.

Em outras palavras, Jung procurou provar a existência de um alicerce cultural e biológico na psique humana – uma base sobre a qual toda a pessoa constrói ou poderá construir, de uma maneira mais ou menos criativa e original, a estrutura de sua individualidade. Esse alicerce é o produto da experiência herdada biológica, social, cultural e religiosamente. Ele existe dentro das profundezas da vida interior de qualquer pessoa, mas normalmente é tão inconsciente quanto as funções orgânicas de respiração ou de assimilação dos alimentos. Contudo, os materiais que constituem esse alicerce de consciência poderão vir à superfície, ou o ego consciente poderá querer explorar suas misteriosas obscuridades. Esses materiais, então, aparecem para a consciência na forma de imagens dotadas de peculiar vitalidade e força. Elas são reveladas sob tal forma para o místico ou para o grande poeta, para o criador de símbolos artísticos, religiosos ou políticos, e têm força suficiente para influenciar um grande número de homens. Elas têm tal poder porque, na verdade, vivem *em estado latente* dentro de cada pessoa que existe na coletividade. Embora nem todas as pessoas experimentem *diretamente* esses símbolos na sua própria consciência, cada uma delas sente emoção e é impelida a sentir ou a agir quando um símbolo destes lhe é apresentado, por exemplo, na literatura ou na pintura.

Jung fala dessas imagens como "imagens primordiais", ou então como "arquétipos" do inconsciente coletivo. Entre essas imagens, nós podemos mencionar "a grande Mãe", a "imagem-alma" (a *anima* ou *animus* de uma pessoa), o "velho sábio", o "herói solar", a "sombra", a "grande serpente" (a força vital), o "símbolo da salvação" ou o "salvador que vem redimir" etc. Essas imagens são mais do que meros conceitos ou mitos fantásticos, produtos da imaginação de homens excepcionais. Jung as encara como elementos básicos do conteúdo do inconsciente coletivo, ou como "estruturas" essenciais da psique humana. A pessoa comum descobre essas imagens nas tradições sociais e religiosas da sua juventude; e embora, *como indivíduo,* não esteja realmente consciente da natureza e significado desses "arquétipos", ela aprende a conhecer o significado deles na sua tradição e é capaz de extrair força deles da mesma forma inconsciente pela qual respira.

Todavia, há pessoas que, por uma razão ou por outra, perdem esse contato inconsciente com suas tradições básicas e com as atitudes coletivas da sua sociedade. Elas procuram, pacificamente ou – com mais freqüência – sob pressão e tensão, desenvolver a própria abordagem individual e as próprias bases de significação. Não se contentando em aceitar como certo aquilo que a sua comunidade ou a sua raça construiu durante séculos, ela se rebelam. Assim como, num certo momento, tiveram de se rebelar contra a mãe, com seu amor envolvente, a fim de afirmar e expressar sua própria individualidade, esses indivíduos também procuram emergir daquele "ventre coletivo" que é a tradição, a religião, a cultura e a moralidade. Essa emergência de dentro da Mãe coletiva é a fase básica daquilo que Jung chama de "processo de individuação" – o único processo que leva à maturidade psicológica e espiritual.

Nascimento e renascimento espiritual, libertação da mãe e libertação do passado são temas eternos na experiência humana. São manifestações da eterna luta entre o individual e o coletivo; uma luta que vivifica a importância desses dois pólos opostos encontrados em todas as manifestações da vida e que devem tomar uma forma e um significado individualizado e consciente, na experiência de todos os homens e mulheres que podem, verdadeiramente, fazer jus ao *status* de personalidade individual amadurecida. Esse tipo de experiência é provocado por problemas de relacionamento humano que alcançam certa profundidade de valor em alegria ou em angústia. Quando essa profundidade é alcançada – abaixo do nível do "inconsciente pessoal" e das suas repressões ou frustrações, cuja causa pode ser atribuída a choques emocionais e acontecimentos prementes durante a infância – o indivíduo tem de enfrentar situações e sonhos incomuns.

O problema que ele enfrenta já não é mais aquele de normalizar suas reações emocionais e apagar lembranças de choques ou fracassos pessoais; é, essencialmente, o problema de estabelecer um *novo relacionamento, em profundidade*, entre sua individualidade, recentemente adquirida, e os impulsos fundamentais, funções e compulsões estruturais da sua raça e tradição ancestral. Ele, uma pessoa à parte, enfrenta a humanidade – todo o passado da humanidade... e eu acrescentaria (embora Jung não seja muito claro com referência a este ponto) todo o futuro da humanidade, incluindo o propósito cósmico ou divino da evolução humana. Tal confronto deve ser travado com firmeza. Só pode ser resolvido como sucesso espiritual ou como fracasso. De acordo com Jung, o sucesso leva à "integração da personalidade"; o fracasso leva a uma cristalização regressiva ou à desintegração da psique, com o esmagamento do ego consciente pelas energias do inconsciente despertado.

A fim de compreender o significado total de tais ocorrências, temos de estudar o crescimento, desenvolvimento e colapso de nações e sociedades humanas e, particularmente, da civilização européia. O "processo de individuação" é um processo que tem um alcance universal, operando, como opera, em vários níveis e em relação a vários tipos de entidades individualizadas. É universal porque é baseado na interação cíclica e na luta constante entre os dois pólos da vida universal – o individual e o coletivo. O significado dessas duas polaridades foi muito bem compreendido pelos antigos sábios chineses, que as chamaram de *yang* e *yin* e fundamentaram toda a sua filosofia de vida, sua ética, suas artes e seus sistemas sociais sobre o ritmo periódico que essas polaridades revelam na natureza.

Na astrologia, esse ritmo periódico é expressado, em primeiro lugar, no Zodíaco e no seu simbolismo, baseado como está no movimento oscilatório anual do Sol *em declínio*; isto é, no deslocamento em direção ao norte e em direção ao sul dos locais onde o Sol se põe durante o ano. Já discuti isto longamente no meu livro *The Pulse of Life* [O Pulso da Vida]. Todavia, em relação ao mapa de uma pessoa, o contraste entre os fatores que tratam da estrutura individual da consciência e os fatores que se referem ao inconsciente coletivo é representado pela distinção entre os planetas do sistema solar por um lado, e, inclusive, Saturno e, por outro, os planetas mais remotos que estão além de Saturno – recentemente descobertos – Urano, Netuno e Plutão. Chamei os primeiros de "planetas do consciente" e os últimos de "planetas do inconsciente coletivo"* e, num capítulo subseqüente, estudaremos o significado dessa distinção e sua utilização na análise psicológica de um mapa de nascimento.

Agora o leitor já deverá ter uma idéia geral de quanto Jung se distanciou do tipo de abordagem psicológica adotado por Freud. Com Jung, nós presenciamos o emergir de uma concepção totalmente diferente do inconsciente. Em contraste com a imagem do inconsciente, apresentada por Freud, na forma de um purgatório ou de um inferno de conteúdo psíquico reprimido e pernicioso, Jung apresenta o inconsciente como um vasto reino de energia psíquica do qual o ego consciente emerge. Esse processo de emergência, que Jung chamou de "individuação", poderá ser realizado com maior ou menor sucesso e de uma forma criativa; e o material psíquico que o ego conseguiu "diferenciar" e individualizar durante a sua vida inteira normalmente retorna ao inconsciente coletivo depois da morte. Num sentido, esse reino é o oceano primordial do ser humano – a matriz universal de tudo o que se torna, na pessoa, vida, desejo, sentimento, pensamento, intuição e aspiração. Em outro sentido, ele é o reservatório coletivo para o qual vão todas as contribuições que os

* Cf. *The Astrology of Personality*. O autor também se ocupou, de uma forma muito profunda, com esses "planetas do inconsciente" no seu livro *The Sun is Also a Star: The Galactic Dimension of Astrology* (Dutton, N.Y., 1975). – Ed.

seres humanos deram e sempre darão à civilização, *quer tenham um valor positivo ou negativo.*

Neste ponto, provavelmente, eu deveria acentuar o fato de que Jung não pensa sobre "o" consciente e "o" inconsciente como se fossem dois tipos de entidades. Jung baseia sua doutrina e sua técnica essencialmente em dados empíricos, isto é, naquilo que ele e seus clientes experimentaram realmente em suas vidas interiores. Ele não é, fundamentalmente, um filósofo; é um investigador, um intérprete que procura estruturar sua interpretação sobre a base mais ampla possível, e não simplesmente sobre um conceito limitado de individualidade humana. Ele vê a psique do homem como alguma coisa vasta, constituída por muitos fatores (ou "conteúdos"). Alguns desse conteúdos são conscientes (isto é, estão relacionados com um ponto central, com um ego ou "eu"); muitos são inconscientes, não obstante façam pressão contra a circunferência ou o "limiar" da consciência e, em determinadas condições, vazam ou irrompem até o campo da consciência, que o ego preside ou rege autocraticamente.

Por definição, nós não sabemos o que é o inconsciente, caso contrário, ele deixaria de ser inconsciente! Nós sabemos que, consciente ou semiconsciente, *opomos resistência* à entrada de certos pensamentos, sentimentos, impulsos, percepções e intuições na área da nossa consciência. Mas, por que opomos resistência a esses conteúdos ocultos da nossa psique? Talvez porque eles sejam destrutivos em si, refugos tóxicos da "nossa vida não vivida"; mas talvez também seja porque eles são um chamado para uma vida mais importante, mais integral, mais espiritual e porque nosso ego se recuse a admiti-los, por medo e inércia, no seu reino.

Em outras palavras, os conteúdos inconscientes da nossa psique são aqueles que o ego se recusa admitir, ou aqueles que constituem um desafio de maior crescimento para sua força e uma ameaça para os interesses entricheirados das partes conscientes, racionais (e racionalizadoras!) da nossa natureza interior. Desse modo, na superfície, o inconsciente parece ser antagônico ao consciente. Não obstante – e este é o ponto essencial – eles são as duas metades da psique. Conforme Jung escreve:

> "A psique consiste de duas metades incongruentes que deveriam se unir corretamente e formar um 'todo'... (mas) o consciente e o inconsciente não formam um todo quando qualquer um deles é reprimido ou prejudicado pelo

> outro. Se os dois têm de lutar, que seja uma luta honesta, com direitos iguais para ambos os lados. Ambos são aspectos da vida. Deixemos que a consciência defenda sua razão e suas atitudes autoprotetoras, e deixemos que a vida caótica do inconsciente possa ter uma chance igual de fazer as coisas à sua própria maneira, tanto quanto pudermos agüentar. Isso significa, ao mesmo tempo, conflito declarado e colaboração franca. Contudo, paradoxalmente, talvez seja isso que a vida humana deveria ser. É o velho jogo do malho e da bigorna; o ferro que sofre entre eles será transformado, no fim, num todo inquebrável, o indivíduo. Esta experiência é aquilo que é chamado, nas últimas partes deste livro, de processo de individuação." (*The Integration of the Personality*, pp. 26-27).

Tudo isto se resume na concepção de "personalidade" como uma totalidade organizada de experiência humana e conteúdos psíquicos, conscientes e também inconscientes. O inconsciente jamais deve ser considerado como um domínio fechado, com limites determináveis, mas antes como um canal através do qual o universo inteiro – passado, presente e futuro – está fluindo potencialmente dentro da psique humana. Desse modo, a personalidade está aberta à expansão e ao crescimento contínuos. O crescimento fundamental resulta da "interpretação recíproca" do consciente e do inconsciente; da mistura da ordem racional com as energias irracionais da vida. Esses pólos opostos devem ser reconciliados na experiência do indivíduo; devem ser integrados numa unidade de personalidade viva, vibrante, na qual nenhuma função é recalcada ou subestimada, mas na qual cada função realiza sua tarefa adequada, na economia de um todo em contínua expansão. A expansão vai de uma realização a outra, sempre maior, através de crises de crescimento nas quais a consciência individualizada assimila uma porção cada vez maior do ser universal. Neste processo de crescimento, o indivíduo aprende a reconhecer que somente através da sua participação nas atividades da sociedade e, eventualmente, através da sua participação no todo universal, é que ele tem uma importância decisiva. Em vez de agir partindo do seu centro meramente consciente – o ego – ele avança, rítmica e serenamente, partindo do centro da totalidade integrada do seu ser, que Jung chama de "o eu". Conforme Jacobi escreve no seu livro notável, *The Psychology of Jung* (Yale University

Press, 1943), o Eu é "aquele ponto focal da nossa psique no qual a imagem de Deus se revela mais claramente e cuja experiência nos dá o conhecimento – como nada mais pode dar-nos – da importância e da natureza da nossa semelhança com Deus. É o primitivo ideal cristão do Reino de Deus que está "dentro de você". É o princípio fundamental experimental dentro e fora da psique" (p. 123).

4 *A Abordagem Junguiana da Personalidade e o Caminho Astrológico Para a Auto-realização*

O que é "personalidade"? As respostas para esta pergunta diferem amplamente, tão amplamente quanto as abordagens psicológicas que os homens adotaram para o problema central da vida humana. De acordo com alguns filósofos medievais, somente Deus possui o atributo supremo da personalidade, pois somente Ele é um ser completo, auto-suficiente, sustentado por seu próprio alento. Em recentes livros teosóficos, ou ditos ocultos, o termo "personalidade" tem sido usado em contraste com "individualidade", o primeiro definindo a natureza do homem, sempre mutável e condicionada pela Terra, ao passo que o último se refere à entidade, relativamente permanente e espiritualmente condicionada, imaginada como sendo a realidade essencial do homem.

Na psicologia clássica, a personalidade é definitivamente ligada à consciência; Freud, porém, procurou dividir a anteriormente pressuposta unidade da personalidade em componentes instáveis, energias subconscientes, mecanismos psíquicos, complexos e anseios um tanto irrealizáveis, de perfeição inatingível. Adler reagiu contra a abordagem freudiana, enfatizando a unidade da personalidade, identificando a personalidade com o ego e varrendo os fatores inconscientes existentes na vida psíquica do indivíduo, na qualidade de subprodutos residuais e tóxicos de um tipo ineficaz e desfavorável de ajustamento à vida e à sociedade – um ajustamento controlado pelo eterno desejo de poder e superioridade, do homem.

Estudando a psicologia de Jung, descobrimos que seu conceito de personalidade é muito amplo e abrangente; que a personalidade é um organismo em evolução, cuja inteireza e cujo caráter integrado não deveriam ser tidos como um fato consumado, mas, sim, considerados como a meta essencial (porém difícil de se atingir) da vida para os seres humanos individualizados. A integração da personalidade não é somente um processo complexo e penoso; ela não tem um fim concebível, porque a personalidade é essencialmente o resultado da interpretação recíproca e da harmonização e integração de dois tipos de fatores fundamentalmente distintos e aparentemente opostos (não obstante complementares), existentes na vida psíquica do homem. Estes fatores se referem ou à consciência e ao centro controlador da consciência, o ego, ou então pertencem ao reino do inconsciente. Uma vez que os domínios do inconsciente não têm fronteiras conhecidas, porém se estendem teoricamente *ad infinitum* em direção a uma experiência ainda mais vasta do universo, segue-se que não é possível colocar limites fixos para o alcance da personalidade. O campo da consciência sempre poderá abranger uma totalidade mais inclusiva de conteúdos previamente inconscientes. Algumas breves citações de Jung ajudarão a trazer, para uma perspectiva ainda mais clara, esta sua idéia do relacionamento entre consciente e inconsciente:

> Assim como o corpo humano revela uma anatomia comum, acima de todas as diferenças raciais, também a psique possui um substrato comum. Chamei este último de inconsciente coletivo. Como herança humana comum, ele transcende todas as diferenças de cultura e de consciência e não consiste simplesmente de conteúdos que podem tornar-se conscientes, mas de disposições latentes para reações idênticas. Daí o fato de que o inconsciente coletivo é simplesmente a expressão psíquica de uma identidade de estrutura cerebral independente de todas as diferenças raciais. Por meio dela pode ser explicada a analogia, indo mesmo até a identidade, existente entre vários temas míticos e símbolos, e a possibilidade de compreensão humana em geral. As várias linhas do desenvolvimento psíquico partem de cabedal comum, cujas raízes recuam penetrando no passado.
>
> Tomado num sentido puramente psicológico, isso significa que nós temos instintos comuns de ideação (imaginação) e de ação. Toda a imaginação e ação conscientes nasceram desses protótipos inconscientes e permanecem ligadas a eles (p. 83).

> Sem dúvida, a consciência é derivada do inconsciente. Isto é algo de que pouco lembramos e, por isso mesmo, estamos sempre tentando identificar a psique com a consciência (Comentário no *The Secret of the Golden Flower* p. 119).

> A distinção entre mente e corpo é uma dicotomia artificial, uma discriminação que é inquestionavelmente muito mais baseada na peculiaridade da compreensão intelectual do que na natureza das coisas. De fato, é tão íntima a mistura de características corporais e psíquicas que não somente podemos tirar conclusões de grande alcance com respeito à constituição do corpo, mas

> também podemos deduzir, partindo de peculiaridades psíquicas, as características corporais correspondentes (*Modern Man in Search of a Soul*, p. 85).

A "psique" é, ao mesmo tempo, física e mental (Comentário sobre *The Secret of the Golden Flower*, p. 131).

> A psique é um sistema auto-regulador, que se mantém em equilíbrio enquanto o corpo também se mantém. Todo processo que vai longe demais exige, imediata e inevitavelmente, uma atividade compensatória. Sem tais ajustamentos não existiria um metabolismo normal, nem existiria uma psique normal. Nós podemos tomar a idéia de compensação, assim entendida, como uma lei de ocorrência psíquica. Muito pouco de um lado resulta em excesso no outro. A relação entre consciente e inconsciente é compensatória (*Modern Man is Search of a Soul*, p. 20).

Nenhuma personalidade é manifestada sem *definição, plenitude* e *maturidade* (p. 285).

O desenvolvimento da personalidade significa fidelidade à lei do nosso ser (p. 289).

> Quando tudo foi dito e feito, o herói, o líder, o salvador, também é aquele que descobre um novo caminho para uma convicção muito maior. Tudo poderá ser abandonado, como se este caminho não exigisse absolutamente ser descoberto e não visitasse a humanidade com todas as pragas do Egito até ser encontrado. O caminho não descoberto dentro de nós é alguma coisa da psique que está viva. A filosofia clássica chinesa chama-o de "Tao" e o compara a um curso d'água que corre irresistivelmente rumo a seu alvo. Estar no Tao significa satisfação, unidade, uma vocação realizada, começo, fim e compreensão completa do significado da existência inata nas coisas. Personalidade é Tao (*The Integration of the Personality*, pp. 304-05).

Essas citações, embora fragmentárias, desenham para nós o retrato básico da personalidade que Jung desenvolve com uma grande riqueza de detalhes em suas várias obras. Elas também trazem à mente as razões por que as técnicas elaboradas pela tradição astrológica podem ser de extrema utilidade prática para o indivíduo que está procurando percorrer o árduo caminho da integração da personalidade — *desde que essas técnicas astrológicas sejam usadas de uma forma nova, de uma forma conscientemente dirigida para a conquista de uma personalidade positiva, definida, plena e madura.*

Usar a astrologia *não é fácil* – que não haja erro ou má compreensão acerca deste ponto! Não é fácil porque uma astrologia dirigida para o cumprimento integral da "lei do nosso ser" tem, antes de mais nada, de ser expurgada de todas as atitudes, crenças e expectativas tradicionais que, freqüentemente, no estudante e também no consulente, criam temores, um sentimento de inferioridade ou um otimismo falso. O pior de tudo é que a astrologia, no seu estado popular, freqüentemente promove uma dependência psicologicamente perniciosa do conselho de profissionais altamente falíveis e com treinamento insuficiente nesta que é a mais exata das artes. Em princípio, essa dependência não seria pior do que a dependência do cliente em relação ao seu psicoterapeuta ou "analista", *se* o astrólogo fosse um psicólogo treinado e realmente dedicado ao bem-estar psicológico dos seus consulentes; infelizmente, porém, na maioria das vezes, este não é o caso. Não é o caso *não* porque os astrólogos sejam pessoas menos honestas do que os psicólogos, mas simplesmente porque a abordagem astrológica que o público *espera* de um astrólogo é uma que, no todo, *não é* psicologicamente construtiva.

Se uma pessoa vai consultar um psicoterapeuta, seu objetivo, normalmente, é alcançar uma condição melhor de desenvolvimento psicológico e, talvez, ser curada de algum problema mental agudo. Ela espera uma cura ou uma integração maior do seu ser. Contudo, a pessoa comum, que procura o conselho de um astrólogo, espera o tipo de informação que normalmente não leva a uma vida pessoal mais plena, mais rica, mais definida e mais madura.

"Saber o futuro" – mesmo quando se sabe que *só se pode ter* conhecimento da *potencialidade* de eventos futuros – não leva, em si, à integração pessoal. Não se trata, em si, de um conhecimento psicológico sadio. Até mesmo o conhecimento sobre qual curso de ação tem maior possibilidade de ser "bem-sucedido" numa determinada circunstância não é, em si, psicologicamente valioso. Pode ser até desastroso se, embora produzindo sucesso exterior – ou mesmo *porque* produz sucesso exterior –, esse conhecimento cria um estado de dependência a processos astrológicos malcompreendidos e um falso senso de segurança psicológica.

Qual é, então, o uso psicologicamente válido da astrologia do ponto de vista adotado por Jung? *Só pode ser o esclarecimento (tornar mais consciente e objetivamente real) da "lei do nosso ser".* Qualquer processo ou prática astrológica que não tenham este propósito, e o respectivo profissional ou consulente que não espera ter este propósito, são perniciosos para a saúde psicológica e não podem contribuir para o processo de integração da personalidade. Isso não quer dizer que não devam ser praticadas as aplicações astrológicas que não se preocupam essencialmente, ou não se preocupam de modo algum, com o bem-estar psicológico das pessoas. Mas simplesmente indica o único objetivo básico de qualquer aplicação construtiva de métodos astrológicos a indivíduos, não importando as técnicas astrológicas, sejam mapas de nascimento ou progressões, trânsitos, etc. Se este é o caso, a pergunta que temos de responder é: Como a astrologia pode ajudar qualquer indivíduo a conquistar uma consciência mais clara e mais objetiva da lei do seu ser e, desse modo, do seu próprio eu real?

Todos os meus escritos, em livros e revistas sobre astrologia, ocupam-se essencialmente com a resposta para esta pergunta. Já mostrei que a astrologia pode ser usada como um meio para se alcançar a "auto-realização", como uma poderosa ajuda no "processo de individuação"; isto é, no processo de tornar-se, na realidade e na plenitude de um viver consciente, aquilo que se é, apenas em potencialidade, no nascimento. A individualidade (ou seja, a singularidade estrutural do ser) existe potencialmente ou em estado latente em toda criança recém-nascida. Ela só se torna um *fato* mediante os esforços persistentes e constantes dos jovens, e também dos velhos, conforme procuram alcançar a maturidade interior. O que a astrologia pode fazer para tornar esses esforços mais bem-sucedidos é apresentar para o futuro indivíduo – ou para a pessoa mais velha que, confusa, carrega o fardo de muitos fracassos – o *esquema da estrutura da sua individualidade.*

Em outras palavras, para uma personalidade que está em evolução, talvez procurando o caminho às cegas na inconsciência e na imaturidade psicológica, a astrologia apresenta o arquétipo da sua individualidade potencial – aquilo que ela será, se se tornar o que é potencialmente. Um arquétipo é como uma semente: a potencialidade de uma estrutura particular de um ser orgânico. A semente talvez nunca se torne uma planta completamente desenvolvida. Mas, caso se torne, ela será na realidade aquilo que a semente contém em potencialidade. Uma bolota de carvalho jamais virá a ser uma macieira; mas ver uma bolota de carvalho cair no chão não indica se, nesse lugar, algum dia crescerá ou não um carvalho até chegar à maturidade. A astrologia lida apenas com potencialidades, nunca com acontecimentos definidos ou predeterminados.

Jung usa constantemente o termo "arquétipo", e a sua maneira de definir esse termo é de grande importância para o astrólogo que procura avaliar o significado psicológico correto de um mapa de nascimento – um "arquétipo" de um tipo especial. Na filosofia de Jung, os arquétipos são pontos focais ou áreas de força no inconsciente coletivo; isto é, eles são imagens que determinam e controlam as atividades mais fundamentais daquilo que nós chamamos de "natureza humana comum do homem". Eles expressam as reações mais primordiais e mais comuns de todos os seres humanos a umas poucas situações básicas, e aparecem como imagens simbólicas em nossos sonhos, assim como em todos os mitos ou concepções religiosas. Essas imagens simbólicas têm um enorme poder. Podem arrebatar grandes coletividades, resultando numa conversão religiosa ou levando a crimes racionalmente inexplicáveis. Além de um lado iluminado, elas também têm um lado negro.

O que é importante compreender, porém, é que apenas a *forma* deles é determinada, não o seu conteúdo; que seu "núcleo final de significado poderá ser delimitado, porém jamais descrito". "A forma destes arquétipos", diz Jung, "talvez seja comparável ao sistema axial de um cristal, que predetermina, por assim dizer, a formação cristalina na solução saturada, sem que ela mesma possua uma existência material". Este "sistema axial" determina apenas a possibilidade da formação concreta de certas características. Quais dessas formações possíveis virão a ser, de fato, substancialmente realizadas depende da natureza da "solução saturada" – isto é, no caso dos arquétipos, da experiência comum de humanidade, ou de uma determinada raça e cultura à qual o indivíduo pertence.

Quando o sonhador sonha com uma misteriosa imagem de mãe dotada de atributos cósmicos – ou quando o pintor inspirado pinta uma figura desse tipo – a imagem despertada não é realmente criação do sonhador ou do artista, *como um indivíduo*. A imagem já existe latente em seu inconsciente – assim como o modelo da folha de carvalho existe em estado latente na bolota. Assim sendo, o arquétipo tem uma espécie de existência objetiva num reino inconsciente de potencialidade – um reino ao qual Goethe se refere na segunda parte do *Fausto* como o "reino das Mães". De fato, Jung torna claro que o "inconsciente é a mãe da consciência". Os ocultistas também têm falado, quase que com o mesmo significado, do reino da "luz astral", que é criativo nos seus aspectos mais elevados e reflexivo nas suas regiões mais inferiores. Eles também têm usado as expressões "*Anima Mundi*" (a Alma do Mundo) e as "Virgens de Luz", relacionando a última com signos do Zodíaco, considerados como expressões simbólicas das grandes "Hierarquias Criativas", que são as construtoras do universo – e do homem genérico. Essas Hierarquias são vistas como forças coletivas ou Hostes espirituais, através das quais a *Anima Mundi* opera; Jung também fala dos arquétipos do inconsciente como "órgãos da alma".

Esses "órgãos da alma", todavia, são concentrações da experiência comum de miríades de gerações de seres humanos. Eles são inerentes à humanidade assim como os instintos são inerentes aos animais e, de fato, também ao homem. Os instintos e os arquétipos são da mesma natureza. E, se isso for compreendido, também podemos ver como, em cosmologias esotéricas ou "gnósticas", as Hostes criativas acima mencionadas são consideradas como concentrados da experiência espiritual de vastas coletividades de seres que viveram em sistemas solares ou universos anteriores, e neles conquistaram a imortalidade.

> [O número de arquétipos é] relativamente limitado, pois corresponde às "possibilidades de experiências fundamentais típicas", tais como as que os seres humanos têm tido desde o começo dos tempos... [todavia] a soma desses arquétipos significa, para Jung, a soma de todas as potencialidades latentes da psique humana – um enorme e inexaurível depósito de conhecimento antigo concernente às relações mais profundas entre Deus, o homem e o cosmos. Abrir esse reservatório para a própria psique, acordá-la para uma nova vida e integrá-la com consciência, significa, portanto, nada menos do que tirar o indivíduo do seu isolamento e *incorporá-lo no processo cósmico eterno...* Remover esse isolamento e essa confusão do [indivíduo] moderno, fazer com que ele tenha a possibilidade de *encontrar o seu lugar no grande rio da vida*, ajudá-lo a atingir uma unidade que, intencional e deliberadamente, *liga o seu lado luminoso consciente ao lado negro do inconsciente* – este é o significado e o objetivo da orientação junguiana (J. Jacobi, *The Psychology of Jung*, pp. 45, 47 e 48).

Sublinhei algumas das sentenças acima porque elas esclarecem a ligação entre a astrologia e a psicologia de Jung. O significado simbólico do mapa de nascimento de um indivíduo, erigido para o exato momento e lugar do nascimento, é, na verdade, e até onde concerne ao seu valor psicológico, um arquétipo do inconsciente desse indivíduo. Talvez ele seja o mais poderoso de todos os arquétipos, quando é trazido à luz da consciência, uma vez que pode determinar toda a conduta do indivíduo, toda a sua atitude em relação a si mesmo e à sua vida, e também à qualidade das suas expectativas com referência a acontecimentos futuros e ao seu destino como um todo. O mapa de nascimento é um símbolo de poder extraordinário, e esse símbolo, porque baseado na experiência primordial do céu do ser humano – uma maravilhosa percepção de ordem transcendente no meio de uma vida de caos terreno –, abre a porta para a capacidade de o homem "encontrar o seu lugar no grande caudal da vida", em termos de um modelo de ordem arquetípico. Na verdade, esse modelo de ordem é apresentado ao homem pelo brilhante cortejo de pontos e discos de luz que se movem incessantemente no céu. Estão ali para que ele os contemple. Pois, para a pessoa, estudar o seu mapa de nascimento significa *descobrir a ordem do céu na raiz do seu ser.* É descobrir a fase particular da *Anima Mundi* (a Alma do Mundo) que se tornou o *molde* dentro do qual a natureza humana genérica e coletiva foi derramada e do qual o indivíduo emergia para o mundo de ar e luz como uma criança recém-nascida, respirando.

O momento da primeira respiração é o grande símbolo do ato de individualização, mediante o qual a natureza humana emerge da "mãe de treva" (o útero da Terra) e começa a operar no reino da "mãe celestial". No útero, o homem está aprisionado e é absolutamente condicionado pela natureza humana genérica; mas, quando ele emerge desse útero e se encontra sob o domo do céu (a "igreja" celestial, na qual as "Virgens de Luz" zodiacais oficiam), ele se vê entrando num reino de liberdade essencial. Ele *respira*; e, nesse ato de respirar, o homem é o arquétipo símbolo do seu estado de criatura individualizada. Ele está livre para alterar a sua respiração e, através do poder do alento – que também é o poder da palavra pronunciada – o homem pode provar que é um indivíduo e um mestre de si mesmo, ou condenar-se a uma existência individual distorcida e abortiva.

A antiga ioga hindu baseava-se nessa compreensão do significado e do poder da respiração; e assim foi, num outro sentido, a astrologia. A astrologia foi um meio de relacionar o primeiro momento de liberdade individualizada (a primeira respiração) com o "processo cósmico eterno". Por conseguinte, a astrologia foi, e pode ser hoje em dia, um sistema "para tirar o indivíduo do seu isolamento e incorporá-lo no processo eterno" – um método que, assim, tem em vista justamente a mesma conquista suprema que Jacobi descreve como sendo a meta da orientação psicológica junguiana. Os propósitos das duas abordagens são idênticos em essência; e os meios apresentam muitas analogias características, com diferenças igualmente características.

O primeiro ponto a ser acentuado é que a principal função da astrologia, considerada no sentido psicológico acima descrito, é ajudar (nas palavras de Jung) "a reconhecer o nosso ser por aquilo que se *é* por natureza, em contraste com aquilo que gostaríamos de ser" – e, conforme Jacobi aduz, "provavelmente, nada é mais difícil para o homem do que justamente este reconhecimento" (p. 123). O mapa de nascimento, considerado como um símbolo da *participação fundamental* do indivíduo no *processo universal*, pode revelar ao indivíduo aquilo que ele é por natureza e, conseqüentemente, aquilo que ele pode realizar, se viver em concordância com essa "lei" do seu ser individual. Todavia, o mapa de nascimento lida com relações simbólicas, com fórmulas de ação recíproca funcional, fórmulas e relações que devem ser interpretadas – do mesmo modo que os sonhos devem ser interpretados – se irão se tornar psicologicamente significativas e eficazes. E, do mesmo modo que um sonho, o mapa de nascimento pode ser interpretado de muitas maneiras. Pode ser visto como um todo dinâmico e criativo, um desafio à integração, ou como um agregado de pequenos fragmentos de informação acerca das preocupações mais comuns da espécie humana (riqueza, vida doméstica, assuntos amorosos, saúde, casamento, negócios, sucesso, etc.).

A prática comum e tradicional da astrologia lida com estes últimos. Via de regra, o astrólogo procura informações referentes a acontecimentos, passados ou futuros, ou procura o conhecimento de características desarticuladas do temperamento pessoal do seu ou da sua cliente. Nesse caso, a astrologia não tem nenhum propósito psicologicamente integrativo – principalmente porque o cliente, ou o próprio astrólogo, *não espera que ela* tenha tal propósito. Hoje em dia, a maioria das pessoas aborda a astrologia da mesma maneira como geralmente aborda a questão dos sonhos – de uma forma desorganizada, amadorística, fragmentária e, conseqüentemente, imperfeita.

Qualquer um que espere que os símbolos dos sonhos ou de mapas astrológicos o levem a ter uma personalidade mais completa, mais abrangente, mais consciente e mais madura, deve adotar uma atitude muito mais séria e responsável. Ele deverá compreender que, embora o contato com o arquétipo do inconsciente e com as configurações celestes do momento do nascimento *possa* trazer o indivíduo a um estado de realização da personalidade mais rico e sereno, tal contato também poderá trazer resultados psicológicos funestos. De fato, o mapa de nascimento é muito diferente de uma mera tabulação científica de fatores. Uma vez que tenha sido estudado e tenha merecido uma atenção vital, o mapa começa a agir como um *poder dinâmico dentro do inconsciente*. Ele "faz coisas" ao astrólogo. Ele obriga a subirem para o consciente (e, dessa forma, produz acontecimentos) tendências que, de outro modo, poderiam ter permanecido ocultas e latentes. Quem quer que acredite na importância do mapa e na validade da interpretação dada a ele (por si mesmo ou por um astrólogo profissional) já não é mais a mesma pessoa. Embora de uma forma leve *sua orientação para o inconsciente foi alterada.* Não compreender isso é, na verdade, atrair o perigo, pois a orientação de uma pessoa para o seu inconsciente é o fator mais dinâmico que existe na sua personalidade.

O processo de integração da personalidade é, na verdade, sempre coalhado de perigos psicológicos reais. Ninguém reconheceu isso com mais clareza do que Jung; e ele afirmou, peremptoriamente, que ninguém jamais poderá ser totalmente bem-sucedido nesse processo, a menos que seja impelido, desde o seu íntimo, por uma "vocação" verdadeira, por uma necessidade interior.* Como os astrólogos também deveriam compreender este fato! Não obstante, há necessidades coletivas e também individuais. Estamos vivendo numa era explosiva – uma crise global no desenvolvimento da humanidade – que exige que nós todos assumamos novas responsabilidades e encaremos deliberadamente novos perigos, no interesse de um propósito coletivo que já não podemos mais ignorar. Esta é uma era de integração global – quer queiramos significar por "globo" o planeta Terra ou a esfera da nossa psique total, nosso corpo e nossa mente. Devemos, portanto, procurar um caminho de integração social na personalidade e também na sociedade. E devemos estar disposto a aceitar riscos, ou a nos tornarmos menos do que humanos. Pois, ser humano é ser conscientemente completo; é ser um microcosmo, um ponto focal de importância e força dentro do vasto organismo do macrocosmo – o Todo universal.

* Cf. o último capítulo de *The Integration of the Personality*, de Jung, pp. 281 ss.

5 *Anima e Animus na Análise Junguiana e o Símbolo-Lua na Astrologia*

Nos capítulos anteriores, estudamos o significado que C. G. Jung atribuiu, no seu sistema psicológico, ao inconsciente e às imagens primordiais (arquétipos) que surgem dele no limiar da consciência do indivíduo. Os arquétipos do inconsciente coletivo estão baseados em experiências tão vitais e universais que as reações normais a eles ficaram profundamente embutidas na natureza humana, sob a forma de instintos, atitudes tradicionais e comportamento compulsivo. Essas reações humanas às situações universais da vida são herdadas; de fato, elas são condicionadas pelas estruturas orgânicas do corpo, especialmente pelas do cérebro, e são suas expressões psicológicas. O indivíduo comum não tem mais consciência dos conteúdos das suas profundezas psíquicas do que tem do funcionamento do seu sistema digestivo ou circulatório.

Todavia, se o indivíduo se coloca (ou é colocado, pelas exigências peculiares da nossa civilização moderna) em circunstâncias que desafiam ou impedem reações naturais ou ancestralmente estabelecidas a situações básicas e tradicionais da existência humana, ocorrem inevitavelmente, como conseqüência, algumas perturbações. Essas perturbações afetam o funcionamento orgânico normal do corpo ou da psique, ou de ambos. Se o corpo é afetado, ocorrem doenças e dores físicas. Se o efeito é principalmente psicológico, perturbações psíquicas são registradas pela consciência e afetam o ego. As perturbações alteram o estado normal de equilíbrio entre o consciente e o inconsciente e, desse modo, ameaçam a estabilidade das estruturas que o ego construiu.

O ego, como o centro controlador da consciência, rege uma área de atividade psíquica que está constantemente cercada pelos vastos e misteriosos domínios do inconsciente. O ego opera como o rei de um país além de cujos limites estendem-se mares, montanhas e florestas habitadas por raças desconhecidas. Essas raças podem ser bárbaras, ou podem ser povos altamente cultos. Em qualquer dos casos, os respectivos modos de viver peculiares e estranhos poderão ser conhecidos na base de uma permuta proveitosa e, então, poderá ocorrer uma vitalizante troca de valores. Todavia, poderá chegar um determinado momento em que, sob a pressão de condições internas ou externas, o ritmo normal de comunicação e permuta entre o reino do ego (o campo da consciência) e as vastas regiões do inconsciente é perturbado. O ego poderá decidir (ou ser forçado pela pressão de exigências sociais) que deve agir ou procurar auto-expressar-se de um modo que vai contra os padrões genéricos e culturais de comportamento, que são normais para a natureza humana ou para as tradições mais fundamentais de uma determinada religião ou cultura. Então, como um todo, a psique (que é parte consciente e parte inconsciente) é perturbada. Se a perturbação é suficientemente persistente, cria-se um complexo, ou desenvolve-se uma neurose. O consciente torna-se rígido ou belicoso, isolacionista ou agressivo; pára de comerciar pacificamente com o inconsciente que, com suas energias reprimidas ou escravizadas pela vontade do ego, torna-se explosivo e procura vingar-se.

Nos primeiros estágios do conflito, o inconsciente parece ceder. A natureza humana procura ajustar-se às imposições e à vontade consciente do ego; e nós todos sabemos quantos ajustamentos podem ser feitos, por algum tempo. Todavia, se a pressão do comportamento anormal do ego sobre os ritmos naturais da natureza humana comum do homem é mantida ou aumentada, a "natureza humana" se rebela abertamente ou sob a forma de um "movimento secreto" de resistência. No princípio, a rebelião poderá não afetar visivelmente o equilíbrio das funções biológicas, mas é provável que se manifeste sob formas psíquicas, tais como sonhos estranhos e obsessivos, cheios de ansiedade e de drama tenebroso, ameaçador. Cada instinto, como uma expressão básica comum da natureza humana, poderá manifestar-se nos sonhos sob a forma de uma imagem arquetípica, ou poderá ser liberado por meio de fantasias diurnas e símbolos artísticos, cujo significado profundo poderá ser conhecido ou desconhecido para o artista. Contudo, estes arquétipos do inconsciente só penetram no campo da consciência quando e onde há *necessidade* deles — uma necessidade da personalidade, dentro da qual eles tomam forma de acordo com padrões antigos e ancestrais.

Segundo Jung, a consciência se ajusta ao ambiente com uma direção, um propósito e uma finalidade, e o inconsciente age de uma maneira que *compensa* qualquer coisa que seja unilateral nestas atividades conscientes. Jung acentua esta função compensadora do inconsciente, considerando-a como uma prova de que a psique é um todo orgânico. Assim como o corpo, como um todo, sempre tende a reajustar o equilíbrio orgânico perturbado pelas ações deliberadas e estafantes, às quais o homem civilizado se entrega constantemente, e tal como a perda de um órgão do corpo (ou a destruição de uma parte do cérebro) é compensada pelo desenvolvimento excessivo correspondente de algum outro órgão ou função, também a psique se equilibra. Se uma pessoa força deliberadamente a sua psique a reagir a experiências exteriores de uma maneira padronizada e unilateral, esta atitude artificial ou exageradamente consciente provocará um tipo de atividade, no inconsciente, igualmente exagerada e oposta.

Se uma pessoa jovem fez de seu pai um ídolo, e essa adoração desequilibrou suas reações naturais ante a sociedade e seu próprio desenvolvimento, então ela poderá ter sonhos insistentes nos quais o pai aparece como um indivíduo mesquinho, insignificante ou até mesmo monstruoso. Se uma pessoa se identifica de tal modo com sua atitude social ou profissional que passa a exibir constantemente os maneirismos e as características típicas da sua posição ou classe social, ela desenvolve uma máscara (ou *persona*) que ela mesma acha cada vez mais difícil abandonar. O inconsciente compensará, forçando-a a agir de uma maneira exatamente oposta nos momentos em que ela está vulnerável. O herói popular, que se identificou com as expectativas do público e desempenha seu papel dia após dia, não obstante poderá ser conhecido por sua esposa e filhos como um indivíduo fraco, resmungão e irritável. Nesses casos, o inconsciente reage, com uma pressão compulsiva, a uma atitude fixa e unilateral do ego consciente, forçando a pessoa a agir de uma maneira que seria repulsiva para o seu ego se ela tivesse percepção dessa fase do seu comportamento. Jung chama essa parte do inconsciente de *anima*, e a *anima* sempre tende a equilibrar a *persona*, a parte da psique que, procurando ficar bem ajustada às requisições do meio ambiente (ou a alguma inferioridade orgânica ou complexo implantado na infância), exagera o ajustamento e se torna uma escrava das atitudes sociais.

A *anima* é a função inconsciente que procura ajustar a personalidade às exigências de "natureza humana", isto é, ao tipo normal de reação que um ser humano deverá ter diante de experiências exteriores e interiores, se ele funciona como uma personalidade saudável, vigorosa e total. A natureza humana é conservadora, e o inconsciente coletivo ou genérico (outro nome para "natureza humana") reage à tensão e à pressão das atitudes conscientes, deliberadas e excessivamente individualizadas, em termos de moldes ancestrais e arcaicos, que são tão difíceis de modificar quanto os instintos animais.

Em muitos casos, todavia, a sabedoria acumulada do passado prova ser muito mais sã e segura do que os planos de ação, excessivamente diferenciados e racionalizados, de um ego forçado a ajustar-se a uma civilização agitada. Jung enfatiza o fato de que aquilo que emerge do inconsciente e se mostra em sonhos, inspirações e fantasia criativa revela tesouros de sabedoria e, com freqüência, intuições proféticas que são componentes essenciais de qualquer personalidade que pretenda ser saudável, rica de significado humano e verdadeiramente criativa. Contudo, normalmente, estes sonhos e inspirações são enigmáticos e devem ser interpretados. Eles aparecem como imagens e cenas ou símbolos dramatizados porque o inconsciente não é nem racional e nem lógico, e também não é limitado por seqüências de causa e efeito. Conseqüentemente, só pode manifestar-se para o consciente na forma de imagens ou arquétipos. Estas imagens – relacionadas como estão com experiências pessoais e recentes, ou universais e arcaicas – são o único meio de comunicação possível para o inconsciente. Se conteúdos inconscientes, avisos ou julgamentos, às vezes são registrados pela consciência na forma de palavras reais e como seqüências lógicas e claras, isso acontece porque eles são primeiramente movimentados e depois são traduzidos, por assim dizer, *por uma função psíquica intermediária* que sempre procura fazer com que o inconsciente seja compreensível para o ego consciente. A *anima*, no seu aspecto mais profundo e mais positivo, realiza tal função.

Portanto, a *anima* deve ser entendida deste modo: primeiro, como uma reação compensadora a uma atitude consciente unilateral com a qual o ego se identifica (a *persona*). Segundo, a *anima* é a função mediadora que procura construir uma ponte sobre a brecha que existe entre o inconsciente e o consciente, entre a "natureza humana" e o ego, entre a sabedoria coletiva e permanente da raça e as sempre cambiantes, diferenciadas, definidas e intelectualizadas formas de conhecimento do ego. Num terceiro aspecto, Jung também descreve a *anima* como a imagem ideal de feminilidade que todo homem carrega na sua mente inconsciente, de acordo com as suas necessidades pessoais e também com as tradições arcaicas impessoais, que estabelecem o significado essencial da mulher para o homem.

A *anima* num homem torna-se o *animus* numa mulher. Em outras palavras, *anima* e *animus* representam o respectivo elemento contra-sexual em cada um deles. Aqui nós tomamos conhecimento de um ponto essencial na psicologia junguiana, um ponto que também tem sido um fator essencial na astrologia desde os primórdios das civilizações caldéia e chinesa. Trata este ponto de que todas as manifestações psíquicas são dotadas de polaridade, o mesmo acontecendo com todas as formas de energia existentes no universo. *A lei da polaridade é a lei da própria vida.* Onde quer que haja vida, duas forças de polaridade oposta estão em perpétua interação, interpenetrando-se e equilibrando-se mutuamente. Todo organismo vivo demonstra este ritmo polar dinâmico; ele se manifesta, num sentido, como a lei de atividade compensadora anteriormente mencionada e, num outro sentido, como sexo.

O sexo (considerado no seu sentido mais amplo, como a polarização da energia vital humana) não se refere apenas aos órgãos físicos. Estes lidam com as manifestações *externas e exteriormente ativas* de sexo no corpo; na psique, todavia, nós encontramos manifestações correspondentes de polaridade oposta, constituindo as *fases de energia vital internas e interiormente ativas*. E é a elas que se referem os conceitos psicológicos de *anima* e *animus*. É realmente um fato que ambos os elementos, masculino e feminino, estão contidos dentro da personalidade total de um homem ou de uma mulher. O que torna um homem "masculino" é a elevada porcentagem de energia masculina incluída na sua natureza *física*; mas o fato complementar é que, ao mesmo tempo, sua natureza psíquica incluirá uma porcentagem mais baixa de energia feminina.

A sexualidade biológica, em outras palavras, é meramente a fase central do aspecto *exteriorizado* da força vital bipolar, operando através da pessoa humana – e, na verdade, responsável pela construção dela. O aspecto desta força vital criativa, que é exteriorizada ou liberada como sexo, constrói, sustenta e reproduz o corpo sob a orientação do princípio ainda mais primordial, de diferenciação (*karma*) que, na astrologia, é simbolizado por Saturno. Por outro lado, a parte interiorizada e não liberada da energia vital (*anima* ou *animus*) – de polaridade oposta ao sexo do organismo – constrói e mantém aquelas funções psicológicas através das quais ocorrem formas características de atividade interior (ou nós poderíamos dizer "atividade da alma"). A função *anima-animus* é responsável pelo desenvolvimento direto de todas as imagens, símbolos e fantasias criativas através das quais o inconsciente se comunica com o ego consciente. Também é o fator controlador no desenvolvimento de atitudes inspiradas e devocionais, ou de técnicas ocultas, que se desenvolvem em resultado da reorientação para dentro (ou "conversão") do ego, afastando-se de individualização ou diferenciação e dirigindo-se para as realidades espirituais ou fundamentais, nas quais todas as pessoas participam.

Sempre que lidamos com energia vital, lidamos com aquilo que em astrologia é basicamente representado pelo Sol e pela Lua. O reino de "vida" (usando o termo no seu sentido mais preciso, designativo da força que constrói, sustenta e reproduz organismos vivos) é o reino de dualidade. E, como eu já tornei claro no meu livro sobre o assunto,* este reino de vida e dualidade é astrologicamente expressado através da influência cíclica mútua que os fatores solar e lunar exercem um sobre o outro. Um terceiro fator, todavia, que deve ser levado em consideração em qualquer análise fundamental, é a Terra. A Terra estabelece as posições e a importância relativa daquilo que os seres humanos percebem como o Sol e a Lua. A *necessidade* destes seres humanos (e de todas as criaturas que habitam a superfície da Terra) é que força a manifestação de energia soli-lunar e, particularmente, dos ciclos da Lua. Na tradição esotérica, a Lua, embora sendo o satélite da Terra, é apresentada como sendo mais velha que a Terra. A Lua é a mãe que atende com afã as necessidades do seu filho – e assim flutua ao redor dele, envolvendo seu próprio movimento. Num outro sentido, a órbita da Lua em torno da Terra traça os limites de um "útero psíquico-cósmico" dentro do qual toda a vida que há na Terra opera, e do qual essa vida recebe o seu sustento. Este "útero" constitui o *reino sublunar* dos astrólogos medievais – o mundo cuja regência era atribuída (pelos cristãos gnósticos do segundo século d.C.) ao deus lunar Jeová.

* Originalmente publicado como *The Moon: The Cycles and Fortunes of Life* (McKay, 1946); este livro foi revisado e subseqüentemente publicado na Holanda (Servire, 1967) e na América (Shambhala Publications, 1971) como *The Lunation Cycle* [*O ciclo de lunação*, Edit. Pensamento, 1985].

Este deus se ocupava com a construção do "homem astral". Era um deus possessivo, ciumento, porém foi ele quem produziu estruturas de vida para satisfazer as necessidades das criaturas da Terra. Porque estas criaturas terrenas, falando num sentido coletivo, não estão prontas para receber *diretamente* a energia criativa firme e impessoal do espírito solar, esta energia é *reduzida e ajustada às necessidades delas* pelo deus lunar, o *Demiurgo*. A energia solar é enviada à Lua em cada Lua nova, mas somente numa quantidade que a capacidade limitada das criaturas terrenas pode aceitar. Então, o deus lunar (ou deuses) constrói estruturas especializadas (de corpo e psique) através das quais a energia solar pode ser utilizada por personalidades e organismos terrenos.

A quantidade e o tipo de energia solar liberada no início de cada ciclo de lunação são fixados por Saturno; pois, enquanto o Sol representa o centro do sistema da personalidade individual, Saturno representa os limites deste sistema – as limitações, o destino ou predeterminação particular do indivíduo. Saturno simboliza as operações da lei de diferenciação individual (o *karma* do indivíduo). Ele define a estrutura orgânica permanente do corpo (o esqueleto) e *também* a estrutura do ego. Enquanto o ego dominar como centro da personalidade e enquanto os planetas remotos, Urano e Netuno, não conseguirem desafiar e dissolver o domínio saturniano sobre a personalidade, Saturno irá controlando a liberação de energia solar (ou espírito universal), através de formas periodicamente construídas pela Lua (as estruturas psicológicas, regidas pelo ego, do corpo e da consciência). O desafio do inconsciente coletivo à consciência centralizada em torno do ego opera principalmente sob o poder de Urano. Mas, enquanto Urano é o desafiante, a energia liberada pelo desafio é também descarregada pela Lua. Toda a energia vital vem essencialmente do Sol, mas é liberada pela Lua, numa forma diferenciada.

O desafio de Urano ao domínio do ego condicionado por Saturno significa que alguns conteúdos do inconsciente, novos e revolucionários, tornaram-se ativos – e que, em conseqüência disso, a personalidade está prestes a enfrentar um drástico processo de metamorfose. Este processo conduz do estágio de centralização do ego (da personalidade controlada por Saturno) para aquele no qual o Eu (no sentido junguiano, o Sol) é compreendido como sendo a substância integrante de uma personalidade total (simbolizada pelo sistema solar inteiro). Esta metamorfose é aquilo que Jung chama de "processo de individuação". Todavia, o homem comum ainda está muito longe de tal confronto. Nele, Urano age de uma forma *refletida*, como um fator de perturbação causada por condições sociais instáveis e dilacerantes. Nele, o domínio de Saturno não é realmente ameaçado *de uma maneira individual*. Deve-se considerar, portanto, que uma pessoa desse tipo opera estritamente dentro de limites saturnianos, de acordo com o seu ritmo psicológico normal.

Isto significa que a consciência dessa pessoa normalmente é imune aos contatos com os poderosos arquétipos do inconsciente coletivo que, em indivíduos superiores (ou desequilibrados!), operam através de um Urano e um Netuno intensa e individualmente focalizados. Não obstante, a psique do homem comum contém atividades inconscientes; mas estas ou se referem ao *inconsciente pessoal* do indivíduo (o "subconsciente" de Freud) ou à sua reação passiva e não individualizada às correntes sociais, culturais e religiosas que animam a comunidade, a classe e a nação, que são suas por nascimento e por tradição ancestral. Com referência a estes dois tipos de fatores inconscientes é que as funções *anima-animus* operam essencialmente.

Estas funções constituem um aspecto da Lua no simbolismo astrológico – o tipo de atividade lunar dirigida para o interior. O outro aspecto lida com o tipo de atividade lunar dirigida para fora, que, como vimos anteriormente, está ocupada com a construção de estruturas biológicas e faculdades psicológicas, que têm por objetivo criar o melhor tipo possível de ajustamento ao mundo exterior. Em outras palavras, no ser humano comum a Lua representa dois tipos distintos de atividades de polaridades opostas. As tradições antigas reconheceram claramente este fato quando deram à Lua um gênero duplo, falando do planeta como *Lunus-Luna* – a Lua masculina e feminina. Na língua alemã, a palavra Lua é masculina, e em antigos livros indianos nós encontramos referências repetidas à Lua sob o nome de "Rei Soma".

Este nome hindu é por demais interessante, porque a mesma palavra, *soma*, em grego significa "corpo", e dela são derivados muitos termos científicos modernos que se referem ao corpo. O Rei Soma, ou *Lunus*, é, de fato, o regente de todas as atividades relacionadas com a geração, manutenção e reprodução do corpo e de todos aqueles elementos da psique que estão orientados no sentido das necessidades da vida exterior. *Ele é a força masculina no homem e a força feminina na mulher*. Ele domina sobre o aspecto exteriorizado da força vital. E, na astrologia, ele é a Lua *fora da órbita da Terra*, a Lua na fase cheia, do quarto crescente até o quarto minguante, portanto, da Lua puxada pela atração de Marte, Júpiter e Saturno – os planetas "masculinos" de uma astrologia criada por uma civilização, na qual os homens têm controle sobre todas as atividades humanas exteriores.

O outro aspecto da Lua é *Luna*, a força por trás das manifestações interiorizadas da força vital – a *anima* dos homens e o *animus* das mulheres – portanto, o fator contra-sexual. Este fator leva à produção, na vida interior, de todos os símbolos e imagens *anima-animus* que Jung estudou e interpretou detalhadamente e que estão classificados sob o nome geral de "imagem da alma". Esta imagem da alma, nos homens, é essencialmente dotada de atributos femininos (assim a Grande Mãe, a Musa, a Mulher Redentora, Beatriz – e também todas as suas polarizações tenebrosas: a Mulher-Aranha, a "Femme Fatale", a Tentadora, etc.). Nas mulheres, ela tem características masculinas, positivas ou negativas. Refere-se simbolicamente à Lua *dentro* da órbita da Terra – isto é, à fase nova da Lua, do quarto minguante ao quarto crescente.

Por causa dessa polarização *Lunus-Luna*, segue-se que, para aumentar o fluxo de energia vital dirigida para dentro, a corrente dirigida para fora (representada principalmente pelo sexo, pela subserviência aos padrões sociais e centralização do ego – portanto, por Marte, Júpiter e Saturno) tem de ser restringida ou represada. Este é o propósito básico de muitas práticas ocultas e religiosas que envolvem isolamento, ascetismo e auto-sujeição, da ioga hindu ao regime monástico cristão. A vida-alma então é vista como um oposto polar da vida-sexo e da vida-social-profissional centralizada no ego (ou dominada pela *persona*). Considera-se, também, que ela se desenvolve em oposição à vida racional do intelecto, pois, enquanto esta última opera num reino de formas lógicas, regido por Saturno, a vida-alma tem suas raízes nas funções irracionais da *anima-animus* e, mais tarde, nas atividades do inconsciente coletivo representado por Urano, Netuno e Plutão.

Todavia, a concepção de Jung do desenvolvimento da personalidade é uma concepção na qual nenhuma função deve ser reprimida em detrimento de outra. A técnica de "individuação" – a conquista da plenitude da personalidade através de um desenvolvimento perfeito (global) das suas muitas funções – implica uma "interpenetração recíproca" de todos os opostos psíquicos, especialmente do consciente e inconsciente.

Em astrologia, isto significa que todos os fatores planetários existentes num mapa de nascimento têm de ser desenvolvidos e que o mapa deve ser compreendido como um todo orgânico e também como um símbolo da totalidade da personalidade humana. O desenvolvimento total dessa personalidade poderá ocorrer através de interações relativamente suaves ou de tensões agudas entre as várias funções; mas não há qualquer sentido em chamar de "bom" o primeiro tipo de relacionamento (isto é, aspectos planetários) e de "mau" o último, ou até mesmo de "afortunado" e "desafortunado".

O mapa de nascimento nos dá uma extraordinária penetração no equilíbrio funcional dentro do qual uma personalidade opera. Aquilo que ele apresenta, todavia, é somente um quadro abstrato de relações complexas, uma fórmula ou planta. Não obstante, a posse de tal *modelo objetivo* permite que possamos trazer os métodos psicoterapêuticos para o reino daquilo que Jung chama de "psique objetiva". Ele reduz a infinita complexidade das atividades fisiopsicológicas a umas poucas *funções* básicas (os "planetas", inclusive o Sol e a Lua, e fatores secundários), a uns poucos tipos característicos de operação orgânica (os Signos do Zodíaco) e a umas poucas categorias de experiências individualizadoras (as Casas).

Todos estes dados astrológicos são *simbólicos*. Eles devem ser interpretados, assim como os sonhos o devem ser. É preciso dar significado a eles *em termos das necessidades e do nível de operação de cada pessoa*. Contudo, porque estas são estruturas humanas comuns e existentes em todos os indivíduos, porque a experiência do céu é fundamental na experiência humana e toca os próprios fundamentos da consciência humana, e porque todos os seres humanos lutam, por mais diferentes que sejam as estradas que eles seguem, no sentido de um único propósito evolucionário, que é o eu central e ao mesmo tempo a Imagem de Deus em cada indivíduo, os símbolos da astrologia têm uma validade universal. Sua significação aumenta com a disposição humana de encarar a totalidade da sua natureza e de viver nos seus níveis mais profundos, tanto nos mais elevados, na sua natureza humana comum, quanto na sua individualidade, mais diferenciada e mais ímpar.

6 *O Mapa de Nascimento de Carl Jung*

Antes de interpretar o mapa de nascimento de um homem que talvez tenha feito mais do que qualquer outra pessoa, que já viveu, para estruturar uma abordagem consistente e abrangente do problema da integração individual, eu preciso declarar, mais uma vez, que o uso verdadeiramente válido da astrologia, falando num sentido psicológico, é o *esclarecimento* (é tornar mais consciente e mais objetivamente real) da lei do ser do indivíduo – portanto, da base estrutural do eu do indivíduo. Qualquer interpretação astrológica correta deverá tornar-se uma orientação para a autocompreensão, uma ajuda no "processo de individuação". Ela deverá procurar transformar a confusão psicológica numa compreensão lúcida das possibilidades inerentes e da maneira mais "lógica" (em termos da "lei" do ser do indivíduo) de desenvolver estas potencialidades, transformando-as em realidades plenamente expressadas.

Com estes objetivos em mente, o astrólogo deve, antes de mais nada, procurar determinar, por meio do mapa de nascimento, a natureza típica do relacionamento entre os fatores conscientes e inconscientes, pois este relacionamento monta o cenário para o processo de autocompreensão e integração da personalidade. Obviamente, este relacionamento está em constante mudança nas suas manifestações reais e precisas; não obstante, ele está firmado sobre algum tipo de alicerce estrutural que constitui o "arquétipo" do futuro eu.

Em todo indivíduo, o ego consciente tende a se desenvolver de uma forma particular e diferente; ele emerge do útero do inconsciente impetuosamente ou com timidez, sob grande pressão ou de um modo fácil, suave. A atitude do ego em relação ao inconsciente depende de como se desenrola este processo. Esta atitude é essencialmente definida por volta da época em que o indivíduo atinge a idade de 28 anos que em outros livros* eu chamei da idade de um "segundo nascimento", teórico. Esta atitude ainda poderá mudar; mas, se essa mudança der a impressão de ser radical, será num ato de reviravolta; isto é, ela tenderá a vir a ser repolarizada no seu oposto, por pura insatisfação consigo mesma. Nenhum fator astrológico isolado pode indicar o caráter típico da atitude do ego em relação ao inconsciente – não mais do que qualquer fator isolado, presente no mapa de nascimento, é suficiente para determinar se uma pessoa pode ser classificada como extrovertida ou introvertida; este é um dos pontos mais difíceis de se determinar por meio do mapa de nascimento. Todavia, observando-se a configuração geral do mapa e a maneira pela qual os fatores planetários estão particularmente relacionados, é possível determinar muita coisa com respeito a estes elementos básicos do mapa.

Foi demonstrado, por Marc Edmond Jones, que a configuração geral de um mapa se enquadra dentro de uns poucos tipos estruturais fundamentais.** Se considerarmos ou não plenamente satisfatórias as suas definições e caracterizações, o princípio que serve de base para tal classificação é inteiramente lógico, especialmente sempre que a configuração do mapa se aproxima de um dos tipos ideais. No seu livro, Marc Jones apresenta o mapa de Jung como uma ilustração daquilo que ele chama de configuração do tipo *esparramado* – uma configuração apresentando, na sua forma ideal, "fortes e nítidas combinações de planetas em pontos irregulares", sugerindo "ênfases altamente individuais ou deliberadas na vida, onde o temperamento se destaca na experiência de acordo com suas próprias preferências muito especiais". Por meio da análise da configuração geral do mapa de nascimento, o astrólogo é capaz de determinar a dispersão ou concentração relativa dos interesses e das linhas de atividade da pessoa – portanto, sua maneira particular de fazer sua própria experiência

* Veja, do autor, *Astrology of Personality* (1936); *New Mansions For New Men* (1938), ambos em edições atuais e, mais recentemente, *Occult Preparations for a New Age* (Quest Books, 1975) – Ed.

** Veja, de Marc Jones, *Guide to Horoscope Interpretation*. Também do autor, o livro *Person-Centered Astrology* (C. S. A. Press, 1968) inclui um ensaio intitulado "Primeiros passos no estudo de Mapas de Nascimento", no qual o autor rebatiza e reinterpreta as configurações planetárias características.

servir ao propósito essencial do seu ser. Para que possa haver integração da personalidade e autocompreensão, a experiência deve ser *usada* pelo ego. A função principal do ego é personalizar os resultados produzidos pelas muitas experiências de uma vida individual, relacionando-os com uma estrutura de consciência relativamente permanente e dando a eles um significado individual.

Quando os planetas estão regularmente espalhados por todo o mapa, a tendência do ego é de usar diversos e variados tipos de experiência ou adquirir conhecimentos para universalizar os interesses da pessoa. O indivíduo, então, poderá ficar envolvido em muitas áreas da vida, descobrindo relacionamentos entre um grande número de facetas da existência. Se o ego tem um senso de integridade estrutural muito forte e tem suficiente amplitude de visão para integrar este material diversificado, a contribuição do indivíduo para a humanidade pode ser inestimável na sua universalidade ou no seu poder de expandir os horizontes e a participação de todos os seres humanos nas atividades multiformes de um mundo amplo. Os planetas particulares, enfatizados no mapa por suas posições angulares, indicam a forma característica que a manifestação da configuração planetária tomará. No caso de Theodore Roosevelt, por exemplo (dado por Marc Jones como uma ilustração deste tipo de configuração planetária espalhada – uma *dispersão*), Marte no ascendente indica uma abordagem agressiva do problema da integração. Plutão no nadir, a Lua na cúspide da sétima casa e o Sol em Escorpião, no zênite, acentuam ainda mais o caráter imperialístico e determinado deste tipo ativo do americano.

Por outro lado, quando muitos planetas estão amontoados ou divididos em agrupamentos no espaço, muito definidos, a tendência do ego é de depender de tipos de experiências definidos, de ênfases estimulantes ou de contrastes, para poder organizar os conteúdos da consciência e torná-los significativos. Ao estudar alguns mapas, podemos sentir a capacidade que o ego tem de controlar a tensão induzida por ênfases conflitantes ou por um desequilíbrio do temperamento. Em outros mapas, os planetas simbolizando os elementos de experiências coletivos e transcendentes – ou a pressão do inconsciente sobre o consciente – têm posições de tal modo predominantes, no mapa de nascimento, que poderão parecer muito grandes os vários tipos de perigo que podem ameaçar o ego. Estes perigos vão desde o fanatismo e a fixação irracional até verdadeiras

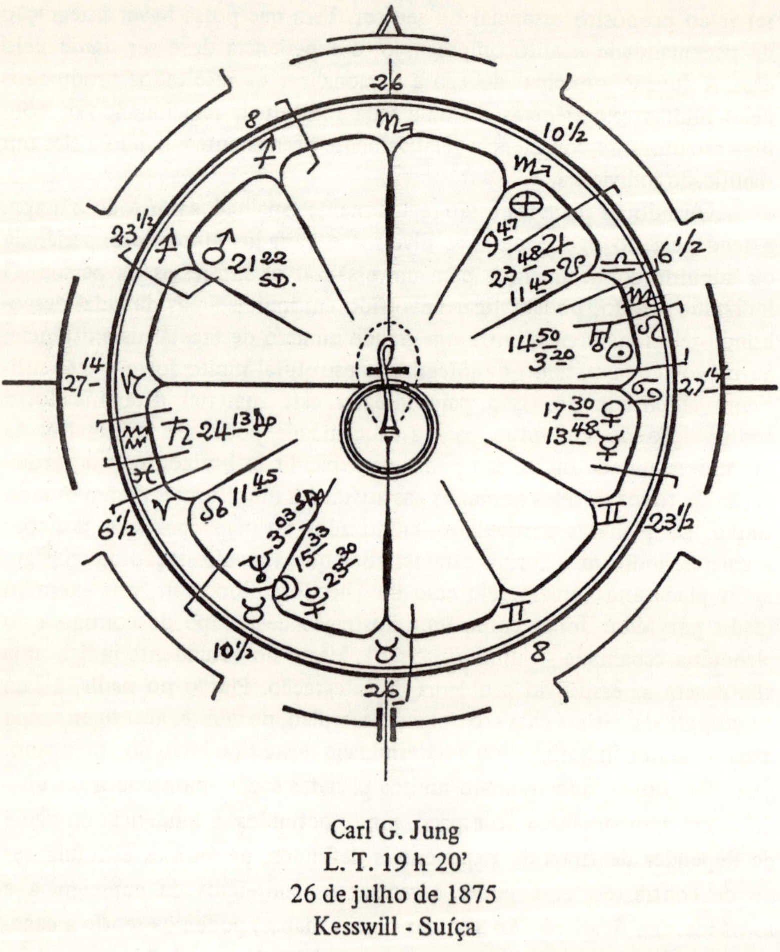

Carl G. Jung
L. T. 19 h 20'
26 de julho de 1875
Kesswill - Suíça

divisões da personalidade – ou qualquer outro tipo de fracasso no processo de interação pessoal e espiritual.

O mapa de Jung mostra uma dispersão definida dos planetas; contudo, também mostra uma simetria extraordinária. Nove planetas estão contidos dentro de duas zonas de cerca de 90 graus cada – Saturno, Netuno, Lua e Plutão em uma – Júpiter, Urano, Sol, Vênus e Mercúrio em outra. A meio caminho entre estas zonas encontra-se Marte, em Sagitário, no hemisfério do céu aberto – estacionário, obstinado e com grande intensidade belicosa. Reduzida aos seus elementos essenciais, a configuração pode ser graficamente esquematizada no desenho a seguir:

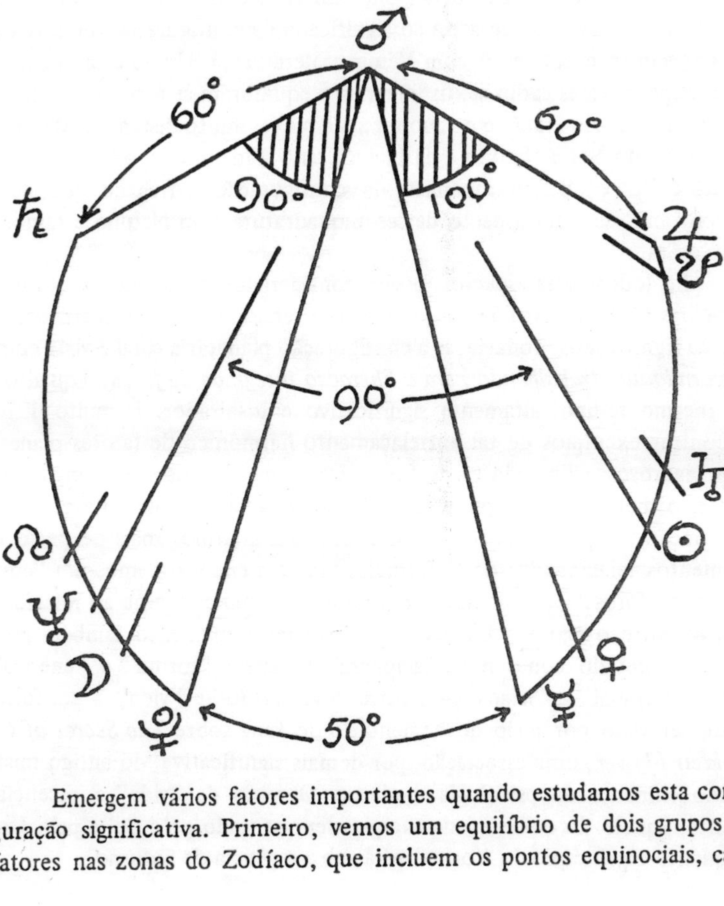

Emergem vários fatores importantes quando estudamos esta configuração significativa. Primeiro, vemos um equilíbrio de dois grupos de fatores nas zonas do Zodíaco, que incluem os pontos equinociais, cada grupo contendo planetas de polaridade oposta à dos planetas do outro grupo (Saturno, Netuno e Lua, em um grupo, são de polaridade oposta, respectivamente, a Júpiter, Urano e Sol – e, num sentido, também se pode dizer que Plutão tem uma polaridade oposta à dos planetas "interiores" Mercúrio e Vênus). Em seguida, descobrimos que estes grupos planetários estão equilibrados de tal maneira que parecem estar pendurados no Marte elevado, mais ou menos como duas cargas penduradas por cordas num cabide alto. O fato adicional de que Marte está em sextil com ambas as extremidades superiores dos grupos planetários (Saturno e Júpiter, que, conseqüentemente, estão em trígono um com o outro), soma uma indicação construtiva e integrativa ao significado da configuração geral. A Lua está igualmente em sextil com Vênus e Mercúrio, e Urano está em sextil com Júpiter; estes vários sextis integram e equilibram as fortes quadraturas de Saturno à Lua-Plutão e de Júpiter a Vênus (e, muito distante a Mercúrio e ao Sol), do Sol a Netuno e da Lua a Urano. Finalmente, o Marte central fortalece o equilíbrio dinâmico da configuração carregada de poder, encontrando-se num aspecto de sesquiquadratura com Netuno e também com o Sol.

Se todos estes aspectos fossem considerados isoladamente, segundo as velhas técnicas astrológicas, o resultado seria uma extraordinária confusão de significados. Todavia, se a configuração planetária total é vista como uma *máquina trabalhando para a liberação integrada de força*, o quadro é, ao mesmo tempo, altamente significativo e inspirador. É muito difícil encontrar exemplos de tal entrelaçamento harmônico de fatores planetários vigorosos e liberadores de força. Desse modo, quase em um simples olhar, o mapa de Jung pode ser visto como uma fórmula notável para a integração da personalidade. E se agora examinarmos mais de perto os elementos relacionados desta fórmula, também encontraremos um "equilíbrio de forças", por demais interessante, no que concerne ao relacionamento entre o ego e o inconsciente. Este relacionamento também pode ser interpretado como um relacionamento entre "forma" e "energia", entre "racional" e "irracional", entre "significado" e "vida" – conforme pode ser visto por meio do comentário de Jung sobre *The Secret of the Golden Flower*, uma associação, por demais significativa, do antigo misticismo chinês e da psicologia moderna. O reino da "vida" é, essencialmente, aquele do dualismo de energias representado pelo Sol e pela Lua enquanto o princípio da "forma" está sob a regência de Saturno.

No mapa de nascimento de Jung (de conformidade com os dados referentes ao nascimento fornecidos à sra. Fleisher pelo próprio Jung), verificamos que os últimos graus de Capricórnio estão em ascensão. Saturno, o regente do mapa, está na primeira casa, retrógrado em Aquário (a regência ele divide com Urano, seu co-regente, que se opõe desde Leão na sétima casa). Isto coloca o elemento saturniano da forma em forte predominância, mesmo a despeito do fato de que estando Saturno retrógrado sugira que esta predominância tenha de lutar contra inimigos internos. Na maioria dos casos, Saturno retrógrado refere-se a um ego que precisa voltar sua atenção para dentro, melhor do que para fora, a fim de conquistar o controle das energias de vida; isto porque as energias vitais normalmente são mantidas num estado de subserviência, tanto aos padrões genéricos do organismo humano, quanto às tradições coletivas e aos moldes da sociedade.

De fato, o mapa de Jung mostra imediatamente o quanto seria difícil para as estruturas bio-sociais comuns manterem sob controle, sozinhas, as suas energias vitais invulgarmente ativadas! Considere que Urano está em conjunção com o Sol, que a Lua está cercada por Netuno e por Plutão e que os dois grupos estão em quadratura um com o outro; e você verá quão radicalmente os "planetas do inconsciente" desafiam a própria substância da vitalidade física e espiritual de Jung. A energia biopsíquica é inquieta e explosiva no ser de Jung — e o fato de que o Sol está poderoso em Leão e a Lua está exaltada em Touro aumenta a intensidade de uma configuração que poderia, facilmente, levar a explosões emocionais ou a uma peculiar dominação do consciente pelo inconsciente. Por outro lado, a força deste Sol e desta Lua indica que no seu trabalho de integração Jung pode se apoiar numa vigorosa vitalidade espiritual e também biológica.

Não obstante, a necessidade da presença de Saturno é muito grande, se o poder dos planetas trans-saturnianos remotos vai ser mantido sob controle. O metal da máquina da personalidade deve ser capaz de conter e liberar intencionalmente uma quantidade enorme de força inconsciente biopsíquica, ou "libido". Se Saturno faz a parte de repressão (com a sua atenção "voltada para trás", em direção ao inconsciente), Marte está encarregado da liberação; e é mostrado que esta liberação opera de uma maneira extraordinariamente equilibrada porque Marte é o pivô da configuração planetária inteira. Uma distância igual o separa de Saturno e de Júpiter (contração e expansão), do Sol e de Netuno (a individualidade e sua vestimenta universalística; Cristo e Seu "Manto de Glória") e de Plutão e Vênus. Ele está na Casa da determinação e da reforma social, no Signo do conhecimento abstrato e do ensinamento espiritual.

Marte é o símbolo de todas as descargas de forças dirigidas e, num mapa que revela tal acentuação sobre o poder controlado, tudo o que se relaciona com Marte é importante. Se esse escoamento de Marte fosse obstruído ou distorcido, uma explosão psíquica poderia realmente ser inevitável – mesmo a despeito da força de resistência de Saturno. As quadraturas de Saturno *podem* produzir uma força construtiva, contudo, se este equilíbrio dinâmico fosse "desequilibrado" por algo que acontecesse com a descarga de Marte, estas quadraturas facilmente se tornariam destrutivas, principalmente aquelas nas quais Plutão e a Lua operam. Marte, todavia, mostra uma força proeminente, não por causa da sua posição zodiacal, mas porque está estacionário e ocupa uma posição focal no mapa inteiro. Está forte porque nele estão equilibradas, e quase neutralizadas, duas massas de polaridades opostas; e, estando estacionário, ele tem um caráter de quase impassibilidade. O símbolo Sabiano para a sua posição zodiacal (22° de Sagitário) aumenta a importância destas características marcianas, pois diz o seguinte: *Um pedaço perfeito do velho mundo é encontrado no novo: Uma lavanderia chinesa tem suas portas de correr abertas e agora é ela mesma.* Este é o símbolo da realidade do mundo interior para o qual o homem normalmente fecha seus olhos, o refúgio da alma onde ninguém além dela poderá entrar. Positivamente, é um grau de equilíbrio calmo; num sentido negativo, o mundo em geral numa plenitude de prazer. A palavra-chave é *Calma* (*Symbolical Astrology*, de Marc Jones).*

A exatidão deste símbolo é bastante surpreendente, pois qualquer estudioso sincero de Jung sabe como ele estabeleceu uma base metafísica e alquímica para a interpretação de processos psicológicos na filosofia chinesa (o ciclo Yang-Yin de trocas compensadoras, o princípio de

* Os símbolos Sabianos apresentados neste livro são tirados ou do *Symbolical Astrology*, de Marc Jones, ou da versão condensada dos símbolos publicada no livro desse autor, *The Astrology of Personality.* Veja, também, *An astrological Mandala: The Cycle of Transformation and its 360 Symbolic Phases* (Random House, 1973) de Dane Rudhyar, uma reinterpretação ampliada desta extraordinariamente notável série de símbolos.

integração através de uma função mediadora – o Imperador que "assimila" a necessidade inconsciente do seu povo e projeta o modelo estrutural do Ser-Céu sobre o Estado-Ego). Além disso, a prática psicológica não é um processo de limpeza e *catarse* que requer grande equilíbrio, "calma" interior e recolhimento periódico na nossa própria natureza interior?

No mapa de Jung, Marte rege a nona casa (filosofia, sabedoria, instrução) e é encontrado no nono Signo do Zodíaco; o ensino e a prática psicológica foram para Jung uma descarga necessária. Na qualidade de um psicólogo, ele tinha de ficar, por assim dizer, equilibrado entre *extroversão e introversão* – tal como Marte "estacionário" está equilibrado entre movimento *retrógrado e direto*, quase retomando o direto. Em outras palavras, este Marte é o ponto de descarga para um mapa no qual tudo está num estado de dinamismo equilibrado e, assim sendo, o próprio Marte está significativamente equilibrado entre duas direções de movimento. Seus sextis com Júpiter e Saturno estabelecem uma base social prática e serenamente construtiva para a descarga marciana. Os impulsos revolucionários de Jung operam dentro da estrutura de uma atitude amadurecida para com a sociedade e também para com o ego consciente. A qualidade de visão e compreensão simbolizada pelo aspecto de trígono entre Júpiter e Saturno está focalizada para fora e está impregnada de idealismo através de Marte.

O aspecto de aproximadamente 135°, de Marte para o Sol e Netuno, revela as origens mais íntimas das atividades públicas e educacionais de Jung. Em qualquer ciclo de relacionamento, o aspecto de sesquiquadratura refere-se à superação de crises acionais. Ele antecede o aspecto de oposição que simboliza (em sua expressão positiva) iluminação e consciência total, e segue o trígono que lhe dá uma experiência de "visão", portanto, um meio de superar a crise. No mapa de Jung, o Sol na sétima casa e em Leão é um símbolo orgulhoso de poder masculino e de autodesenvolvimento; Netuno, por outro lado, prestes a retrogradar em Touro, é um símbolo de riqueza e substância interior, de evolução coletivo-racial. Os dois planetas são "masculino" e "feminino", espiritualmente falando e estão em quadratura. O primeiro é o centro da totalidade do ser, é o "eu"; o último, a substância universal que este "eu" pode modelar na forma de um "veículo espiritual", para a sua manifestação. O modelador e o que será modelado estão em aspecto de crise, uma quadratura exata. A tensão pode ser solucionada? Ela só pode ser solucionada *se for exteriorizada.* Marte é o exteriorizador. Ensinando outros, reformando técnicas psicológicas, Jung *solucionou sua própria crise de formação espiritual*; e construiu para si mesmo um "corpo de imortalidade" – imortalidade social e, presumivelmente, pessoal – o Corpo de Diamante do esoterismo chinês, o Cristo-Criança dos místicos cristãos.

A importância extraordinária deste processo de integração espiritual na vida de Jung é revelada pelo fato incomum de que o seu Sol natal está 11 e 1/2 graus atrás de Urano – sua Lua natal está 12 e 1/2 graus na frente de Netuno. Pode-se dizer que Urano está no "caminho solar" do relacionamento entre o inconsciente e o consciente; Netuno, no "caminho lunar". Mais uma vez, vemos estas duas abordagens em aspecto crucial (ou "cruciforme") uma com a outra, com Netuno numa quadratura exata com o Sol, e Urano numa quadratura exata com a Lua – uma espécie de configuração achatada, em forma de *X*. Mas uma vez, polaridades significativas são vistas numa condição de entrelaçamento.

No último capítulo, enfatizei o significado da Lua na análise astropsicológica como uma mediadora entre o inconsciente e o ego e, no caso de um indivíduo do sexo masculino, como o símbolo da *anima*. A *anima* de Jung é mostrada sob uma luz incomum no seu mapa de nascimento, pois, como eu já disse, sua Lua está cercada por Netuno e por Plutão e está em quadratura com Urano. Em outras palavras, está completamente dominada pelos planetas do inconsciente coletivo. Mas a Lua também é alvo de uma quadratura de Saturno, e está muito forte, *num sentido biológico*, por causa da sua posição no seu signo de exaltação, Touro, o prolífico signo da terra. Além disso, está em oposição à Parte da Fortuna, em Escorpião, na nona casa. Em outras palavras, a Lua recebe a pressão total de uma cruz nos Signos fixos (Signos de poder) do Zodíaco, além de ser universalizada e expandida por Netuno e Plutão, um de cada lado. Esta Lua rege a sétima casa de Jung (associação, casamento). Ela também está em "recepção mútua" com Vênus que se encontra em Câncer – uma indicação de fortalecimento para ambas, Lua e Vênus. Este é um entrelaçamento muito complexo; e, como a Lua também representa a energia psíquica focalizada através da imagem-mulher na vida de um homem (outro aspecto da *anima*, a imagem de mãe-esposa-filha), podemos procurar algum papel incomum desempenhado por mulheres na vida de Jung.

Notas biográficas disponíveis nada revelam que possa ser aparentemente extraordinário. Em 1908, aos 28 anos de idade, Jung casou com uma moça pertencente a uma "família suíça conservadora", com quem teve quatro filhas e um filho. O casamento ocorreu quando o seu Sol progredido estava se movendo de Leão para Virgem – o místico ponto da Esfinge do Zodíaco. Por trânsito, Urano poderia estar cruzando Marte progredido na época do casamento e Saturno estava em oposição ao seu Sol natal; Plutão estava em oposição a Urano. O casamento provavelmente deu mais estabilidade à vida de Jung. Ele tinha obtido seu diploma de Doutor em Medicina em 1902, estava começando a conhecer as idéias de Freud (embora só o encontrasse em 1906) e provavelmente tinha completado seus estudos em Paris, com Pierre Janet, mas não sabemos mais do que isso. Parece, todavia, que o seu casamento deve ter sido um fator de polarização no nível-terra concreto de produtividade biológico-social. Vênus tem muita relação com o casamento, especialmente no mapa de Jung; e a acentuação está na produtividade concreta. A essência da função da Lua parece, por outro lado, ter operado num nível mais psíquico. O símbolo para o grau da Lua também poderá ser revelador – assim como o fato de que a Lua é encontrada na terceira casa.

O símbolo da Lua retrata *"Um velho tentando, com um grau de sucesso insuspeitado por ele, revelar os Mistérios a um grupo multicolorido"*, e, segundo é dito, simboliza a "posse inconsciente de conhecimentos e potencialidades muito maiores do que seria possível utilizar de uma forma prática e imediata". O "grupo multicolorido" é deveras interessante, pois a função da Lua de Jung pode ter sido polarizada num sentido universalístico (influência de Netuno e de Plutão) pelo "grupo multicolorido" de mulheres que, na qualidade de pacientes, exigiram que ele ajudasse a estabelecer nelas uma ligação com suas próprias naturezas interiores através de alguma fecundação *espiritual* pelo Logos. O Marte de Jung – o ponto de descarga deste mapa – está em aspecto biquintil (144°) com a sua Lua (o seu Saturno também está em quintil com o seu Netuno, e Plutão com o seu Sol), e a "série de aspectos quintis" se relaciona com a atividade criativa (a estrela de cinco pontas que simboliza a vitória do homem sobre a natureza instintiva). Todavia, podemos ver a Lua de Jung sendo forçada a entrar num foco de atividade saturniana através da sua participação na quadratura de Saturno a Plutão. Apesar de seus ajustamentos congênitos à vida e às experiências do meio que o rodeava – e ficamos imaginando que tipo de pessoa era sua mãe, ou se ele não teve algum parente, do sexo feminino, fora do comum – fossem "místicos", o destino de Jung (Saturno) compeliu-o a enquadrar estes ajustamentos da *anima* às realidades do mundo exterior da sociedade, a encaixar suas experiências intuitivas, sem dúvida por demais intensas, dentro dos moldes lógicos de uma forte consciência-ego. Sem o último (Saturno) e sem a descarga providenciada por suas atividades como professor e reformador, as energias psíquicas de Jung teriam se dissipado numa "estratosfera" inexpressível de visão transcendente.

A discussão anterior cobre apenas alguns dos pontos mais essenciais que podem ser descobertos através de um estudo minucioso de um mapa de nascimento notável. O que torna este mapa tão valioso para o psicólogo é que ele é um símbolo notável de tudo que Jung colocou no trabalho de sua vida. De fato, este sempre é mais ou menos o caso, quando uma grande personalidade alcança o estágio "criativo" – isto é, quando uma totalidade orgânica de experiência existencial é trazida para a condição de "semente" e, desse modo, conquista o poder de imortalizar-se, reproduzindo sua visão nas mentes das gerações futuras. Nós também vimos a energia do mapa natal de Freud, com sua forma de verruma e sua ênfase cirúrgica, seu cortar fundo até as raízes da personalidade. E se queremos perceber o que Jung trouxe à psicanálise que Freud criou, só temos de estudar, lado a lado, os mapas de nascimento destes dois homens. A estória que contam é absolutamente surpreendente. Dar um registro total ocuparia espaço demais; mas podemos ver, logo de início, que o Sol de Freud está situado no mesmo grau da Lua de Jung, e que existe um relacionamento por demais significativo entre os agrupamentos enfatizados de planetas em Touro nos dois mapas. Nós podemos ver que os horizontes natais dos dois mapas são *idênticos, mas invertidos*; o Ascendente de um sendo o Descendente do outro. E em ambos os casos, Marte (estacionário no mapa de Jung e quase estacionário no de Freud) ocupa uma posição de importância estrutural ou de importância central; mas quão diferentes são as implicações destes dois Martes! O de Freud aponta para os abismos mais profundos, descobrindo impiedosamente os remanescentes ocultos de frustrações sociais; o de Jung ensina o caminho para as alturas, para uma luta consciente com o problema de educação e reforma social, ou regeneração. Freud, o cirurgião da alma – Jung, o guia espiritual, o *guru* moderno, ocidentalizado, mantendo uma atitude extremamente receptiva diante do universal, dentro do foco saturniano de uma consciência clara e de um ego determinado.

Nós também podemos comparar estes dois mapas com aquele de Adler, que mostra uma brilhante panóplia de autoconfiança e otimismo eufórico, mas está curiosamente ancorado no nível-chão de consciência pelos puxões conflitantes de Urano e Saturno – e sem qualquer profundidade! Aqui nós também vemos Marte numa posição forte em conjunção com o Sol; mas é um Marte direto, excessivamente vigoroso (colocado sobre o Saturno natal de Jung) – e Vênus está retrógrado. Temos aqui a mesma ênfase planetária sobre o signo de Touro – Júpiter e Plutão sobre a Lua de Jung. A Lua de Adler está sobre o Netuno de Jung. Ficamos imaginando, realmente, se não existe algum significado básico nesta repetição tripla do 16º grau de Touro nos mapas dos três representantes mais eminentes da nova psicologia. Considerando o símbolo Sabiano (anteriormente descrito) para esse grau, isso poderia significar que estes três homens, de maneiras diferentes e em graus diferentes, tentaram trazer para o "grupo multicolorido" dos seus seguidores um conhecimento que excedia muitíssimo a possibilidade de ser revelado para o mundo ocidental naquela época?

Este capítulo conclui o nosso estudo da moderna psicologia profunda *per se*. Os capítulos a seguir estudarão uma nova geração de psicólogos que, de várias maneiras diferentes, procuraram trazer para a nova psicologia alguns dos elementos religiosos ou "espirituais" que o materialismo freudiano tentou descartar violentamente.

II Parte

Além da Psicologia Profunda

7 *Fritz Kunkel e a Psicologia do Nós*

Quando o movimento psicanalítico teve início com Freud, a preocupação principal dos seus pioneiros foi *clínica*. A psicanálise freudiana começou como uma nova abordagem da psiquiatria e como uma alternativa para a "redução" de neuroses pela hipnose. A psiquiatria era então uma ciência muito jovem, tateando hesitante o seu caminho pelo lado da neurologia. Ela se desenvolveu muito desde 1900, mas lida essencialmente com a cura de mentes doentias. Está adequadamente vinculada ao estudo de desordens do cérebro e do sistema nervoso. Ocupa-se com pessoas decididamente doentes e com a remoção de sintomas por meio de tratamentos específicos.

As pressões anormais e as exigências de ajustamentos súbitos a condições antinaturais de existência, apresentadas pela civilização moderna, têm levado a um estado de coisas no qual as terras divisórias entre a doença mental aguda e a saúde psicológica relativamente normal se transformaram num domínio extenso e densamente povoado. Pessoas mental ou emocionalmente desequilibradas povoam nossas zonas agrícolas assim como nossas cidades. Num sentido neuropatológico elas poderão não estar realmente doentes; mas elas não encaram a vida de um ponto de vista saudável e vigoroso. Suas reações às experiências são viciadas, desviadas ou distorcidas por pressões mentais e emocionais que as deixam cegas, ou as deixam tão extenuadas que já não têm forças para se ajustar vigorosa e absolutamente a situações novas. Elas enfrentam a vida e as pessoas de uma maneira fragmentada, incerta, frustrada e sem sentido, ou compulsiva. Nós podemos chamá-las de pessoas "neuróticas". Contudo, seria muito melhor considerá-las como indivíduos que perderam o poder de dar significado às suas experiências, pois elas perderam o seu senso de segurança e também a capacidade de sentir que o universo é ordenado, rico em valores e animado pelo amor e pela inteligência divina.

Normalmente, a psiquiatria não tem nada construtivo para oferecer a essas pessoas, não mais do que o tipo moderno de clínica médica pode oferecer para os milhões de indivíduos cansados que não estão doentes, mas também não estão saudáveis. Hoje em dia, a classe médica está mais interessada em curar doenças do que em dar às pessoas o poder de viver mais completa e intensamente. Freud foi, tipicamente, um homem da medicina; seu método é analítico, redutivo – um método cirúrgico. Qualquer filosofia que ele tenha tido foi pessimista, e certamente não poderia estimular a fé na vida, um senso de admiração ou uma saudável sensação de júbilo criativo.

A reação de Adler contra a atitude clínica, pessimista, de Freud levou-o a um otimismo superficial e a um estiramento forçado do ego e da vontade, um pouco menos, obviamente, semelhante às "afirmações" gloriosas de Coué e do Novo Pensamento Americano. A psicologia do sucesso tem por objetivo o desenvolvimento de egos grandes, fortes, positivos, com resplandecentes "músculos espirituais". Ajustamentos sociais poderão ser feitos com sucesso mas, na maioria dos casos, não há possibilidade de uma integração real numa base individual. O "sucesso" obtido por tais indivíduos leva, no final, a um colapso da coletividade, porque as sombras e frustrações dos indivíduos "bem-sucedidos", artificialmente positivos, poderão ser absorvidas por outros, ou pela comunidade (e pela nação) como um todo.

Carl Jung compreendeu esse problema e procurou uma solução nas profundidades coletivas da psique humana. O indivíduo que, por alguma razão, não pode ajustar-se de uma maneira saudável ao desafio da natureza humana e das convenções sociais, fica totalmente envolvido e perdido na diferença que o separa dos outros – na sua forma peculiar de se sentir separado da norma. Sua salvação só é possível através da sua reorientação e do seu reajustamento à norma. Essa norma, porém, não é apenas – como Adler parece ter pensado – uma norma social, uma questão de comportamento e sucesso. Ela é uma força viva. É a fonte profunda da *qualidade humana comum a todos os homens e mulheres*. Jung interpretou essa base comum como um grupo de imagens primordiais nas profundezas do inconsciente coletivo de todas as pessoas. A integração da personalidade resulta essencialmente da "assimilação" progressiva dessas imagens coletivo-genéricas, bioculturais, que são apresentadas por Jung como sínteses de experiências ancestrais, como concentrados dinâmicos do passado da humanidade. O processo de integração também é imaginado como a "grande obra" da pessoa como um indivíduo, não isolada da sociedade, mas ainda assim como uma realização essencialmente individual. Jung, herdeiro da tradição filosófico-alquímica suíça, era um individualista e um místico. Ele encontrou o universo e a humanidade *dentro das suas próprias profundezas coletivas.*

Essa abordagem não é possível para muitas pessoas. Elas iriam ficar perdidas no caminho. Elas não têm nem o heroísmo individual e nem a penetração mental exigidos para essa integração do "eu" pelo "eu" – mesmo com o auxílio, necessariamente limitado, da orientação de um psicólogo. Elas precisam de alguma outra coisa, mais do que de imagens primordiais como centros de integração. Não precisam somente de uma imagem do "eu", ou de uma divindade; precisam de um Deus que seja real, que as puxe, que esteja *com* elas – assim como *nelas*. Precisam considerar a "origem comum" do gênero humano não só como um alicerce ou fonte comum de força e substância, mas também como a criação de um Ser universal que tem na Sua Mente infinita um modelo "ideal" delas e que, por sua graça, as está ajudando a se tornarem iguais a esse ideal. O psicólogo junguiano é intimado a ser um *guru* hindu modernizado, com um senso bem menor de responsabilidade e de identificação psíquica com o seu cliente-discípulo. Contudo, a maioria das pessoas de hoje não está pronta para um *guru*. Elas precisam de um "educador religioso" que não apenas "fale" religião mas também pratique psicologia. Fritz Kunkel estruturou sua abordagem psicológica em resposta a essa necessidade.

O Dr. Kunkel nasceu perto de Berlim, no dia 6 de setembro de 1889. Quando desviou sua atenção da psiquiatria propriamente dita para a psicanálise, logo de início, foi arrastado para Adler. Eventualmente, tornou-se presidente do ramo alemão da *International Society for Individual Psychology*. O fator determinante da sua atração pelo ponto de vista de Adler talvez fosse o fato de que durante a I Guerra Mundial ele foi ferido na linha de fogo e perdeu o braço esquerdo. A psicologia de Adler deu muita atenção aos resultados psicológicos da incapacidade orgânica porque, como já vimos anteriormente, ela é uma psicologia de superação consciente. Aos 28 anos de idade, o jovem Dr. Kunkel viu-se diante de um reajustamento crucial. Vinte e oito anos é o momento do "segundo nascimento" teórico – isto é, da emergência consciente na personalidade individual. Para Kunkel, esse momento de emergência foi acompanhado por um choque terrível e seu mapa de nascimento revela as atividades complexas de uma certa compulsão do destino nessa ocasião. No seu mapa natal, Marte e Saturno estão conjuntos em Leão, na 6ª casa (doenças, serviço militar, discipulado, etc). Quando ele foi ferido (20 de agosto de 1917), seu Sol estava passando sobre seu Saturno natal, Netuno e Saturno sobre Vênus natal (também na 6ª casa e em oposição exata à sua Lua natal), enquanto a Lua progredida, na 12ª casa, estava se aproximando de uma oposição ao Marte natal. Desse modo, quando Saturno completou seu primeiro ciclo de trânsito em torno do mapa de nascimento, Fritz Kunkel estava enfrentando uma nova vida.

Um ano mais tarde, ele casou – quando Saturno cruzou a cúspide da sua sétima casa e Urano cruzou o seu Ascendente. Não foi um casamento muito feliz, mas vieram os filhos e, em conseqüência da experiência do crescimento deles, sem dúvida, o Dr. Kunkel adquiriu a aguçada penetração no relacionamento dos filhos com os pais, que não só lhe trouxe fama como psicólogo infantil, mas também se desenvolveu e se tornou a base da sua contribuição original para a psicologia: o princípio da "experiência do Nós".

Eu creio que a vida de Fritz Kunkel pode ser exatamente dividida em três períodos, e que ele foi, portanto, um exemplo muito significativo daquele ritmo triplo de desenvolvimento da personalidade que discuti nos meus livros *The Astrology of Personality* e *New Mansions for New Men*. Os primeiros 28 anos constituem o período de expressão de família e de raça. Kunkel foi criado em grandes propriedades, na Prússia; freqüentou universidades em Berlim e em Munique. Experimentou a plenitude da tradição da classe superior intelectual alemã. Foi arrastado no turbilhão da guerra e foi salvo dele – e, potencialmente, de muito mais – pelo "destino". O segundo período da vida de Kunkel, entre 28 e 42 anos, divide-se em duas metades; envolveu o despertar progressivo do seu espírito individual, *sob tensão e pressão*. Kunkel venceu o destino pela força da sua própria criatividade e fé. O resultado foi a "Psicologia do Nós".

Como pode uma pessoa que está crescendo emergir feliz e harmonicamente do útero do "Nós primordial" – como uma criança, como um adolescente e, mais tarde, como um indivíduo maduro? Como a psicologia e a educação podem ajudar a fazer com que essa emergência seja bem-sucedida? Como podem ser enfrentadas as ubíquas crises de crescimento?

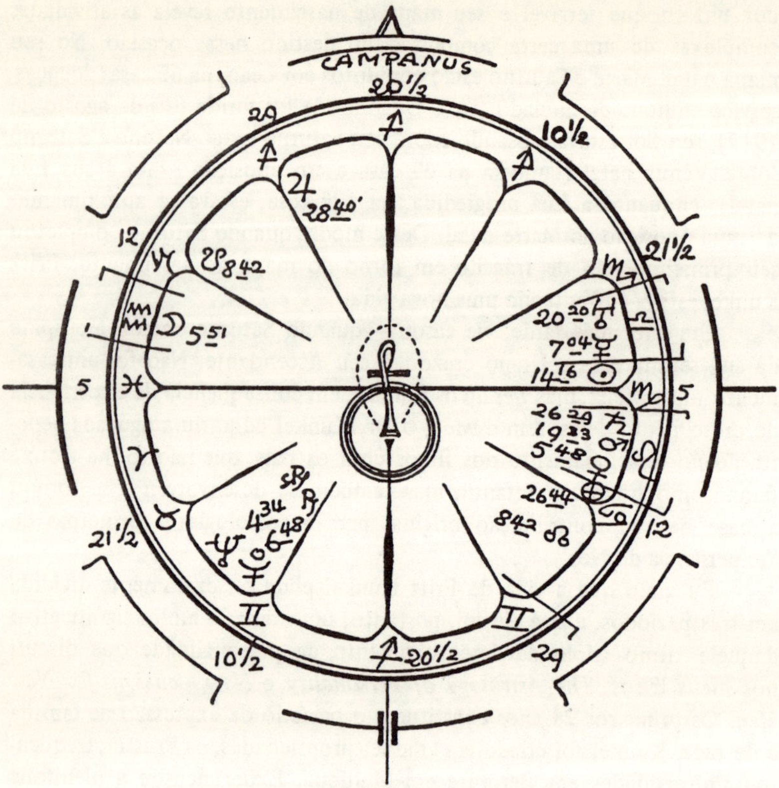

Fritz Kunkel
18 h 15' - 6 de setembro de 1889
Landsberg - (Prússia) Alemanha

Como pode o indivíduo superar o poder de um passado coletivo e de qualquer desvantagem imposta pelo destino? Quais faculdades são necessárias? Quais métodos psicológicos devem ser desenvolvidos? Estes são os *leitmotivs* básicos encontrados em todos os livros de Kunkel.

Durante a primeira metade do segundo ciclo de 28 anos, Kunkel teve de procurar respostas, por assim dizer, *contra* a sociedade, vencendo resistências e pressões, desventuras e o *karma* pessoal-emocional representado por sua Vênus, seu Marte e seu Saturno em Leão (um signo interceptado na 6ª casa), em oposição à Lua na 12ª casa. Durante a segunda metade do período de 28 anos (da idade de 42 a 56) – depois do seu segundo casamento no inverno de 1931-32 – Kunkel já estava capacitado para dar uma forma completa às suas experiências anteriores, para demonstrar sua cultura e sua habilidade dominante como educador e mestre. Seus livros tornaram-se famosos e foram publicados nos Estados Unidos. Ele veio para os Estados Unidos, pela primeira vez, no verão de 1936; e, em 1939, veio para ficar. Instalou-se em Los Angeles, onde morreu em 1955. Escreveu, lecionou, organizou seminários e se dedicou a uma clínica particular que ele, não obstante, não expandiu a fim de poder continuar realizando seu trabalho literário e criativo.*

A última fase da vida de Kunkel começou, realmente, quando ele se radicou na América (23 de junho de 1936). Nessa ocasião, Netuno estava cruzando seu Sol natal e Plutão a sua Parte da Fortuna; Urano, entrando na sua 2ª casa, estava em quadratura com a única oposição básica (Lua-Vênus) do seu mapa de nascimento. Saturno, que desde o ano anterior estava situado no primeiro setor do mapa de nascimento, indicava um período de reorientação do ego. Júpiter, porém, estava se aproximando do zênite – oposto por uma conjunção de Marte e Vênus na 4ª casa. No lar ancestral, a exigência do seu destino público potencial estava se opondo às raízes profundas da sua vida pessoal. O cenário estava pronto para *um terceiro nível de superação.*

O Júpiter de Kunkel tem a chave básica do seu destino, assim como os trânsitos de Netuno marcam os pontos críticos mais significativos em sua vida. Este Júpiter dominante em Sagitário, "senhor" das 9ª e 10ª casas (religião, filosofia e vida pública profissional) é, indubitavelmente, o "regente" do mapa inteiro. É a chave das doutrinas psicológicas de

* Seus livros traduzidos [para o inglês] são: *Let's be Normal* (1929); *God Helps Those* (1931); *What it Means to Grow up* (1936); *Conquer Yourself* (1936); *Character, Growth, Education* (1938); *How Character Develops* e *In Search of Maturity* (1943). O último é particularmente notável.

Kunkel – da ênfase educativo-religiosa que há nos seus ensinamentos. De fato, os princípios gêmeos de *auto-educação* e *percepção religiosa* constituem as bases do seu pensamento.

No princípio, ele enfatizou a passagem da "experiência do Nós" primordial para o estado de isolamento e diferenciação individual – ele conhecia muito bem os problemas que essa passagem produz à medida que, crise após crise, o indivíduo procura alcançar seu "centro verdadeiro", não só na noção superficial do ego nascida do triunfo social (Adler), mas nas profundezas das origens ancestrais inconscientes (Jung). Tendo experimentado esse "inconsciente do passado" no mais fundo do seu ser, Kunkel tentou então adquirir uma percepção da sua contrapartida polar nas altitudes da consciência, o "inconsciente do futuro". Ele compreendeu que é a "presença de Deus" que atrai o homem em direção ao futuro e está entronizada no zênite da psique.

Kunkel passou a se interessar pelo misticismo religioso, desde o ponto de vista *Quaker*, e pelo espírito vivo do Evangelho. Seu livro, *Creation Continues*, trata do Evangelho de São Mateus. No seu 56º aniversário, ele começou seu último ciclo de vida sob uma conjunção quase exata de Júpiter e Netuno sobre o seu Mercúrio natal, e com a sua Lua progredida prestes a cruzar o seu Ascendente natal em Peixes (se a hora de nascimento que ele mesmo deu está certa!). A ênfase é, realmente, netuniana-jupiteriana, através de um foco de atenção pisciano (Lua progredida). Saturno está subindo o arco ascendente do mapa de nascimento; Urano está prestes a entrar na 4ª casa; Plutão está no ponto central da distância que separa Vênus e Marte. Estava começando um novo período para o fundador da Psicologia do Nós, que, cada vez mais, estava se transformando numa psicologia de Deus.

> A Psicologia do Nós (conforme normalmente é chamada a nossa inclinação na psicologia) tem origem no fato de que todo o ser humano só pode chegar a uma experiência do "eu" se ele se situa em relação a um grupo de pessoas. Mesmo que ele possa, realmente, viver num isolamento completo, ainda assim ele estará ligado a algum grupo (nos seus pensamentos ou na sua imaginação) através do desejo ou do ódio, da crítica ou da esperança.
>
> A experiência do Nós nunca está ausente da vida íntima de quem quer que seja. Ela é o fator que impele cada um de nós a participar interiormente na vida dos outros e intervir – pelo protesto ou pela crítica, pela defesa ou pela contribuição, ou pela usurpação da autoridade – no destino de grupos, famílias, nações e civilizações (*Character, Growth, Education* – Introdução).

Quanto mais uma pessoa encontra a si mesma, mais ela descobre que o seu interesse pessoal é substituído pela sua responsabilidade pelo todo. Ela só é realmente ela mesma na medida em que é um membro do seu grupo; e seu grupo só está vivo na medida em que está relacionado com a humanidade. Portanto, a verdadeira individualidade não é o "eu", é o "nós". Além disso, a individualidade humana não é somente amor humano e confraternidade; é, ao mesmo, a criatividade do Criador operando através de indivíduos humanos. Aquele que realmente encontra a si mesmo, encontra Deus. E ele poderá dizer, como São Paulo disse: "Já não sou eu quem vive; Cristo vive em mim" – e, nesse sentido, nossa verdadeira individualidade é a meta final do nosso desenvolvimento religioso. No princípio é "Eu"; depois ele se torna "Nós"; e no fim será "Ele" (*In Search of Maturity*, p. 76).

Temos de distinguir entre o "inconsciente do passado", nossa memória e herança raciais, e o "inconsciente do futuro", que contém a pirâmide infinita de valores, possibilidades e tarefas que, por assim dizer, estão esperando à nossa frente. Falando num sentido exato, esses valores são eternos, mas devem ser vividos no futuro (*Idem*, p. 42).

O poder que nos leva a amar, a lutar, a criar, não está operando através do passado. Não é uma força cega, que nos empurra pelas costas, assim como a gasolina explosiva empurra o pistão de um motor. É o poder criativo do fim supremo, o valor que está à nossa dianteira no futuro infinito, atraindo-nos como um ímã, treinando-nos, transformando-nos como um criador que transforma flores em flores mais belas (*Idem*, p. 49).

A abordagem psicológica de Kunkel deriva diretamente daquela dos místicos cristãos; mas ele deu a essa abordagem mística uma nova formulação em termos de psicologia profunda e com referência ao ambiente, profundamente mudado, da sociedade. Contudo, não obstante as modificações do método de desenvolvimento espiritual defendido por Kunkel, ele encontra, como núcleo central, o processo básico de metamorfose interior que os místicos descreveram em termos de metáforas cristãs. Reduzido à sua forma mais simples, esse evento central é uma "crise". Kunkel enfatiza essa necessidade de "crise" para que possa haver uma verdadeira maturidade pessoal. Com a intensidade dramática simbolizada por seus planetas em Leão, ele escreve:

A crise, então, é a transição de uma vida excêntrica, menos consciente e menos vigorosa – centralizada em torno da imagem-Ego ou de uma imagem idolatrada – para uma vida mais bem centralizada, mais consciente e mais poderosa – girando em torno do verdadeiro *Self*. Este *Self* prova ser o centro de ambos, do indivíduo e do grupo, e, conseqüentemente, transforma o indivíduo num servo do grupo – isso é amor; e também prova ser a nossa relação com Deus e, conseqüentemente, transforma indivíduos e grupos em servos de Deus – isso é fé. A crise, se é completa, significa conversão (*In Search of Maturity*, pp. 221-22).

As pessoas são "conduzidas à força para as suas crises pelas conseqüências dos seus desvios", e elas, usualmente, com grande maestria, "tentam fugir", postergando o inevitável. Contudo, não há verdadeiro desenvolvimento espiritual sem uma crise; o propósito da "filosofia religiosa" é encontrar a maneira melhor, mais suave, mais eficaz, menos trágica e menos inútil de enfrentar a crise.

Nos seus ensinamentos e na sua clínica, Kunkel deu grande ênfase ao valor da crise – até mesmo dos pesadelos! Ele gostava de dizer às pessoas que encontrava ao anoitecer – com um brilho nos olhos – "Que você tenha um bom pesadelo!" A razão para esta atitude pode ser vista no seu mapa de nascimento. No todo, podemos considerá-lo um mapa desimpedido e fácil, com um grande trígono básico e sextis poderosos, e também com um quintil vibrante (aspecto de criatividade) de Vênus para Urano – um mapa muito diferente do desenho cruciforme dos planetas natais de Jung. A única configuração de quadratura é uma, muito ampla, na qual Netuno e Plutão estão em quadratura com o ponto central entre Saturno e o Sol – cerca de nove graus de distância um do outro. Contudo, o Sol natal de Kunkel está em Virgem e, conforme indiquei no meu livro *The Pulse of Life*, Virgem é um símbolo de crise. Ele representa as crises pessoais; Peixes, as crises sociais-coletivas.

Kunkel tinha Peixes no Ascendente. Seu destino individual e o objetivo original da sua vida (Ascendente) receberam a marca da crise social da sua época; e, como um alemão, ele foi particularmente receptivo para esses valores de crise. Todavia, embora sua terra natal enfrentasse a crise dessa época de uma maneira *regressiva* (porque neotribal), ele foi capaz de *se integrar por causa dela*, através da sua revitalização interior da imagem do Cristo. Desse modo, o destino levou-o para a América, justamente em tempo de impossibilitar que ele fosse apanhado na desintegração da II Guerra Mundial. Num sentido, portanto, ele foi um "arquétipo" daquilo que o seu povo *deveria ter feito*. Ele também havia sido mutilado – como a sua pátria o fora em 1918. Contudo, ele enfrentou a sua crise e venceu. Portanto, ele pode ser considerado como um modelo para a coletividade da qual emergiu como um indivíduo criativo, como um Educador. Este era o seu destino espiritual; mas ele tinha de conquistá-lo, como todas as pessoas. Ele venceu com o poder do seu Júpiter elevado na 10ª casa. Ele foi um homem com uma "missão". Ele mostrou à humanidade (e especialmente aos europeus) *uma maneira de vencer a crise.* Essa maneira é a Maneira Cristianizada – a maneira que passou a ser mais vitoriosa e gloriosa pela incorporação do espírito do Cristo *através* da crise.

No mapa de Kunkel, o centro da crise é a conjunção de Marte e Saturno em Leão – com Saturno próximo da "estrela de Cristo", Régulo. Régulo, o "Coração do Leão" é a estrela de Cristo, porque se refere à transformação espiritual do centro da personalidade emocional, tornando-o um centro do Cristo, o Coração do Homem. Quando o "leão vermelho" (dos alquimistas) torna-se o "Cristo branco", o Homem nasce dentro e através do ser humano individual. No mito germânico, o "leão vermelho" é Frederick Barbarossa (o Barba-Roxa), cuja expressão degenerada e caricaturesca foi Hitler, com seu bigodinho. Os alemães foram ensinados a esperar a reaparição do seu grande Imperador. Contudo, o Imperador só pode reaparecer em valor espiritual, como o Cristo – cujo "reino não é deste mundo". A orgulhosa força de Marte e de Saturno deve ser vencida, no reino do coração (lado esquerdo do corpo), antes que o coração possa ser purificado e seja capaz de receber a "presença de Deus". Esta é a crise, igual para muitos – especialmente para todos os líderes em potencial, *inclusive* os líderes religiosos!

No mapa de Kunkel, essa crise está ainda mais centralizada no Descendente, a cúspide da casa do casamento e das associações, que está situada entre o Saturno de Leão e o Sol de Virgem. O Sol também é o ponto central do arco entre Vênus e Urano – um aspecto quintil. O "sócio" é, então, o centro da crise, recebendo, em cheio, o golpe da quadratura de Netuno e Plutão. Esses dois planetas estão sozinhos, ao norte da linha exata de oposição da Lua a Vênus, que liga a 12ª e a 6ª casas; desse modo, ambos agem como um ponto focal de tensão, na 3ª casa, em Gêmeos. Saturno é o *karma*; o Sol é a superação, na criatividade; o Descendente é a área de superação. O desafio está na conjunção Netuno-Plutão – isto é, o destino coletivo e a mentalidade do homem moderno. Júpiter é a mensagem – e o Messias interno. É a Luz do Significado Criativo. Júpiter também está perto de um quintil com Urano e de um semiquintil com Vênus. Assim, uma corrente criativa de quintis e semiquintis aproximados relacionam os planetas situados acima da linha Vênus-Lua – que tende a ser uma linha da consciência desviada, ou "kármica".

Mais tarde, discutirei as possibilidades educativas que a prática astrológica proporciona, juntamente com o conceito de auto-educação religiosa, um dos últimos desenvolvimentos verificados na abordagem psicológica do Dr. Kunkel. Agora, porém, deixem-me assinalar que o nosso período atual constitui uma crise coletiva, global – que a possibilidade de uma catástrofe nuclear tornou particularmente aguda. Todo indivíduo sensível, que não está compactamente insulado pelas estruturas do seu ego, é, necessariamente, um participante dessa crise. O ensino de um método para solucionar a crise – quer no seu aspecto social generalizado, quer focalizada através de um indivíduo – é, portanto, a necessidade mais importante dos nossos dias e da nossa época. O problema afeta homens e mulheres, em quantidades muito maiores do que aquelas dos que estão prontos para o tratamento psiquiátrico. Ele não pode ser solucionado por uma glorificação adleriana do "eu" consciente, e a senda da psicologia profunda junguiana exige demais, tanto do psicólogo como do cliente, para ser prática para o indivíduo comum.

Obviamente, é preciso alguma coisa mais. O que Freud tirou da psicologia deve ser recolocado, mas de uma nova maneira. Podemos chamar isso de "a Alma", ou "Deus", ou "Fé", ou "O Mestre". Uma coisa parece certa: ou os seres humanos logo terão de usar algum método psicológico revitalizado ou novo, que faça com que possam transformar-se em pessoas criativas, enfrentando e solucionando suas crises livremente e *numa base individual* – ou então a humanidade terá de ser varrida pelo fervor compulsivo de uma nova religião mundial, orientada para a solução de crises *em bases coletivas.*

Talvez ambas as soluções possam ser integradas; mas devemos lembrar que, na Cristandade, a salvação individual do místico estava extremamente subordinada à salvação coletiva da massa dos fiéis. Mesmo hoje em dia, o valor de uma solução individualizada para a crise atual deve ser poderosamente acentuada, com o máximo de convicção, *para poder se tornar aceitável para a maioria.*

8 Jacob L. Moreno e o Psicodrama

Vários anos atrás, alguns jovens recém-saídos da universidade tornaram-se meus amigos íntimos e falaram, muito francamente, sobre os problemas da sua juventude. Eles tinham freqüentado "escolas progressistas"; seus pais, na maioria dos casos, eram homens e mulheres com vidas profissionais ativas; vários haviam sofrido a experiência de lares desfeitos por divórcio e tinham sido deixados em liberdade total – livres para se expressarem, para experimentarem praticamente qualquer "fato da vida" que se possa conceber. Na verdade, tinham sido tão livres que descobri, para meu espanto, que tinham passado grande parte dos seus últimos anos de adolescência inventando vários tipos de regulamentos para *limitar essa liberdade*, cujas responsabilidades e azares eles não se atreviam ou não podiam suportar.

Fiquei atônito porque, tendo nascido, como nasci, nos últimos anos da última década do século passado cresci numa atmosfera justamente oposta. Minha geração, e as que vieram antes da minha, procuraram, com paixão, fugir da sujeição dos padrões familiares, das tradições sociais e religiosas, até mesmo da cultura européia e do Cristianismo. Nosso problema era como conquistar a liberdade; nenhum preço – para nós e para aqueles que nos rodeavam – parecia alto demais.

A diferença na situação psicológica da juventude, antes e depois do início da era da Guerra Mundial, é da maior importância. Ela fornece o cenário para a discussão de uma mudança profunda, que tem ocorrido gradualmente, durante a última década, no campo da psicoterapia – isto é, com relação ao problema de curar as doenças mentais e emocionais dos seres humanos. Muito da responsabilidade por esta mudança de abordagem repousa sobre os ombros largos e a mente dinâmica do Dr. Jacob L. Moreno. Neste capítulo, portanto, farei um breve esboço de alguns dos aspectos principais da "revolução criativa" que ele liderou nas áreas da psicologia e da sociologia e procurarei relacioná-los com algumas das características astrológicas do seu mapa de nascimento.

Quando Sigmund Freud deu a público os conceitos e técnicas da psicanálise, em Viena, o mundo ocidental ainda estava lutando para sair da era vitoriana e da sua hipocrisia, da sua poupa auto-satisfeita e do seu materialismo racionalista e ganancioso. Quando, em 1921, Jacob Moreno começou a promover, também em Viena, seus ideais, ativos-criativos e socialmente orientados, e seus métodos de psicoterapia (psicodrama, sociodrama, psicoterapia de grupo, etc.), ele estava se dirigindo a uma geração que tinha visto o seu modo anterior de vida destruído pela I Guerra Mundial e que, numa excitação febril, enfrentava o desafio de construir um mundo novo. Essa geração provou ser incapaz de encarar eficazmente o desafio, porque seus membros, embora teoricamente "libertados", não se atreveram a ser verdadeiramente "criativos" *de uma maneira orgânica e socialmente orientada.* Qualquer criatividade que houvesse — e havia muita nas nações germânicas derrotadas — explodia principalmente numa autoglorificação anárquica e sob formas irracionais (melhor do que supra-racionais, iluminadas pelo espírito e integradas).

Em 1900, Freud teve de lidar com indivíduos cujos esforços emocionais para se libertarem de uma ordem social obsoleta e rígida tinham sido tão ardentes que produziram choques psicológicos, lesões e deformações — neuroses ou psicoses. Essas pessoas eram membros de uma sociedade que havia tentado obstruir os poderes essenciais da vida, frustrando, também, o ritmo criativo do espírito humano. Assim, o homem ficou apenas com o seu ego classe média — isto é, tudo o que restou foi a estrutura das suas próprias adaptações a uma sociedade que era, ela própria, materialista e sem inspiração.

Freud foi aquilo que eu já chamei de "cirurgião da alma". Sua utilização do "divã psicanalítico", com o paciente deitado como se estivesse pronto para uma operação cirúrgica; sua maneira de sondar através de materiais associativos, como se usasse uma faca afiada, pinças hábeis e gaze que absorve o sangue (transferência); suas técnicas e sua confiança (depois da "operação" psicanalítica) na vontade, do paciente, de recuperar a sanidade (o sistema circulatório da psique) e, de algum modo, construir novos tecidos da alma — tudo isso é típico de uma abordagem cirúrgica. A psicanálise freudiana é clínica; ela nasceu do ponto de vista caracteristicamente materialista do século que produziu Feuchner, Marx e Darwin.

Sua abordagem sociológica, num sentido, não foi desenvolvida; quando ele pensou na psicologia de grupo, ele pensou a respeito do relacionamento de uma pessoa com outros indivíduos, principalmente em termos dos problemas que esses relacionamentos causam: "Na vida mental individual, invariavelmente, alguém mais está envolvido, como um modelo, como um objeto, como um oponente" (*Group Psychology and the Analysis of the Ego*). Em outras palavras, Freud viu a sociedade como algo *já feito*, e o indivíduo só poderia lutar contra isso, ser magoado por isso (depois da análise) e acomodar-se a isso – tudo por amor a um máximo de conforto e felicidade.

A opinião do Dr. Moreno era completamente diferente. Para ele, a sociedade está *sendo feita*; nós todos somos desafiados a construir sua forma futura e somente podemos fazer isso na qualidade de participantes criativos numa atividade de grupo que deverá ser constante, ubíqua e versátil (multiforme). *Todos os dias, em todos os lugares e de mil maneiras, o indivíduo deve ser co-criativo com outros indivíduos, se ele vai ser psicossomaticamente saudável e se a sociedade vai ser uma ação recíproca, perfeita e integrada, de atividades de grupos*, engrenada para o desenvolvimento máximo de uma liberdade criativa, que expressa Deus. Este é o fio que corre através dos muitos livros e atividades da pessoa dinâmica, provocante, franca e revolucionária que é o Dr. Jacob Moreno. Ele começou sua vida com a mente cheia de ideais religiosos – e seus primeiros livros são brilhantes tentativas de reformular idéias ocidentais, tradicionais, de Deus. Elas cantam um Deus a ser experimentado como uma Realidade criativa, central e onipresente, ativa em todos os momentos, um Deus que está sempre desafiando para um renascimento todos os que se apegam a velhas formas sociais e culturais. Os primeiros trabalhos escritos de Moreno revelam-nos um Deus que não só cria como um Pai, Autor e Fonte da força criativa existente em todos os movimentos, mas *recria* o mundo num "recuo" simbólico de imaginação e encenação fantástica. Assim fazendo, Ele se liberta e liberta Sua criação do destino inseparável de todas as atividades complexas de grupo.

Essa glorificação da potência criativa de cada momento não é uma idéia inteiramente nova na filosofia; com Moreno, porém, ela tomou um novo significado, porque ele a traduziu em termos de uma regeneração prática e intencional de uma humanidade que abandonou os rituais arcaicos da velha sociedade só para ficar amarrada, com menos sentido ainda, aos rituais modernos de produção em massa e distribuição em massa. A mente fértil do Dr. Moreno mostrou sua perícia na elaboração de novos processos e meios para uso das nossas gerações adoradoras da tecnologia e obcecadas pela ciência. Os próprios métodos de terapia acional, complexos e desafiantes, cobertos pelo termo *psicodrama*, de amplo significado, com todos os seus estratagemas físicos e psicológicos, constitui um meio de habilitar os indivíduos a reencenar, num ambiente especializado e intencional, aqueles "momentos" de suas vidas nos quais construíram suas próprias correntes, selaram seu próprio destino e colocaram em movimento suas frustrações e doenças, só porque não deixaram que a força criativa existente dentro deles pudesse agir.

Uma descrição do processo psicodramático em operação está, obviamente, muito além do alcance deste capítulo. O psicodrama é um mundo em si; operar com sucesso nele e com ele (quer como "diretor", "ego auxiliar" ou "dublê") requer não apenas perícia e treinamento, mas uma faculdade intuitiva e um profundo senso de simpatia humana que não são fáceis de ensinar, em cursos universitários, a homens e mulheres desprovidos de espontaneidade intelectual. Todavia, em síntese, o paciente é levado a reexperimentar situações familiares numa percepção acional. Desse modo, ele tem uma chance de reconstruir o seu mundo – não contra as suas fantasias anormais, mas através delas. O pontos essenciais são:

1. A ação, num palco circular com vários níveis, substitui a introspecção, que é adotada em muitas técnicas e que o paciente realiza deitado num divã ou sentado relaxadamente numa cadeira confortável;
2. O relacionamento entre médico e paciente (relacionamento "monovalente") é transformado num relacionamento de grupo, multivalente, no qual o paciente é desafiado não somente a "compreender" a si mesmo, mas também a *liberar* aquilo que ele, por assim dizer, *alugou* para o destino, para as compulsões automáticas de complexos, e coisas desse tipo; e
3. A comunicação verbal e amplamente simbólica (como na psicologia profunda) é ampliada para tornar mais total a interação entre pessoas reais. Através desses relacionamentos encenados, a personalidade passa a se ver cada vez menos como um produto especial das circunstâncias e cada vez mais como um participante num pro-

cesso social que, no palco psicodramático, apresenta constantemente novas oportunidades para a retomada do contato perdido com o poder criativo interior.

É por causa de o fato deste contato ter sido relativo ou temporariamente perdido, por ocasião de algum confronto cruel, que a pessoa começa a ficar mental e emocionalmente doente. Nenhuma "redução" dos sintomas pela análise jamais poderá garantir que irá levar à reconquista de um contato renovado com a força criativa. O paciente analisado poderá ser capaz de atuar de uma forma mais feliz e "normal", com menos tensão e com um senso mais claro a respeito de como "ajustar-se" a uma sociedade que ele poderá aprender a tolerar melhor; mas isto é *verdadeira sanidade?*

Eu creio que o Dr. Moreno concordaria com a minha afirmação, muitas vezes repetida, de que a menos que uma pessoa que tenha atravessado a crise de insanidade temporária possa *emergir dela como uma pessoa mais forte do que era antes*, a experiência toda, inclusive a pretensa "cura", carece de qualquer propósito espiritual. É tudo em vão – do mesmo modo que muitas guerras "vitoriosas" são travadas em vão e se transformam em derrotas espirituais. O que as pessoas e as nações mais precisam hoje em dia é um meio de emergir das crises, das doenças e da insanidade com a experiência de se tornarem mais fortes, mais livres, mais determinadas, mais vibrantes, mais amorosas, mais "humanas" *por causa destas crises.* Foi isso que o Dr. Moreno tentou ensinar, depois que a crise da guerra e a revolução não levaram a qualquer renascimento criativo verdadeiro da sociedade. Este é o significado mais profundo da sua terapia de ação, da sua ênfase sobre o *uso consciente, a mensuração e a estimulação criativa* do relacionamento de grupo (sociometria).

O Dr. J. L. Moreno nasceu (no dia 19 de maio de 1892, por volta das 4 h da manhã*), por um curioso simbolismo do destino, num barco sobre o mar Negro no seu caminho para a Romênia, onde viveu durante alguns anos. Ainda criança, foi levado para Viena, a cidade que então estava presenciando a ascensão de Freud e o desenvolvimento da psica-

* A data que aparece em publicações oficiais (20 de maio) é devida a um erro na versão da data natal original no calendário gregoriano.

nálise. Desde a infância, Moreno mostrou sinais de um temperamento profundamente religioso e também começou a encenar suas fantasias com um interesse apaixonado. Antes dos 20 anos de idade já estava reunindo ao seu redor, nos parques de Viena, grupos de crianças para as quais contaria e representaria todos os tipos de histórias imaginárias. Abriu um teatro para crianças e, ao mesmo tempo, começou seus estudos de medicina, graduando-se como doutor em 1917. Em 1919 ele se tornou superintendente do Hospital Estadual Miteerndorf, perto de Viena.

Parece que então ele decidiu que suas experiências religiosas e místicas – que o levaram a uma abordagem nova e vívida da natureza e do significado de Deus – poderiam muito bem servir de base para uma nova atitude diante do problema de curar mentes e almas humanas. Levado por sua necessidade de *espontaneidade e criatividade* – os dois pilares da sua visão do mundo – ele criou o "Impromptu Theatre", em 1921, com o objetivo de fundar um palco no qual as pessoas pudessem representar seus próprios problemas e os problemas do mundo na mais absoluta liberdade de improvisação e no mais absoluto desprezo pelos enredos tradicionais, ou por aquilo que ele chamava de "conservas culturais". Ele construiu um palco circular que se elevava acima dos espectadores-participantes e era cercado por eles. As representações eram únicas e impressionantes, e eram assistidas por muitos vienenses que ansiavam por um renascimento social e cultural. Logo, porém, o teatral cedeu lugar ao terapêutico e nasceu o *psicodrama*. Assim foi iniciada a grande revolução psicoterapêutica que desde então modificou a maioria dos métodos de psiquiatria e psicologia na América e em todo o mundo.

O Dr. Moreno foi para Nova York em 1925, e lá se instalou em 1927, aos 35 anos de idade. Estabeleceu sua reputação como um desafiante das técnicas da psicanálise freudiana. Colocou-se em enérgica oposição contra a interpretação freudiana de gênio em termos de psicanálise e o "desmascaramento" de grandes artistas e líderes religiosos. Salientou a idéia de que os conceitos de Freud tornam-se completamente inadequados e inválidos onde forças verdadeiramente *criativas* estão em atividade. Ao materialismo e pessimismo essenciais de Freud, Moreno respondeu com uma atitude "prometéica" de otimismo criativo, socialmente orientada e espiritualmente saudável. Ele defendeu a *terapia-ação* em oposição à abordagem puramente verbal e introspectiva da psicanálise. Insistiu em transformar o divã em palco – o palco psicodramático, sobre o qual os indivíduos, derrotados nas atividades da vida cotidiana, podiam reconquistar sua fé em suas próprias forças, sua espontaneidade e criatividade, por meio da *representação* dos seus problemas, temores e sonhos, e das experiências frustrantes situadas na raiz dos seus desajustamentos.

Os métodos de Moreno removeram a psicoterapia dos domínios do indivíduo isolado, "confessando" ao analista, mais ou menos oculto e impessoal, e a transferiu para a esfera aberta de atividade social e em grupo. Sua abordagem indica a compreensão de que o indivíduo desajustado é um participante numa vida em grupo (família, etc.) na qual fracassou. Os relacionamentos humanos dessa vida em grupo fizeram-no enfrentar pressões, conflitos, ataques ou choques que ele não conseguiu suportar sem medo, paralisia da alma ou colapso. Portanto, o indivíduo nunca pode, realmente, ser bem-sucedido e saudável como uma força positiva na sociedade até que aprenda a agir livre e conscientemente como um membro de um grupo – isto é, partindo do centro criativo da sua personalidade.

As técnicas complexas do psicodrama – complexas a despeito da sua simplicidade aparente e do seu aparente caráter de improvisação – foram elaboradas por Moreno para levar, progressivamente, a personalidade desajustada ou doente a um participação ativa em um grupo. Primeiro, o próprio paciente convoca um grupo de auxiliares especialmente treinados ("egos auxiliares", conforme foram chamados por Moreno); mais tarde, o grupo poderá ser formado por parentes ou associados que, direta ou indiretamente, participam do processo de cura.

Da idéia de curar indivíduos, o Dr. Moreno foi, inevitavelmente, conduzido para o conceito de curar a sociedade. Aqui, porém, ele não quis entregar-se a esquemas sociais em grande escala, a programas de reforma ou a sistemas ideológicos. A sociedade, entendeu ele, está sendo criada no próprio momento em que algumas pessoas agem juntas e constroem (mesmo que inconscientemente) uma teia de relacionamentos de ação e sentimentos – que ele chamou de "átomo social". Todo o indivíduo é solicitado, pela vida, a ser um construtor da sociedade futura, a aperfeiçoar os padrões de relacionamento e a *qualidade* das comunicações e intercâmbios do seu grupo. Operando de muitas e várias maneiras, este ato de ser *co-criativo com outros indivíduos* é a própria urdidura e trama de uma sociedade psicossomaticamente saudável. Todas as ações ou programas sociais, políticos e econômicos são bem-sucedidos ou fracassam, mais cedo ou mais tarde, de conformidade com a extensão em que os relacionamentos de grupo são intercâmbios harmoniosos e criativos, ou acentuam conflitos competitivos, temores ou ambições.

A contribuição de Moreno para este problema sociológico é a nova ciência, a "sociometria", cujos princípios foram formulados no seu livro *Who Shall Survive? A New Approach to the Problem of Human Interrelations* (1934). Através do uso de "sociogramas" e de inúmeros outros testes, a estrutura de relacionamentos interpessoais (atração, repulsão, indiferença) dentro do grupo é determinada; qualquer um que tenha de lidar com um grupo pode aprender como abordar esse grupo, de um modo inteligente e eficaz, como um todo, através dos seus indivíduos-chave. Isso é de alta importância numa sociedade democrática, na qual os indivíduos e suas idéias ou decisões pessoais são (pelo menos teoricamente) os alicerces de qualquer atividade de grupo.

A América, aberta para tais inovações psicológicas e sociológicas, e ávida por elas, provaria ser o primeiro campo de conquista de Moreno. Ele descarregou sobre ela a sua imensa vitalidade, o seu entusiasmo e a sua determinação, todo o poder de desafio de uma cruz planetária dominante em signos fixos, que focalizam a energia. No seu nascimento, o Sol estava no 28º grau de Touro, em conjunção com as plêiades (estrelas de grande significação mística). O nodo norte estava próximo do Ascendente; Mercúrio estava acima dele em oposição exata a Urano e enviando uma quadratura para Marte na décima casa, em Aquário. A Lua aquariana, na casa das reformas e dos ideais sociais, estava em quadratura com o Sol; Júpiter, na décima segunda casa, estava em quadratura com Vênus em Câncer, estando o Sol em semiquadratura com ambos. Em contraste, Marte estava em trígono com uma conjunção quase exata de Netuno e Plutão na primeira casa. O Sol estava em trígono com Saturno na sexta casa, em Virgem. Vários quintis, semiquintis e biquintis poderosos podem ser vistos como indicações claras do "gênio" em potencial de Moreno e da sua futura ênfase sobre a criatividade.

Contudo, o mapa não é um mapa tranqüilo. Saturno e Urano, ambos retrógrados, estão isolados na sexta casa, enquanto todos os outros planetas estão no hemisfério oriental. Isto sugere profundos conflitos interiores e a possibilidade de perturbações psicossomáticas. Todavia, a oposição exata de Mercúrio a Urano focaliza o conflito num nível mental-

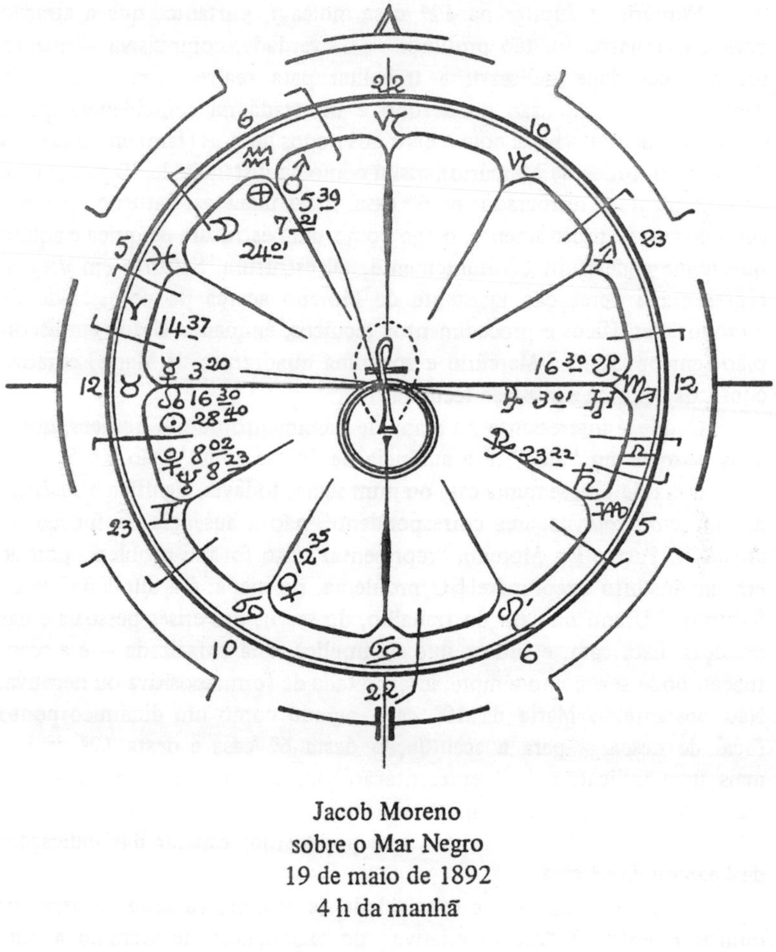

Jacob Moreno
sobre o Mar Negro
19 de maio de 1892
4 h da manhã

intuitivo potencialmente criativo, e a quadratura em T de Marte, dirigida para ambos, Mercúrio e Urano, providencia uma descarga dinâmica através da vida pública (10ª casa). A força da cruz dos Signos fixos e o Sol ascendendo também são um sinal de teimosa vitalidade.

Mercúrio e Júpiter na 12ª casa indicam, portanto, que a atração para a psiquiatria foi tão profunda – na verdade, compulsiva – quanto foi a necessidade de servir e trabalhar para realizar um modelo de destino. Essa compulsão do destino é mostrada na coincidência quase exata do horizonte natal com o eixo dos nodos lunares (também próximos do eixo do nodos de Mercúrio), assim como na distância de 40 graus entre os dois planetas retrógrados na 6ª casa. Esses planetas, Saturno e Urano, simbolizam, respectivamente, o ego como uma estrutura psíquica e aquilo que tende a destruir, constantemente, tal estrutura. Saturno em Virgem representa a percepção insistente de Moreno acerca da necessidade de métodos científicos e procedimentos técnicos, enquanto Urano em Escorpião (em oposição a Mercúrio e sob uma quadratura de Marte) enfatiza conflitos de força e intuição fecunda.

O que é interessante no mapa de nascimento de um homem, que é mais do que um "ator", é a ausência de ênfase sobre Leão e a 5ª casa. A ausência de ênfase numa casa ou num signo, todavia, significa a ausência de um *problema* na área correspondente, não a ausência de função ou *atividade*. Para o Dr. Moreno, "representar" não foi um problema porque era um instinto irreprimível! O problema, no mapa, é a dupla ênfase de Saturno e Urano na casa do trabalho, do servir, das crises pessoais e das doenças. Esta casa, e tudo o que ela implica, está enfatizada – e a acentuação pode ser, como sempre, interpretada de forma positiva ou negativa. Não obstante, o Marte da 10ª casa, agindo como um dinâmico ponto focal de descarga para a acentuação desta 6ª casa e desta 12ª casa, é mais uma indicação da "representação" inata e intuitiva de Moreno – mas, como é claramente mostrado, uma representação absolutamente diferente, em qualidade, daquela que poderíamos esperar das indicações de Leão ou da 5ª casa.

A grande vitalidade e criatividade de Moreno (a série de aspectos quintis refere-se à "ordem criativa" de experiência) levaram-no a uma declaração positiva daquilo que, de outro modo, poderia ter feito com que ele trocasse de lugar com seus pacientes! De fato, o gênio é loucura utilizada de maneira criativa – e, em alguns casos, mas não sempre – colocada a serviço da humanidade e de Deus. Moreno preferiu servir, assim como também "criar". No mundo da psiquiatria, ele ocupa uma posição de importância absolutamente única, tendo feito muitos inimigos rancorosos entre freudianos e vários outros analistas, especialmente como principal fundador e líder do movimento em favor da *psicoterapia de grupo* (que poderia ser nitidamente diferenciada do tipo mais freudiano de "psicologia em grupo", com um forte apego aos métodos individualísticos da psicologia profunda).* Como pai da *sociometria*, Moreno também deixou uma forte marca sobre o campo da sociologia.

A coisa extraordinária a respeito do Dr. Moreno é que um homem com as suas idéias "radicais" e a sua abordagem revolucionária da psicologia, da sociologia, da terapia e da religião possa ter sido capaz de firmar-se, em caráter oficial, no mundo psiquiátrico e no mundo da educação. Isso, obviamente, mostra muito bem o seu senso prático e a sua atitude realista. Entre os centros e organizações que oferecem programas educacionais e informações a respeito do trabalho e das idéias do Dr. Moreno estão o *Moreno Institute* e *The American Society for Group Psychotherapy and Psychodrama*. A dedicada e eficiente colaboradora e esposa do Dr. Moreno, Zerka Moreno, prossegue com o treinamento e as sessões

* Nota do organizador: Hoje em dia, a psicoterapia de grupo e várias formas de psicodrama são geralmente aceitas e praticadas por profissionais da saúde mental no mundo inteiro. Na ocasião em que este artigo foi escrito e publicado (1951), o Dr. Moreno estava trabalhando ativamente na América, desafiando, sem descanso, as técnicas da análise freudiana, seu pessimismo, seu materialismo e o fato de estarem ao alcance apenas dos que têm recursos financeiros consideráveis. Até que grau o Dr. Moreno – e aqueles que o seguiram – conseguiu fazer com que uma psicoterapia criativa pudesse estar ao alcance de um número incontável de pessoas é algo que pode ser visto facilmente por qualquer um que esteja interessado nessa área hoje em dia. Na verdade, abundam as psicoterapias de grupo e muitas das técnicas psicodramáticas de Moreno foram adaptadas e incorporadas em práticas terapêuticas atuais, tais como a terapia Gestalt e a Análise Transacional. De fato, Fritz Perls, fundador da terapia Gestalt, admitiu para o autor deste trabalho que tinha tirado a maioria das suas idéias diretamente do trabalho de Moreno. É uma infelicidade que, ao fazer tal adaptação das suas técnicas, muitos profissionais, educadores e escritores, nessa área, não tenham mostrado sua gratidão pelas inovações e contribuições do Dr. Moreno. Talvez seja ainda mais lamentável que, na vulgarização destas técnicas psicodramáticas, a filosofia profunda e criativa que existe por trás do trabalho do Dr. Moreno raramente tenha sido levada em consideração.

em grupo no Moreno Institute, em Beacon,* fundado pelo Dr. Moreno.

Talvez ainda seja muito cedo para avaliar com suficiente objetividade histórica a contribuição do Dr. Moreno para a nossa civilização. Seus apelos à espontaneidade e à criatividade; sua cruzada contra todas as formas de cultura estereotipadas e sua confiança na memória e na tradição; sua audaciosa tentativa de tirar o neurótico (e quem não é neurótico hoje em dia!) do reservadíssimo "santo dos santos" do confessionário psicanalítico e fazê-lo atuar no "mundo real" do relacionamento humano (a sessão psicodramática), sendo ao mesmo tempo protegido dos resultados irrevogáveis de ações e relações numa sociedade cruel e competitiva – este e muitos outros pontos de partida, que não podem ser discutidos amplamente aqui, atestam o seu gênio inovador. Suas técnicas provaram que dão certo – muito embora sejam difíceis de aplicar, exceto para psicólogos e terapeutas que, de algum modo, tenham experimentado em suas próprias vidas a validade da sua abordagem espontânea, criativa e iconoclástica, que liberta o espírito.

O Dr. Moreno falou da "Revolução Criativa", cujos inícios estão se tornando, gradualmente, cada vez mais visíveis no mundo – sim, mesmo a despeito do aparente triunfo do totalitarismo, da padronização mecânica e do materialismo comercial... ou, talvez, *por causa dessas coisas*. Com certeza, precisamos de uma revolução dessas e eu, pelo menos, tenho chamado por ela durante as últimas décadas – nas artes, na filosofia, na religião... e na astrologia. Precisamos desesperadamente de um nova "descida" do Espírito Criativo. Precisamos disso nos corações e nas mentes dos indivíduos – pois a primeira e a última palavras sempre pertencem aos indivíduos. A sociedades deve exigir a presença desses indivíduos criativos, desses *avatares*. Ela deve ser curada para poder reconhecê-los quando eles vierem, por mais estranhos que possam ser o comportamento ou o semblante deles. A sociedade deve *querer* ser livre, ser espontânea,

* Muito mais recentemente, o *New Mexico Institute for Psychodrama* foi fundado sob a direção de Eya Fechin Branham. Outros centros, na América, que apresentam as idéias do Dr. Moreno, incluem Psychodrama Institutes em Boston, Fenix e Denver; a Divisão de Psicodrama do St. Elizabeth Hospital (Washington, D.C.); e o California Institute of Socioanalysis (Long Beach). Na Europa, um Moreno Institute foi fundado em Uberlingen, Alemanha Ocidental.

ser transfigurada por Deus. Creio que os indivíduos criativos, como o Dr. Moreno, são vozes no deserto, incitando outros a serem livres da única maneira que importa ter liberdade – a liberdade de representar sua própria divindade inerente, sem o que não pode haver *saúde verdadeira.*

9 *Roberto Assagioli e Psicossíntese*

A psicologia clássica ensinada nas universidades européias e americanas, até pouco tempo atrás, baseava-se principalmente em suposições filosóficas e revelações religiosas. Ela considerava a unidade do indivíduo como coisa garantida e encarava-a como uma realidade transcendental. Compreendia a consciência, a razão, a vontade, a moralidade e classes definidas de emoções – "boas" e "más" – como atributos fixos desse indivíduo, em quem o espírito e a matéria, a razão e a paixão, Deus e o demônio, estavam eternamente empenhados numa batalha pelo controle de uma alma imortal. O indivíduo, dotado de "livre-arbítrio", podia e devia escolher que direção seguir. Deixado por conta própria, ele certamente gravitaria em direção à matéria e ao inferno; mas, através da graça salvadora de Deus e de Seu Filho (ou de Seus Mensageiros, fundadores de religiões e de todos os instrumentos espirituais para a regeneração) o indivíduo podia ser "salvo" e reconquistar a herança que de algum modo havia perdido.

Podemos chamar a isso de base platônico-cristã da psicologia que, mais uma vez, vai contra a psicologia pela qual Freud lutou, na qualidade de representante da abordagem pragmática, empírica e científica da natureza e da experiência humanas. Sendo médico, cuja tarefa era curar pessoas com mentes doentes e personalidades em desintegração, ele tomou a deliberação de ignorar todas as idéias *a priori* tidas como certas, referentes ao homem como indivíduo, e observar tudo novamente. Ele descobriu que o estudo de casos agudos de desequilíbrio mental, e particularmente de neuroses graves, revelou processos de desajustamento psicológico e inibição que na realidade foram duplicados, sob formas menos definidas, em pessoas supostamente sãs.

A partir desse fato, Freud foi levado a investigar muitas características do comportamento humano, muitas experiências que não se enquadravam no retrato nitidamente traçado do homem individual, desenhado pela psicologia platônico-cristã, ou para as quais se alegavam causas sobrenaturais. Sua investigação analítica foi desde os sonhos até as visões místicas, desde as brincadeiras até grandes criações artísticas, desde apegos da infância até as afirmações dos profetas. Ideais e ídolos ameaçaram ruir quando ele os despertou. A gênese deles não poderia ser explicada tomando-se como base os processos psicológicos revelados pelo louco? Se um paranóico acredita que é Deus, em que essa crença é diferente daquela dos profetas da Antiguidade? Se neuróticos, indiscutivelmente doentes, produzem volumes de "escritos automáticos" que vão desde declarações caóticas até preceitos morais, em que esses são diferentes do Corão ou de livros resultantes de "inspiração divina"? Se os sonhos podem ser explicados convincentemente em termos de perturbações fisiológicas ou psicológicas, por que não também as "visões" dos santos?

As interpretações de Freud do tipo "nada além de" acerca de experiências e atividades que trouxeram para a humanidade os apreciados produtos das suas culturas artísticas e religiosas, não conseguiram, todavia, convencer um grande número de pensadores e de psicólogos. Sem repudiar os fatos descobertos pela análise freudiana, Carl Jung procurou estabelecer novas interpretações desses fatos, associando-os com outros igualmente válidos. Admitindo-se que certas atividades mentais do insano parecem duplicar ou repetir atividades e experiências tidas como profundamente espirituais em civilizações pré-cristãs, os *resultados* dos dois tipos são absolutamente opostos. Um louco "ouve" vozes – e Joana D'Arc também ouve. O primeiro fica mais louco, a segunda salva e integra um povo e se transforma no alicerce de uma nação.

Em outras palavras, *os processos observáveis e os fenômenos psicológicos* poderão ser os mesmos nos dois casos; contudo, porque os resultados são totalmente diferentes (na verdade, opostos) *devemos* concluir que as causas das condições anormais também são totalmente diferentes. Isso leva ao problema que Jung tentou solucionar: Como podemos descobrir o valor e o significado de experiências e processos psicológicos que estão além do alcance do indivíduo e além da norma de uma determinada cultura ou sociedade? Como podemos interpretar construtivamente e lidar com o primeiro aparecimento deles na vida de uma pessoa, de modo que essa vida (e as vidas de outros) possa ser elevada e integrada, melhor do que desviada e empurrada para algum fim trágico?

Jung procurou, sistematicamente, permanecer no nível de fatos observáveis da psicologia humana. Ele se recusou a aceitar qualquer coisa como certa, especialmente qualquer afirmação em defesa da *existência real e concreta, num nível mais "elevado"*, de entidades transcendentais, tais como "espíritos", a alma ou Deus – afirmação feita pela maioria das religiões e pelo "ocultismo", antigo e moderno. Ele interpreta as experiências humanas – até mesmo as mais intrigantes e aparentemente transcendentais – quase que exclusivamente em termos de energias e processos. Nós estamos diante de um mundo de energias, nem boas e nem más, nem construtivas nem destrutivas. É nossa tarefa *usá-las* através de vários processos de desenvolvimento biopessoal. Se, todavia, *por qualquer razão*, uma pessoa tem medo delas, se se recusa a dar-lhes um uso positivo e integrativo, ou combate, deforma ou desvia os processos de crescimento dentro do seu organismo biopsíquico total, então essas energias tornam-se destrutivas e os processos integrativos da natureza humana invertem suas polaridades e levam à desintegração. A razão para essa atitude negativa poderá ser coletiva ou individual, hereditária ou ambiental, aparentemente acidental ou relacionada com o destino de grupos maiores. Seja ela qual for, deverá ser descoberta pelo psicólogo e removida na medida do possível; então, sob orientação, os processos da natureza humana serão recolocados na sua direção positiva, e o desenvolvimento da pessoa, no sentido de um estado de integração cada vez maior, será retomado.

A abordagem de Jung, tal como do Budismo primitivo (no qual o homem é deixado completamente só para enfrentar e vencer a eterna "Roda de Mudança" e suas atrações ilusórias) não oferece qualquer intervenção sobrenatural salvadora; nenhuma Pessoa Suprema a Quem possamos orar e nenhuma Alma transcendente, criada por Deus, para empurrar o filho transviado, a "personalidade", em direção ao espírito. Em conseqüência, ela tem parecido vaga e não tem sido suficientemente confortante para muitas pessoas. Ao estudar a Psicologia do Nós, do Dr. Kunkel, vimos como esse grande psicólogo, com uma ardente afeição místico-devocional por Deus, trouxe de volta à psicoterapia um senso da realidade – transcendente, contudo "concreta" – de um Ser Supremo. Um Ser que tem um propósito original e um plano para todas as pessoas e Cuja "graça" sustenta e arrasta o indivíduo através e além das suas crises. A psicologia de Kunkel é uma tentativa de integrar a psicologia profunda com a essência de um misticismo cristão individualizado e livre de dogmas. Por outro lado, o psicólogo italiano Roberto Assagioli, fundador da técnica da Psicossíntese, procurou integrar a psicologia profunda com a expressão modernizada da abordagem oculta, platônico-hindu, do homem e de Deus. Os dois esforços complementam-se mutuamente e são respostas altamente significativas para a necessidade evidente de uma humanidade confusa e perseguida pelo fantasma da máquina.

Roberto Assagioli nasceu no dia 27 de fevereiro de 1888, ao meio-dia, em Veneza, Itália. Recebeu seu diploma de médico em neurologia e psiquiatria na Universidade de Florença. Ele tinha vastos interesses filosóficos e culturais e participou de vários grupos de jovens liberais e de pensadores italianos, tais como aquele liderado por Giovanni Papini e Giuseppe Prezzolini, cujo porta-voz era a revista *Leonardo*. Em Florença, dirigiu a Biblioteca Filosófica, fundada por Júlia H. Scott, uma mulher americana, e de 1912 até 1915 editou o periódico científico *Psyche*. Em resultado da sua variada experiência clínica e educacional, desenvolveu a técnica de reconstrução da personalidade, à qual deu o nome de "psicossíntese". Em Roma, fundou o seu *Instituto de Psicosintesi*, que a Condessa Spalletti Raspoini, também Presidente do Conselho Nacional de Mulheres Italianas, presidiu até morrer. Viajou muito e fez muitas conferências na Europa e na América. Morreu em 1974, depois de ter publicado dois livros importantes, *Psychosintesis* e *The Act of Will,** e depois de ter visto suas idéias amplamente divulgadas na América e na Europa.

Depois do início da II Guerra Mundial, seu trabalho em Roma tornou-se cada vez mais difícil, porque sua atitude e suas idéias humanitárias e internacionais despertaram crescentes suspeitas e hostilidades por parte do governo fascista – até que, em 1940, ele foi preso e mantido em confinamento solitário por volta de um mês. O Dr. Assagioli contou aos amigos que esse episódio da prisão havia sido uma experiência interessante e valiosa, que lhe dera a oportunidade de realizar exercícios psicoespirituais especiais. Mais tarde, ele conseguiu viver uma vida relativamente tranqüila, isolado no campo. Em 1943, todavia, tornou a ser ativamente perseguido e teve de se esconder em povoados remotos, nas montanhas. Ali ele encontrou a companhia de um pára-quedista inglês e de vários prisioneiros fugitivos e, por duas vezes, escapou por um triz dos nazi-fascistas que estavam à sua procura pessoalmente, e que saquearam e destruí-

* *Psicossíntese* e *O Ato da Vontade*, Editora Cultrix, São Paulo (N. da T.).

ram a casa de campo da sua família situada perto de Florença. Em agosto de 1944, a chegada das tropas aliadas libertou-o. Depois do fim da guerra, ele se dedicou à tarefa, que havia sido adiada por tão longo tempo, de escrever todo o objetivo do seu conceito de psicossíntese. Em 1936 eu tinha sido seu hóspede na sua adorável casa nas colinas acima de Florença, e tinha me encontrado muito com ele em Roma durante aquele outono, de modo que renovamos nossa correspondência depois da guerra. Nessa ocasião, ele me escreveu dizendo que estava trabalhando numa formulação abrangente de idéias psicológicas sob o título *Do Homem Para a Humanidade*. Ele disse que estava particularmente interessado numa nova definição de tipos psicológicos – mais detalhada do que a de Jung – no estudo de perturbações psicológicas que acompanham as várias fases de desenvolvimento espiritual e no estudo de relacionamentos de grupo de todos os tipos. Os parágrafos seguintes, que ele próprio escreveu, indicam pelo menos a tendência geral da sua abordagem particular:

> A diagnose do problema que está afetando a psicologia no momento atual indica claramente a cura necessária, ou a maneira de iniciar uma fase nova e mais produtiva do seu desenvolvimento.
>
> Essa nova fase, em contraposição àquilo que levou à crise atual, terá de ter, necessariamente, um caráter sintético proeminente. Tal caráter e tendência deverão expressar-se não apenas num sentido, mas também em vários, que é bom que sejam claramente compreendidos:
>
> 1. A reunião de todo o material disponível que possa ser de valor e utilidade, sem qualquer exclusão de origem, época e lugar.
>
> 2. O ponto de partida do estudo do homem deve ser o centro interior do seu ser, aquilo que ele é essencialmente, e todos os outros fatos psicológicos, energias e manifestações exteriores deverão ser estudados em relação viva com o centro, que sempre tenta coordená-los e sintetizá-los numa unidade viva.
>
> 3. Devem ser levados em total consideração todos os aspectos mais superiores, os aspectos superconscientes e espirituais da natureza humana, que até agora a psicologia tem deixado quase que exclusivamente aos cuidados da filosofia e da religião, criando assim uma separação lamentável e freqüentes conflitos nas formas de considerar e tratar a natureza humana.
>
> 4. O princípio da síntese deve ser extensivamente aplicado à psicologia de grupo, desenvolvendo-se daquele ponto de vista para um ramo definido de psicologia interindividual, na qual os vários tipos de psique-grupo, partindo do casal e seguindo até o grupo da família, das várias comunidades, e indo até a psique da humanidade como um todo, deverão ser estudados.

5. O uso do princípio sintético nas aplicações práticas da psicologia, desenvolvendo assim a arte e as técnicas da psicossíntese, tendo em vista um desenvolvimento completo e harmonioso da personalidade humana, com ênfase especial nos seus aspectos mais elevados e espirituais.

Aquilo que o Dr. Assagioli quer dizer por "os aspectos mais elevados, os aspectos superconscientes e espirituais" do homem, é esclarecido num artigo anterior, "Psychoanalysis and Psychosyntheses" publicado em 1934 no *The Hibbert Journal*, mas antes de chegarmos a isto, examinaremos, pelo menos resumidamente, o mapa de nascimento do próprio psicólogo – pois a psicologia é sempre uma expressão do psicólogo. O mapa de Roberto Assagioli é muito diferente, em estrutura geral, daquele de Kunkel, ou do de Freud e de Adler. Embora seja um pouco mais parecido com o mapa de Jung, apresenta algumas características impressionantes; características que, de fato, mostram que simbolizam claramente o seu ideal de psicossíntese.

A base do mapa de Assagioli é a configuração que eu originalmente isolei e interpretei há muitos anos, chamando-a de "retângulo místico". O termo "místico" não foi particularmente feliz e às vezes eu o tenho substituído pelo termo "sagrado" ou "integrativo". Todos estes adjetivos são esforços para caracterizar uma configuração simbolizando um processo de síntese integrativa da personalidade, à qual é adicionado num colorido de autoconsagração a um propósito superindividual. Na sua forma mais simples, a configuração retangular é aquela onde quatro planetas estão tão relacionados que constituem dois aspectos de oposição, dois sextis e dois trígonos. As oposições formam as diagonais do retângulo e, no caso de Assagioli, são aquelas entre Vênus e Saturno, e Plutão e Júpiter. Os lados mais curtos do retângulo são representados pelos sextis de Saturno a Plutão e de Júpiter a Vênus; os lados mais longos, os trígonos entre Vênus e Plutão e entre Saturno e Júpiter.

Retângulos com tal forma podem ser considerados "altares" ou "câmaras de iniciação" em termos de simbolismo arcaico. Eles definem um *espaço consagrado dentro do qual tem lugar um processo transcendente de integração e espiritualização*. Eles devem ser diferenciados das "Mandalas" (ou quadrados mágicos), que Jung associou ao processo de integração da personalidade, em vista de que ligam apenas dois elementos zodiacais (neste caso, ar e fogo), enquanto uma cruz planetária perfeita (ou quadrado geométrico) liga os quatro elementos. O quadrado perfeito, portanto, tem mais finalidade, é mais completo; ao passo que a configuração retangular de planetas enfatiza a resolução de duas naturezas conflitantes num esforço dinâmico em direção a um alvo transcendente ou sacrifical.

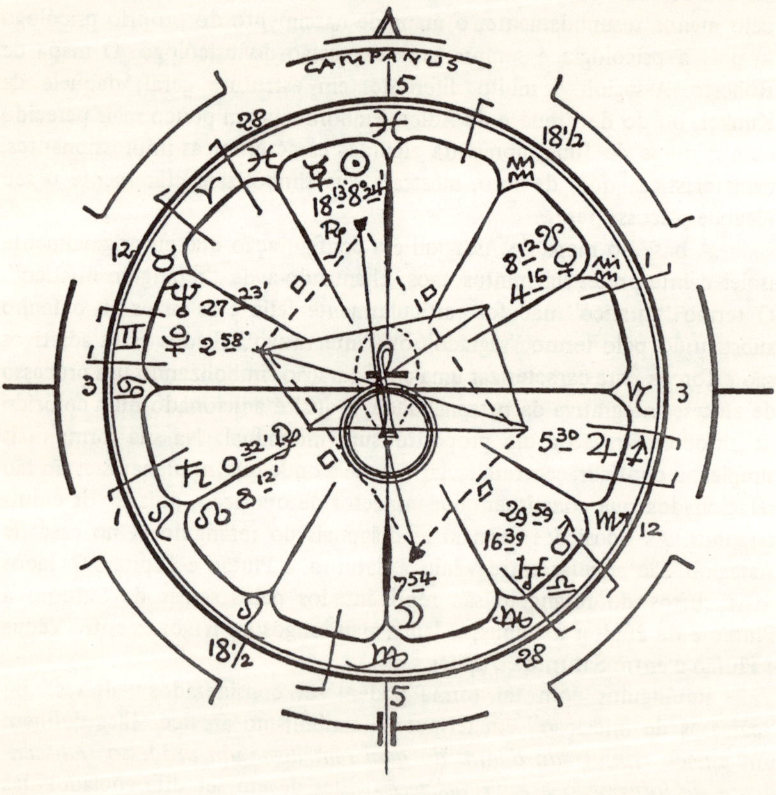

Roberto Assagioli
Meio-dia. 27 de fevereiro de 1888
Veneza - Itália

No mapa de Assagioli, porém, nós não vemos somente o retângulo anteriormente mencionado, mas um desenho muito mais complexo; há também uma oposição Sol-Lua (uma Lua cheia, símbolo de percepção extrema e de iluminação) que forma uma cruz perfeita com a diagonal Plutão-Júpiter do retângulo (e semi-sextis com a diagonal Vênus-Saturno). Além disso, Urano está relacionado com a diagonal Plutão-Júpiter através de uma sesquiquadratura e de uma semiquadratura (aspectos de atividade intensa ou reação), enquanto Mercúrio está relacionado do mesmo modo com a diagonal Vênus-Saturno. Como Netuno está somente a cinco graus de distância de Plutão (e, assim sendo, também toma parte nos aspectos de Plutão), e como Marte também está em quadratura com a diagonal Vênus-Saturno, existe uma configuração complexa de oposições, quadraturas, semiquadraturas e sesquiquadraturas ligadas por sextis e trígonos.

O que isso significa é que uma grande variedade de interesses e de focos de atenção estão representados na personalidade de Assagioli; que a sua natureza está amplamente aberta para o universo (Câncer ascendendo, o Sol e um Mercúrio retrógrados em Peixes) e contém muitos elementos conflitantes. Estes, porém, estão dispostos e mutuamente relacionados de tal modo que tornam *possível* um tipo de integração pessoal muito rico e complexo. "Possível", naturalmente – não inevitável. Um mapa de nascimento é uma configuração de potencialidades; ele não fornece qualquer prova de que estas potencialidades virão a ser totalmente realizadas. Contudo, a própria pressão deste potencial invulgarmente variado e abrangente sobre a consciência de Assagioli, e o próprio desafio de uma estrutura de personalidade capaz de suportar tantas linhas de acentuação e de projeção criativa podem ser percebidos no ideal de psicossíntese que ele descreveu.

Aqui eu devia enfatizar, mais uma vez, que o ideal de criação de uma pessoa é a exteriorização do objetivo que a sua personalidade total se esforça por alcançar. Seu ideal é exteriorizado como uma doutrina; suas lutas são generalizadas num método; as plantas de construção do tipo aperfeiçoado, que é ela mesma como uma pessoa aperfeiçoada, são projetadas como uma "visão", ou até mesmo como uma "revelação" – muito embora o próprio homem ainda esteja muito longe de vir a ser, num estilo de vida realmente concreto, todas estas coisas que ele ensina, visualiza e se esforça por alcançar. Isto se aplica a todos os psicólogos cujos mapas estudamos até agora. O mapa revela o caráter da psicologia, porque a psicologia é a projeção daquilo que o homem é *potencialmente* e daquilo que ele procura se tornar. Ele ensina a si mesmo – enquanto ensina outros. O ensinamento é importante na medida em que feito no tempo certo – isto é, na medida em que satisfaz as necessidades de um grupo de indivíduos vivendo naquele momento, ou iniciando sua jornada pela vida.

A psicossíntese do Dr. Assagioli é uma resposta para o caos – mas é também a universalização de interesses e esforços – que a nossa geração criou. A multiplicidade de energias e de pressões e a complexidade de uma abertura global são fatos que devem ser enfrentados. Assagioli teve de enfrentá-los na sua própria pessoa. E a solução veio do confronto. Até que ponto essa solução foi completa em sua própria vida, é uma questão que foge ao ponto tratado aqui. O "Modelo de solução" – a imagem de salvação, o princípio de reconciliação de opostos – está bem óbvio em seu mapa e a psicossíntese é uma interpretação dele. No nível da vida pessoal, *ele corresponde ao planejamento global na nova sociedade que agora está sendo criada.*

Não há espaço para condensar adequadamente as opiniões do Dr. Assagioli sobre a constituição do ser humano completo. Entretanto, um pouco pode ser dito. O homem, acredita ele, inclui: 1) o *inconsciente inferior*, que "contém ou é a origem das" atividades psicológicas elementares que dirigem a vida dos instintos e das paixões inferiores do corpo, os "complexos", os sonhos e a imaginação de um tipo inferior, as manifestações de baixo "psiquismo" e de mediunidade etc.; 2) o *inconsciente médio*, formado por elementos psicológicos similares àqueles da nossa consciência vigilante e de fácil acesso para ela; 3) o *inconsciente superior, ou superconsciente*, a região de onde vêm as intuições e inspirações mais elevadas, a fonte do gênio e dos estados místicos; 4) a *consciência vigilante*, a parte da nossa personalidade da qual temos percepção direta; 5) o *eu consciente normal*, o "eu" que, ao mesmo tempo, "é o *centro* da nossa consciência e *encerra*, por assim dizer, os conteúdos cambiantes da consciência" (sensações, pensamentos, sentimentos etc.); 6) o *eu espiritual*, "um centro espiritual permanente, o verdadeiro eu... fixo, imutável, que não é afetado pelo fluxo da 'correnteza da mente' ou por condições corporais", sendo o eu pessoal consciente apenas um mero reflexo dele, sua projeção na área da personalidade.

Esse conceito da existência de um eu pessoal ou inferior (que é um mero "reflexo") e de um eu espiritual ou "verdadeiro" (latente e não percebido, na maioria dos casos, pelo ego consciente) é típico daquilo que nós chamamos de abordagem platônico-cristã da psicologia; reflete, especialmente, as doutrinas de H. P. Blavatsky, que o Dr. Assagioli conhecia muito bem. A estrutura inteira da maioria das crenças religiosas – e também as afirmações do "ocultista", do alquimista medieval e do teosofista moderno – repousa sobre este dualismo, que, não obstante, é uma "ilusão" porque há, num sentido espiritual, somente uma fonte de individualidade.

Freud (e o tipo de psicologia baseada no "materialismo científico", no empirismo, no *behaviorismo* [na teoria do comportamento], etc.) procurou provar que não havia validade na aceitação absoluta da existência de tal eu "verdadeiro" e transcendental e que isso poderia ser explicado de uma maneira muito simples. Contudo, o freudianismo e o materialismo psicológico não oferecem uma solução satisfatória ou *curativa* para os conflitos, a insegurança e o estado generalizado de semineurose da maioria das pessoas. Ao sondar as profundezas subconscientes e ao se ocupar em "reduzir" os complexos do indivíduo por meio da cirurgia mental, Freud não terá vendado seus próprios olhos à realidade espiritual do indivíduo, ao eu verdadeiro ou à alma espiritual?

Enquanto um psicólogo como o Dr. Kunkel procura restabelecer esta realidade espiritual na consciência humana seguindo o caminho do *misticismo* cristão, o Dr. Assagioli persegue um objetivo similar ao longo da senda da teosofia antiga e moderna. Neste sentido, a abordagem nórdico-germânica complementa a tradição mediterrânea, cujas raízes alcançam os antigos fundamentos do transcendentalismo hindu e das técnicas da yoga. De acordo com o Dr. Assagioli, sua "concepção da estrutura do nosso ser, ao mesmo tempo que inclui, coordena e arruma, numa visão integral, todos os dados obtidos através de várias observações e experiências, permite uma compreensão mais ampla e abrangente do drama humano, dos conflitos e problemas que desafiam cada um de nós; indica o meio de solucioná-los, o caminho da nossa libertação". O caminho para tal libertação, para uma cura da "inferioridade fundamental do homem", para "a paz, a harmonia e a força" é quádruplo. Os quatro estágios encontrados no caminho são assim definidos por Assagioli:

1. Um conhecimento completo da nossa personalidade.
2. Controle dos seus vários elementos.

3. Percepção do nosso eu verdadeiro, ou pelo menos a criação de um centro unificador.

4. Psicossíntese: a formação ou reconstrução da personalidade em torno do novo centro.

Aqui eu não posso entrar em pormenores a respeito das características de cada um destes estágios, mas direi que o último (o processo de reconstrução) é dividido em três fases essenciais:

a. A utilização das nossas energias, das forças liberadas pelo processo anterior de análise e desintegração das ligações e dos complexos subconscientes, e a utilização dos poderes, aptidões e tendências latentes, até o momento negligenciadas, que existem nos vários níveis interiores (a aplicação da psicodinâmica).

b. O desenvolvimento dos elementos que são deficientes ou inadequados para o propósito que desejamos alcançar... por meio de invocação direta, de auto-sugestão, de afirmação criativa, ou por meio do treinamento metódico das faculdades fracas e não desenvolvidas; um treinamento muito semelhante àquele usado na cultura física ou no desenvolvimento da técnica artística, como no canto ou no tocar um instrumento.

c. A coordenação e subordinação das várias faculdades e energias psicológicas na criação de uma hierarquia interior, na organização sólida da personalidade. Esta ordem e esta subordinação apresentam semelhanças interessantes e sugestivas com aquelas de um estado moderno, com os vários agrupamentos dos cidadãos em cidades, em classes sociais, em atividades comerciais e em profissões, e em diferentes categorias de funcionários municipais, distritais e estaduais.

A crítica que será dirigida a essa doutrina, por muitos psicólogos, é que ela é excessivamente racional, excessivamente organizada, excessivamente formalística, ou que as suas "realidades espirituais" são tidas como certas não com base na experiência direta, mas antes baseadas na autoridade religiosa ou nas interpretações "esotéricas". As abordagens mais místicas e menos formalísticas de Kunkel e Jung dão maior ênfase ao fator de "processo", ou fluxo. A psicossíntese não inicia o estudo do homem "com o centro interior do seu ser, com aquilo que ele é essencialmente", pois a experiência humana consciente não começa com este centro interior. No sistema do Dr. Assagioli, o homem é encarado como que desde cima, ou desde fora daquilo que ele próprio sente, conhece e experimenta. Pode-se dizer que ela é uma concepção teórica ou filosófica, melhor do que puramente psicológica; uma abordagem mental, melhor do que uma abordagem condicionada pela experiência. Seus frutos poderão ser uma *clareza estrutural* e uma fórmula funcional e bem-definida para psicossíntese; contudo, existe o perigo de que um sistema filosófico tenda a ser sobreposto sobre a substância viva da busca e conflito humanos – e às vezes *substituído* pela realidade vibrante da necessidade experimentada do momento. É um perigo que é próprio de todos os tipos de planejamento e em todas as espécies de classificação, mesmo as mais simples. O ponto mais indiscutível, na abordagem do Dr. Assagioli, é aquele que trata da atitude dele em relação ao "eu espiritual"; e porque a chave central de qualquer psicologia é a compreensão do psicólogo a respeito da natureza do eu, sinto que é necessário dedicar um capítulo inteiro a esse assunto.

10 O que é o Eu?

O problema central da psicologia é a determinação da natureza do *Self.** O que queremos significar quando dizemos *Self*? E até que ponto podemos fazer uma distinção entre as expressões *myself* ["eu mesmo"] e "o *Self* dentro de mim"? Que se quer dizer quando se fala no "*Self* universal" em contraste com o "*Self* individual"? As respostas dadas para estas perguntas básicas diferem muito entre os psicólogos contemporâneos, cujas abordagens discutimos até agora. A escala de opiniões se estende desde Freud, o materialista, até Assagioli, o transcendentalista. Todos estes homens observam os mesmos fenômenos e todos procuram curar; todavia, cada um vê sua tarefa sob uma luz diferente porque, para cada um, o *Self* também aparece numa luz diferente.

Se consultamos o dicionário, encontramos a palavra *Self* definida como "um indivíduo conhecido ou considerado como o sujeito da sua própria consciência. Qualquer coisa, classe ou atributo que, abstratamente considerado, mantenha uma individualidade ou identidade distinta e característica" (*Funk e Wagnalls*). Mas o que se quer dizer, exatamente, por "sujeito" e por "consciência"? O conceito de "sujeito" não pode ser

* Vários conceitos diferentes do *self*, com ou sem *S* maiúsculo, foram emitidos e são logicamente aceitáveis se são compatíveis com certas premissas metafísicas. No *The Planetarization of Consciousness*, Rudhyar usou o termo *self* (sem *S* maiúsculo) referindo-se à força fundamental que sustenta o organismo inteiro desde o seu nascimento até a morte. Trata-se de uma vibração invariável, que é força mas não é consciência. A tarefa é trazer essa força para a condição de consciência totalmente abrangente. Quando isso é alcançado, pode-se falar realmente do *Self*. Nos dois capítulos que se seguem, todavia, Rudhyar acompanhou o pensamento da psicologia profunda, particularmente do modo como foi formulado por Jung e Assagioli. (Nota do Organizador).

discutido sem que se considere seu oposto, o conceito de "objeto". A consciência (conforme conhecida para o homem) é uma relação entre sujeito e objeto, entre o "Eu" e o mundo. Nossa experiência, porém, não está limitada ao "mundo exterior", isto é, às coisas que vemos, tocamos e ouvimos, nas quais tropeçamos, que apreciamos sensualmente ou pelas quais somos organicamente magoados. Nós também experimentamos um "mundo interior", uma seqüência ininterrupta de sentimentos e pensamentos ou de imagens mentais – mesmo se fechamos todas as portas dos nossos sentidos e nos recolhemos em imperturbada solidão e inatividade muscular. Por maior que seja a impressão de estarmos solitários, silenciosos e inativos, mesmo assim podemos conhecer dor emocional do tipo mais intenso, ou bem-aventurança – podemos ser perseguidos por imagens mentais que se repetem incessantemente, ou ser iluminados por percepções inspiradoras.

Quer as experiências se relacionem com este mundo interior, quer com sensações induzidas por entidades físicas exteriores, elas devem ser consideradas como referentes a "objetos" dos quais um "sujeito" passa a ter consciência. Este sujeito é aquilo que chamamos de "eu". Contudo, todas as experiências são devidas ao fato de que o sujeito percebe *mudanças* na natureza, na posição e nas atividades de objetos com os quais ele está relacionado – quer sejam objetos físicos, quer sejam imagens psíquico-mentais do seu mundo interior. Todavia, o "eu" poderia, realmente, perceber mudanças no seu mundo, se ele próprio se mantivesse em constante mudança? Dito resumidamente, a consciência é a relação *entre objetos que estão num estado de mudança e um sujeito que não muda*; portanto, "que mantém uma individualidade, ou identidade, distinta e característica". Se o sujeito (ou "eu") não é capaz de mantê-la, se ele é apanhado na "roda da mudança" e perde sua identidade distinta e característica, então a consciência desaparece e é substituída pela inconsciência. O "eu" é engolfado pelo mundo; o (relativamente) imutável é derrotado pela mudança.

Para que o mundo não possa dominar o "eu", é óbvio que esse "eu" tem de ser, em natureza, basicamente diferente do mundo. Ele tem de estar "*no* mundo, mas não ser *do* mundo"; uma rocha de estabilidade num mar de mudança. Contudo, aquilo que a maioria das pessoas chama de "eu", na verdade, é igual ao mundo em natureza – isto é, elas próprias são "afetadas" (portanto, mudadas) por transformações persistentes ou violentas na sociedade e no conjunto de verdades ou valores religiosos e culturais, dos quais elas são partes por demais definidas. O *Self* da pessoa comum não mantém a sua identidade característica em épocas de convulsões sociais, simplesmente porque ele está *enraizado num* tipo particular de sociedade e é condicionado por determinadas estruturas sócio-culturais. Dc fato, este *Self* é, basicamente, uma expressão do *lugar e da função que a pessoa ocupa na sua sociedade*. Astrologicamente falando, o caráter deste *Self* é determinado por Saturno; e a natureza da sua participação na sociedade é determinada por Júpiter. Esses dois planetas são, essencialmente, representantes de funções sociais, coletivas – ou seja, a diferenciação entre a pessoa e um todo muito maior, e sua sustentação estável dentro desse todo do qual ela se sente uma parte.

Se uma pessoa vive num tipo estático de sociedade, que permanece fixada numa economia estável, num ponto de vista uniforme com relação a religião e classe, e num ambiente geográfico sempre igual, o caráter imutável desta sociedade se reflete na vida dessa pessoa como um *Self*. Quaisquer mudanças que sejam experimentadas por ela (principalmente por causa do seu desenvolvimento orgânico, da sua capacidade de trabalho e da sua idade) podem ser prontamente explicadas por sua religião e pela sabedoria tradicional da sua cultura, e podem ser enquadradas em amplos padrões de ordem cíclica. Desse modo, ela permanece firmemente estabelecida no seu lugar, na sua função social e no seu relacionamento com outras pessoas igualmente estáveis e bem-enraizadas. O seu "eu" é estável simplesmente porque ele é uma função de uma ordem social estável. Mas se a pessoa vive numa sociedade que está num estado de revolução e crise em massa – como a nossa de hoje em dia – e no meio de crenças e de padrões sociais e morais que estão se desintegrando, seu "eu", inevitavelmente, *visto que está enraizado no solo da sociedade*, fica envolvido neste delírio de mudança. Tão logo isto acontece, já não há mais, nesta pessoa, qualquer centro ou ponto de referência permanente com o qual as mudanças contínuas e imprevisíveis que ocorrem nos seus mundos exterior e interior possam ser relacionadas. A consciência desaparece. A inconsciência, e os poderes sombrios, destrutivos, que ela esconde, dominam o "Eu". A "rocha no mar de mudança" é corroída pelo céu enlouquecido. Ela *pode* ser desintegrada desse modo porque ambos, rocha e mar, são entidades substanciais. Então a pessoa realiza, inconscientemente, ações que ela não pode relacionar significativamente com o seu "eu", ações que consternam ou revoltam o que quer que tenha restado daquele *Self* e sua "identidade característica". Por causa do medo, o "Eu" esmorece ou quebra e se desintegra, sobrevindo a neurose, a psicose e a insanidade.

Quando o "eu" sofre um colapso desses durante um período social estável, o evento é excepcional; e é atribuído a "possessão" por forças elementais ou demoníacas que a Igreja tenta exorcizar com rituais. Contudo, quando a sociedade e a tradição religiosa se desintegram e o colapso do "Eu" se torna uma ocorrência freqüente, torna-se imperativa a necessidade de uma reconsideração geral e básica da natureza do *Self*. O psicólogo não tem qualquer possibilidade de reconstruir ou deter a desintegração da sociedade. Ele pode tentar ajudar os poucos indivíduos, os quais pode alcançar, a reconstruir o *Self* que ficou tão rígido que não tem possibilidade de estabelecer relacionamentos, que "tenham sentido", com seus mundos interior e exterior. Ele poderá unir os pedaços da rocha abalada do *Self* e dar a ela mais força para enfrentar a investida furiosa do mar. Isto, todavia, não pode levar a resultados muito permanentes e, certamente, não levará a resultados criativos e radiantes. O único caminho que resta é admitir que o "eu" desmantelado não é o sujeito *real*, o centro de referência fidedigno, que ele não é, por natureza, permanente e estável – mas só é assim se tudo ao seu redor está em ordem e é estático. É preciso descobrir um sujeito *real*, ou centro. O "Eu" destrutível é então chamado de "ego", em contraposição ao verdadeiro "Eu", chamado de *Self* ou de "Eu superior" (em contraste com o ego ou "Eu inferior"). Psicoterapeutas como Jung, Kunkel, Assagioli e outros, reconheceram essa distinção e deram definições pormenorizadas dos dois fatores, fornecendo assim uma base para um novo tipo de cura psicológica.

Segundo Carl Jung, o ego é simplesmente o sujeito ou o centro do campo de consciência de uma pessoa. O *Self* é o sujeito ou centro *da totalidade da personalidade*; "ele inclui não só a parte consciente mas também a parte inconsciente da psique". Para Jung, "os processos inconscientes têm uma relação compensadora com a consciência", e essas duas partes da psique "complementam-se mutuamente no *Self*". O *Self*, portanto, deve ser considerado não só como o "centro" da personalidade total, mas como a "circunferência" que abrange as atividades conscientes e inconscientes que essa personalidade total inclui. O *Self* nunca poderá ser *plenamente conhecido* pelo ego, pois isso significaria que uma parte limitada (ou um aspecto) conheceria e seria capaz de descrever o todo –

uma impossibilidade. Contudo, para o ego, o *Self* pode aparecer como a meta suprema de desenvolvimento pessoal; como um recipiente de experiências que contêm tudo e que inclui muito mais do que aquilo que está incluído no ego; como o centro de referência permanente e como o sujeito ideal. O *Self* também pode ser visto como *a nossa participação individual em Deus*, como aquele ponto focal na nossa psique no qual a imagem de Deus se mostra mais claramente, cuja experiência nos dá o conhecimento, como nada mais pode fazê-lo, da importância e da natureza da nossa semelhança com Deus.

O Dr. Kunkel descreve a distinção entre o ego e o *Self* mais em termos deles serem, respectivamente, o centro "falso" e o "verdadeiro", ou o "temporário" e o "essencial" da personalidade. Ele vê o ego também como "a soma total daquilo que nós conhecemos ou daquilo que nós pensamos que conhecemos a respeito de nós mesmos... um sistema de informações concernentes às nossas metas e meios, dotes, capacidades e limitações... um retrato inadequado que fazemos do nosso *Self* real". Esse ego tende a viver uma vida independente, como um "objeto" independente e rígido, enquanto o *Self* exibe novas qualidades e uma maturidade crescente. Em muitos casos, o *Self* e o ego desenvolvem-se em direções opostas. Nosso padrão de comportamento e nossas decisões vêm "servir o ego em vez de servir o *Self*" – e isso é *egocentrismo* – ao passo que quando nossas ações "fluem do verdadeiro centro" (o *Self*), elas mostram criatividade verdadeira. A influência do ego *sempre* é desfavorável. O egocentrismo começa na primeira infância, como um ajustamento natural ao meio ambiente egocêntrico da criança. Kunkel também escreve que "A própria essência do 'pecado' é a substituição de um centro falso, o ego, por nosso verdadeiro centro, o *Self*". Esta substituição resulta em solidão e desconfiança das pessoas do nosso grupo, em afastamento desse grupo e perda do conhecimento de Deus e, então, em ansiedade. "Nosso centro criativo, o *Self*, é o nosso relacionamento positivo com Deus". Ele é "a criatividade do Criador que opera através de indivíduos humanos" – e "quanto mais uma pessoa encontra a si mesma, mais ela descobre que o seu interesse pessoal é substituído por sua responsabilidade por seu grupo e pela humanidade, o verdadeiro *Self* não é eu, mas Nós" (*In Search for Maturity*, cap. II). Para Kunkel, portanto, o ego é um fator "errado", "ex-cêntrico", que prejudica nossa vida criativa; ao passo que Jung pensa a respeito dele como sendo a inevitável primeira fase incompleta do desenvolvimento da personalidade, fase na qual só são reconhecidos os processos conscientes.

O psicólogo italiano Roberto Assagioli apresenta um quadro um tanto diferente, uma vez que, no seu diagrama da constituição total do homem, ele coloca o *Self no topo* de uma forma ovoidal, no centro da qual é encontrado o ego; além disso, ele não usa o termo "ego", mas contrasta o "*Self* normal consciente", ou "eu", com o "*Self* espiritual". Na sua concepção, o "*Self* consciente" é meramente uma projeção do "*Self* espiritual", com o qual está ligado por um "fio" magnético ou *raio descendente*. Essas idéias de uma projeção "descendente" do verdadeiro *Self* (a fonte de espírito e de luz) na área da personalidade, de um *Self* verdadeiro que transcende à área da personalidade (todavia, a partir do qual todo o "estudioso do homem deveria começar"), de uma oposição entre "as terras baixas da nossa consciência comum e o pico brilhante da percepção espiritual do *Self*", são todas elas características da abordagem platônico-cristã ou "oculta" da psicologia. Quando o "*Self* inferior" vem se unir com o "*Self* superior", o indivíduo em que este processo, por demais árduo, alcança sua consumação, "transcende totalmente a reino humano e se torna um verdadeiro ser espiritual". Nesse processo, o *Self* transcendente age como um novo "centro unificador", em torno do qual é construída uma personalidade nova e igualmente transcendente – a meta da psicossíntese.

Ao estudar as várias definições do *Self* e do ego, oferecidas pelos psicoterapeutas modernos, é possível ficar-se impressionado diante do uso confuso do termo "centro". Eu acredito que esta confusão resida na incapacidade de se diferenciar *estrutura* e *conteúdo*. Dizer que ambos, o ego e o *Self*, são "centros" é, na minha opinião, ignorar a diferença fundamental que existe entre eles. Esta diferença poderá ficar bem clara se voltarmos à primeira definição que demos do "Eu" como aquele *fator permanente em referência ao qual os elementos, em eterna mudança, da experiência humana (na psique, assim como também no mundo exterior) tornam-se conscientes e significativos.*

Dois tipos de coisas, todavia, podem ser consideradas como fatores de referência permanentes; uma estrutura (relativamente) fixa (o ego) – e uma qualidade, vibração ou tonalidade (relativamente) invariável (o *Self*). Numa sinfonia clássica, por exemplo, tudo o que ocorre musicalmente pode ser relacionado com uma determinada escala; e a escala é uma estrutura fixa – isto é, um padrão fixo de relacionamento entre uma série de notas. Essas notas têm significado e função com referência a esse padrão, em termos do lugar que ocupam nele. Contudo, este elemento de estrutura não é suficiente. A sinfonia não é apenas uma partitura escrita, uma estrutura de "notas" abstrata; ela também é uma combinação, muito complexa, de sons ou "tons" que são tocados em instrumentos e ouvidos por ouvidos humanos. Há alguma coisa com a qual todos estes sons estão relacionados, um fator imutável em relação ao qual eles adquirem uma vibração ou caráter absoluto – o diapasão. As notas *dó* e *fá* têm significado estrutural como partes componentes de uma escala; mas os *sons* vibrantes aos quais estes nomes são dados têm significação em termos de uma altura tonal absoluta estabelecida pelo diapasão. Se essa altura tonal do diapasão mudasse, o *dó* representaria um novo som, uma nova vibração, um novo ritmo de existência – embora ele tivesse a mesma função nas configurações vistas na partitura.

Esta ilustração não deve ser tomada muito literalmente, uma vez que os fatos da existência humana são muitos mais complicados do que aqueles mencionados nesta metáfora musical. Todavia, a analogia deverá ajudar-nos a compreender que o ego é, essencialmente, como uma escala musical, um produto de condições sociais e familiares ou mais exatamente um conjunto de reações a fatores de hereditariedade e meio ambiente. Cada cultura se desenvolve dentro de sua própria escala musical. *Cada raça, cada sociedade produz uns poucos tipos básicos de estruturas de ego* (do mesmo modo que produz uns poucos tipos básicos de estruturas corporais). Uma pessoa pertencente a uma determinada raça e sociedade é, no que concerne ao seu ego, uma variante melódico-harmônica de uma destas estruturas básicas de ego (ou escalas de reação às potencialidades genéricas inerentes à natureza humana – isto é, à qualidade comum a todos os seres humanos). Quando uma sociedade é estável e está firmemente assentada em seus padrões coletivos, as estruturas do ego dos membros de tal sociedade também são tranqüilas, estáveis, seguras e permanentes. Quando, por outro lado, a sociedade está numa condição de crise e ruptura, então o ego – seu produto diferenciado – é estruturalmente inseguro. Não tendo nenhum quadro de referência dentro do qual possam relacionar-se, as reações do ego com o meio ambiente e seus eventos caóticos passam, inevitavelmente, além do limiar da consciência e do significado. O ser humano já não pode dizer "Eu" de uma forma significativa – e ele esqueceu como sentir "Nós" instintivamente (veja Kunkel e sua "*Primal We-experience*").

Então, as únicas soluções possíveis para o indivíduo, além de um endurecimento insensível, no mais puro egocentrismo, dentro das memórias congeladas de uma tradição absoluta, são:

1. Participar na construção de uma nova sociedade – o que normalmente implica revolução e envolve a imposição coercitiva por pessoas poderosas e por um grupo dominante (Igreja ou Partido) de novos padrões sociais e mentais sobre a sociedade, e de lugares e funções fixas para cada indivíduo (veja a Rússia Soviética).
2. Ir além da subserviência às estruturas de ego e aos padrões sociais e dirigir-se para a fonte criativa de toda a vida e de todo o progresso espiritual – ou seja, o *Self*.

A primeira alternativa implica a reconstrução de um novo ego, usualmente sob a compulsão de uma nova sociedade, de uma nova religião ou de um novo líder ou ídolo. A nova estrutura do ego *deve* ser mais ampla e mais inclusiva – mas também poderá ser regressiva, dependendo do tipo de grupo ao qual é feita a adesão. A adesão e os serviços prestados representam uma restauração do ego, um ato de salvação que reconstrói a estrutura; uma nova operação da função Júpiter-Saturno.

A segunda alternativa significa *atravessar a "crise" como um indivíduo; e uma ligação direta do organismo como um todo à fonte de emanação criativa – o Self, o Deus interior*. Astrologicamente falando, isso implica um despertar das funções de metamorfose psicológica representadas pelos planetas transcendentes, Urano, Netuno e Plutão.* Estes planetas estão ligados, de um modo misterioso, com aquilo do qual o Sol visível é apenas um foco de irradiação – a radiante plenitude do espaço definida pela órbita da Terra e, eventualmente, por movimentos ainda mais vastos.

O Sol *visível* é a fonte das energias cósmicas e atômicas que despertam toda a natureza para a existência, que fazem aparecer e sustentam todas

* V. *The Sun is Also a Star* (Dutton, 1975) e *From Humanistic to Transpersonal Astrology* (Seed Center, 1975).

as espécies orgânicas num sentido genérico, inconsciente, sem dar atenção a indivíduos. Essas energias cósmicas são aquelas que as "forças aglutinadoras" saturnianas mantêm aprisionadas dentro dos átomos. Elas estão, portanto, trancadas dentro da estrutura do ego, dentro dos padrões de uma determinada cultura e estrutura social. A vida que energiza os conteúdos destas estruturas é aquela que jorra, astrologicamente falando, da Lua, pois Saturno e a Lua formam um par. Saturno constrói as estruturas; a Lua energiza os conteúdos – portanto, todas as imagens puramente conscientes, todas as reações e *complexos* que enchem a nossa vida egocêntrica, governada pela tradição. Todavia, essa energia vinda da Lua é apenas uma parte *refletida* da energia que jorra incessantemente do Sol. É energia solar filtrada através de Saturno e colorida pelas limitações (*karma*) impostas por Saturno. A estrutura-forma do ego (e também o esqueleto do corpo) é, portanto, na astrologia, simbolizada por Saturno (por sua posição zodiacal e setorial [casa] e seus aspectos); a vida dos conteúdos deste ego é representada pela Lua. A Lua visível e a força do Sol são a manifestação da força universal que desperta, envolve e mantém tudo o que existe em todos os lugares – tudo o que vibra no âmago de cada átomo, assim como também nas atividades e reações de cada ser humano. Sua força torna possível todas as experiências e anima todas as experiências em todos os níveis. Ele brilha indiferentemente sobre todas as coisas; é construtivo e também é destrutivo. É força atômica e vitalidade universal. É a fonte daquilo que os hindus chamam de *prana*.

Contudo, o Sol visível não deve ser considerado como sendo o *Self*. Ele é apenas o ponto de liberação da energia do *Self*. O *Self* só pode ser simbolizado, na sua realidade essencial, pelo espaço – espaço em *plenitude* de existência. Todavia, nós só podemos perceber e compreender este espaço à medida que o nosso próprio movimento através dele estabelece um foco para a liberação da sua força universal. Nós passamos a conhecer esta força como espírito, como luz, como inteligência criativa. No princípio, porém, nós só a conhecemos através das perturbações que causa (via Urano, Netuno e Plutão) à nossa segurança saturniana, à nossa rigidez centralizada no ego, na cultura e na Igreja. De fato, no princípio nós só podemos conhecer o "Eu" *através das nossas crises* e de uma maneira negativa. Nós o conhecemos por aquilo que ele não é – conforme Kunkel assinalou claramente, seguindo a antiga sabedoria oriental dos Upanishads e do Tao.

Contudo, podemos experimentar finalmente este *Self*, se emergimos – e à medida que emergimos – vitoriosamente das nossas crises. Nós o experimentamos *misticamente*, como uma intensa expansão da percepção e como um inexprimível sentimento de identificação com um Sujeito universal em Cuja consciência nós somos apenas um entre muitos objetos – um pequeno orbe dentro de imensidade cósmica. Nós vivenciamos o *Self*, de uma maneira *oculta* mais concreta, como uma compreensão do "nosso lugar em Deus" (J. Jacobi), como uma compreensão da qualidade e da tonalidade mais íntima do nosso ser, da nossa participação funcional numa comunidade espiritual transcendente que abrange estrelas e sistemas solares.

11 O Self: Uma Chave Astrológica Para Uma Psicologia Integral

Considere o organismo físico de um ser humano: ele é feito de pele e músculos, dos complexos sistemas nervoso e circulatório, de órgãos digestivos e de glândulas endócrinas – e, mantendo todos eles num alinhamento consistente e em seus próprios lugares, há uma estrutura óssea, o esqueleto. A psique de um ser humano individual, muito embora não seja nosso desejo descrevê-la como sendo um organismo real e substancial, deve, no entanto, ser encarada como tendo uma estrutura básica. Dentro desta estrutura há *sistemas* funcionais *de reação* à experiência, que capacitam a psique a "assimilar" esta experiência, a aprender e desenvolver-se por meio dela, e a dirigir as atividades do corpo. Quando Jung caracteriza a psique como "um sistema auto-regulador" obedecendo "à lei de complementaridade segundo a qual os vários fatores psíquicos colocam-se numa relação complementadora ou compensadora um para com o outro", ele deixa implícita a natureza funcional da psique. E função pressupõe estrutura, desde que possamos dar um significado muito amplo ao termo "estrutura" – o significado de um *padrão de operação* constante (pelo menos relativamente).

Neste sentido, um "sistema auto-regulador" é um sistema estrutural. O ego é o alicerce estrutural da psique e, do mesmo modo, no reino de atividade mental, a lógica é o alicerce estrutural do pensamento coerente e rigoroso. Na moderna teoria da relatividade, espaço-tempo é considerado como sendo o alicerce estrutural do universo de experiência humana. A estrutura do ego, todavia, é suscetível a profundas modificações e diferenciações. Ela deve ser entendida como existindo em vários níveis de estágios de evolução.

Primeiro, há a *estrutura genérica do ego*, que é meramente "humana" – a raiz de processos psíquicos, a soma total das leis básicas que regulam a vida psíquica (ou "interior") dos seres humanos, onde quer que nasçam. Esta estrutura-ego genérica se diferencia em vários "tipos". Alguns destes formam a base da classificação sétupla delineada pelo Dr. Assagioli; os outros são determinados por características raciais e nacionais, religiosas e culturais – e até mesmo familiares. Finalmente, em conseqüência de um longo processo histórico de evolução social, religiosa, cultural e econômica – e através da ação sincrônica do espírito – torna-se possível a diferenciação de *estruturas individuais do ego*. Enquanto as estruturas mais básicas desenvolvem-se durante o período pré-natal, o ego individual presumivelmente começa a ser diferenciado tão logo ocorra o choque do nascimento e sejam experimentados os impactos ambientais-sociais do mundo extra-uterino. O período de diferenciação do ego individual parece estar essencialmente terminado por volta da época do sétimo aniversário. Os *conteúdos* aumentarão constantemente à medida que a experiência do indivíduo se expande. Eles mudam continuamente em substância e orientação. Mas pode-se considerar que a *estrutura em si* está formada aos sete anos (talvez antes). O ego ainda continua se desenvolvendo durante muitos anos, contudo, suas características essenciais estão praticamente estabelecidas antes da adolescência e completamente formadas por volta dos 28 anos de idade.

Essa estrututra do ego individualizada é o *alicerce* do nosso senso do "eu" e constitui um quadro de referência permanente com o qual as experências pessoais são relacionadas. Assim relacionadas, elas se tornam conscientes. A consciência é uma expressão de relação. Contudo, o ego – a individualidade da pessoa – não é apenas uma estrutura vazia. É uma estrutura energizada ou vivificada por aquilo que Jung chama de "energia psíquica" (ou *libido*). Astrologicamente falando, a estrutura é "regida" por Saturno; a energia dentro desta estrutura é simbolizada pela Lua – o complemento polar de Saturno. Esta energia não permanece num nível fixo. Ela flui e reflui, assim como a Lua cresce e míngua. O ego é "eu sou" – "eu" (a estrutura) e "sou" (a energia dentro dela).

Mas o que, hoje em dia, um americano bem educado quer significar quando diz "Eu sou", e o que o membro da tribo dos dias do passado ou o hindu de 2.000 anos a.C., vivendo na sociedade estática e fixa descrita *pelas Leis de Manu*, queriam significar quando usavam expressões similares, são coisas completamente diferentes. Na antigüidade (e mesmo hoje em dia, em muitas partes do mundo), quando uma pessoa diz "eu" ela se refere à sua estrutura-ego genérica e suas diferenciações sociais e culturais. Estas estruturas são o seu quadro de referência – seu ego – e ela não conhece nenhum outro. O seu ego é um ego *coletivo*, estruturado por instintos biológicos e por desejos, "tabus" e tradições sócio-religiosas. Não obstante, ele é o ego da pessoa; ele é consciente através da relação da sua experiência com este "sistema auto-regulador" psíquico permanente – e de nenhum outro modo (salvo em casos excepcionais).

Todavia, como o processo geral de diferenciação estrutural prossegue na vanguarda da espécie humana e como as *estruturas individualizadas do ego* aparecem em número cada vez maior nas sociedades cujo *nível de civilização* se eleva gradualmente, estas estruturas do ego recém-diferenciadas são lançadas em evidência. São contempladas com o mais elevado valor e os indivíduos que podem, de uma maneira significativa e bem-sucedida, estabelecer uma relação entre elas e suas próprias experiências da vida tendem, cada vez mais, a esquecer os quadros de referência mais antigos e mais simples – os egos-tipos coletivos. Então, estas estruturas coletivas deslizam gradualmente para o inconsciente pela simples razão de que já não são mais valorizadas como quadros de referência importantes para o desenvolvimento da consciência por meio da matéria bruta da experiência cotidiana. Todavia, elas não desaparecem completamente. Em sonhos e sob condições de grande tensão, emergem acima do limiar da consciência. Elas ainda constituem as bases dos processos psíquicos; mas quando pessoas individualizadas ficam assim tão ocupadas erguendo cúpulas, fabricando janelas de vidro colorido, ou tocando música de órgão nas "regiões elevadas" da sua psique, elas já não dão atenção a estas bases – a menos que ocorra algo errado com a construção ou que um terremoto social abale as paredes. Estas "regiões elevadas" nas quais tudo o que é reconhecido como tendo valor agora acontece – elas é que passam a ser chamadas de "ego". O "eu sou" da pessoa de hoje é identificado com as estruturas altamente diferenciadas da psique, pois é somente através do uso destas estruturas que ela obtém consciência. As "estruturas inferiores" – a cripta e os alicerces – são quadros de referência somente para as experiências por demais incomuns, que nada do que existe "acima da superfície" pode tornar significativas, portanto, conscientes. Portanto, o que quer que aconteça em relação a estas "estruturas inferiores" normalmente é inconsciente. Contudo, estas "estruturas inferiores" certa vez foram consideradas como sendo o ego.

A evolução histórica do ego na humanidade repete-se, de algum modo, durante os primeiros anos de vida da criança – e, antes de tudo, durante o período embrionário da vida intra-uterina. Aquilo que o Dr. Kunkel – com a mais aguda percepção – chamou de transição do "Nós primordial" para o tipo egocêntrico de consciência (veja, particularmente, o seu livro notável, *Character, Growth, Education*) é a mudança do primitivo quadro de referência, básico e instintivo, para um novo e mais diferenciado – que passa a ser exclusivamente conhecido como ego, porque a consciência depende cada vez mais e inteiramente do seu uso. Contudo, o ego não é (como diz Jung) o "centro" da consciência. É, antes, um quadro de referência em relação ao qual os dados brutos da experiência tornam-se conscientes. E também não deve ser considerado como um "centro falso" (Kunkel), mas sim como uma estrutura psíquica (dentro da qual a energia flui e reflui) condicionada e diferenciada por um determinado conjunto de pressões sócio-culturais, hereditárias e ambientais. Estas pressões constituem o "molde" (ou *karma*) que dá forma à estrutura do ego. Elas representam a totalidade das experiências da humanidade, e de uma determinada raça, cultura, família – às quais a criança recém-nascida soma o seu próprio conjunto de experiências, como determinantes das partes mais individualizadas desta estrutura-ego.

Todavia, podemos falar de experiências sem envolver um experimentador? No ego, não há nada mais além de estrutura e energia – não há algo misterioso que, pela falta de um termo melhor, somos quase compelidos a chamar de "centro"? De fato, eu acredito que onde quer que haja uma estrutura definida e relativamente permanente, com energia circulando através dela, nós podemos falar de alguma espécie de centro dinâmico, ou centro de gravidade. Poderemos, mais ainda, falar de um ponto de influxo de energia, um manancial de força. Mas não podemos compreender o que é este manancial ou o que ele significa, a menos que possamos compreender a natureza e a origem da energia psíquica que enche a estrutura-ego; e isto nos leva a considerar uma realidade transcendente, o *Self.*

Por motivos de experiência psicológica e de compreensão filosófica, eu acredito que seja necessário presumir a realidade de um *Self.* Por trás ou além do "Eu" (que pode ser destruído pela pressão do caos social, porque se desenvolve como uma função de experiência coletiva ou de reação individual a condições sociais) deve haver um fator mais permanente, que tem sido chamado, pelos filósofos orientais, de o Experimentador, o Sentinela, o Admoestador, o Arrecadador de todos os frutos das atividades humanas, a Testemunha Divina. Contudo, ao determinar seu caráter, significado e função, devemos ter um cuidado extremo. Este *Self* – conforme nós o concebemos – deve ser essencialmente considerado como *um fator universal, mesmo que possa se tornar mais ou menos "individualizado" em personalidades humanas.* Porque ele é universal, não devemos dar-lhe uma posição geométrica. Antes, devemos chamá-lo de Espaço, ou de totalidade do Todo, ou de Grande Harmonia – ou, como os chineses, de *Tao.*

No simbolismo astrológico, normalmente o Sol é indicado como significador do *Self* – "o *Self* superior" do Dr. Assagioli – e a Lua como significadora do "*Self* consciente" (ou pessoal). Todavia, esses dois corpos celestes deveriam ser considerados fontes de radiação de energia, melhor do que como "centros". O Sol – mesmo no sistema heliocêntrico moderno – não é um centro verdadeiro. Ele é um dos dois focos das elipses que constituem as órbitas dos planetas. O Sol é o foco comum de todas estas órbitas, o foco que todas elas partilham – o Dr. Kunkel diria o centro do "Nós". Mas cada órbita tem um outro foco que é exclusivamente seu, que ela não partilha. Portanto, é muito mais significativo dizer que o Sol é a fonte ou manancial de energia para o sistema solar inteiro. De fato, alguns ocultistas chamaram o Sol de "um feixe de forças eletromagnéticas", um véu colocado sobre o "Sol real". Este "Sol real", todavia, seria melhor entendido como o espaço definido pelas órbitas dos planetas. *O Sol real para a Terra é o espaço circunscrito pela órbita da Terra.* Não obstante, este espaço não deverá ser considerado como *alguma coisa* vazia, mas, em vez disso, como uma *plenitude de ser.* Ele é o verdadeiro símbolo do *Self*. Num nível de universalidade mais elevado, porque mais inclusivo, o *Self* assume a aparência simbólica do espaço da galáxia, portanto, do universo inteiro. Ele é sempre "espaço". As energias que jorram interminavelmente dos sóis e das estrelas estabelecem uma relação entre si no espaço e são harmonizadas numa sucessão contínua de relacionamento que é a substância, ou o substrato, de existência universal.

As estrelas, porém, são simples *pontos de emanação* de energia. De fato, a energia corre *através* delas, em vez de partir delas. Elas são mananciais. Do mesmo modo, esse *Self*, que os psicólogos modernos consideram como "o centro da totalidade da psique", não é a realidade do *Self*, mas, antes, o ponto *de emanação de luz, de espírito, de inteligência, de poder criativo e de tonalidade.* "Através" dele é que é irradiada aquela qualidade *essencial* de ser que é um aspecto de divindade, um dos "atributos" ou "nomes" de Deus; ela impregna a totalidade da nossa natureza individual. Nós "vivemos, movemo-nos e existimos" nesta emanação do *Self*. Mas esse *Self*, sendo universal, não pode alcançar a nossa consciência ou afetar o nosso modo particularizado, ou nossa condição de existência, a menos que a "energia do *Self*" seja focalizada – a menos que ela passe através de uma espécie de lente simbólica ou manancial, através do qual ela alcance a esfera da nossa vida pessoal.

O mundo "real" da ciência, assim como da psicologia e da filosofia oculta, é o mundo de forças ou energia. Com referência a um organismo vivo, a energia se manifesta como um processo. Nós não podemos abordar o estudo da natureza humana de uma forma vital ou eficaz enquanto não estivermos preparados para interpretar aquilo que observamos em termos de processo, isto é, *de operações de estrutura definida, baseadas em manifestações cíclicas de energia.* A energia, porém, deve ser focalizada para poder ser atuante, para poder emergir de uma condição de *potencialidade universal* à de *atividade individualizada (ou particularizada).* Qualquer sistema organizado contém tais pontos de emergência – ou mananciais – de energia.

No nosso universo geocêntrico, o Sol e a Lua constituem essas fontes de energia; mas enquanto o Sol é um "ponto de emanação" de energia, a Lua (e os planetas) são "lentes refletoras"; eles refletem uma parte ou aspecto da emanação solar. Analogicamente falando, a energia que circula através da estrutura do ego da psique é a energia refletida do *Self*. Nós a chamamos de energia "lunar". A Lua em si, porém, não simboliza o ego, mas somente a fonte da qual flui a energia psíquica que circula através do ego. Esta energia psíquica (a *libido*, conforme definida por C. G. Jung) é energia refletida; *aquela parte ou aspecto da energia do Self que a estrutura do ego é capaz de conter e utilizar.* Seus fluxos e refluxos são medidos astrologicamente *pelos movimentos periódicos da Lua.*

Ao estudar a natureza humana, portanto, temos de distinguir cuidadosamente entre dois tipos de energia: 1) a energia *direta* (ou "solar") do *Self* impregnando a totalidade da personalidade (corpo e psique), e 2) a parte ou aspecto dessa energia, *refletida* (pela "Lua" simbólica) na estrutura do ego e no corpo – a energia psíquica ou libido. Enquanto a primeira é essencialmente firme e constante, a última é sujeita a fluxos e refluxos. O que isto significa em termos das funções do corpo é bastante claro, pois facilmente podemos ver que enquanto o coração e os pulmões (acima do diafragma) estão num estado contínuo e relativamente constante de atividade funcional, as outras funções orgânicas (metabolismo, secreções glandulares – inclusive aquelas das glândulas sexuais – atividades musculares, reações nervosas, etc.) estão sujeitas a altos e baixos diários, assim como também a modificações cíclicas definidas durante todo o tempo de duração da existência.

Há, igualmente, uma distinção entre os tipos de energia "solar" e "lunar", que operam através da psique. A primeira é estável, simples, "pura" – como um som claro, que interpenetra tudo, que vibra através do nosso ser interior, mas que não pode ser ouvida por ninguém a não ser por alguns poucos indivíduos cujos "ouvidos" espirituais (consciência) foram abertos. É o som do espírito interno, a emanação direta do *Self*, a batida do coração do Deus Vivo – ou do Deus ainda-não-nascido que poderá vir a "respirar" dentro de nós *como uma Presença plenamente individualizada* (Ser Solar). Em seguida, há a energia "lunar" que anima os nossos sentimentos, estados de ânimo, desejos e emoções, estruturados pelo ego – e também o nosso orgulho que, quando obstruído ou congestionado, transforma-se na substância dos nossos complexos, medos, rebeliões, da nossa solidão e das nossas ansiedades.

Essa "energia lunar" é, repito, aquela porção ou aspecto da energia do *Self* que a nossa estrutura do ego é capaz de conter e utilizar conscientemente. Ela nos dá *o poder de fazer ajustamentos diários ao nosso meio ambiente e às exigências da nossa sociedade, cultura, tradições religiosas, etc.* Conseqüentemente, ela é condicionada por fatores coletivos; não obstante, ela também nos habilita a lidar com as nossas experiências interiores, a desenvolver um senso individual de valores (símbolo-Vênus) e modos individuais de pensamento (símbolo-Mercúrio). Esta dupla orientação da energia psíquica é simbolizada pelo fato de que metade do tempo a Lua está *fora* da órbita da Terra (nosso ser total) – portanto, está relacionada com o mundo exterior e com os planetas da iniciativa (Marte) e do relacionamento social (Júpiter e Saturno) – enquanto que a outra metade do tempo a Lua está *dentro* da órbita da Terra e, desse modo, está relacionada com os planetas interiores, Vênus e Mercúrio.

O ser humano comum, dito normal, vive quase que exclusivamente em termos da sua estrutura do ego e dos fluxos e refluxos de energia psíquica causados pela orientação variável da "lente refletora" que enfoca a porção utilizável da energia do *Self.* A estrutura do ego determina o caráter do seu "Eu"; a energia psíquica de orientação variável, sua sempre cambiente forma de "ser e estar". "Eu sou feliz – eu estou zangado – eu sou mau – eu estou doente", diz o indivíduo. Os adjetivos que qualificam o "ser/estar" são expressões de estados de ânimo e de sentimentos cambiantes, de reações ao meio ambiente ou a pressões interiores. Não há estabilidade nesse reino do ego porque, embora a estrutura do ego (o caráter individual do sr. Fulano de Tal) possa permanecer relativamente imutável na qualidade de senso do "Eu", a energia que *substancia* este senso do "Eu" (seu indispensável "sou") flui numa direção constantemente alterada e sempre leva novos estimulantes para os instrumentos da consciência – assim como o sangue carrega hormônios e toxinas, minerais e anticorpos para o cérebro, em proporções sempre variáveis.

No simbolismo astrológico, portanto, a Lua representa o foco da atenção consciente. Muitas vezes ela é relacionada com a mentalidade no sentido de que indica a direção do processo de relacionamento e ajustamento a "objetos" que produzem constantemente novas percepções da consciência e consolidam ou desafiam velhos dados e tipos de ajustamento ou de complexos conscientes. Quando a Lua está em contato estreito com Vênus e Mercúrio (os dois planetas que estão *dentro* da órbita da Terra – representando, assim, principalmente as "funções internas" do indivíduo), ela simboliza um estado de atenção interiorizada ou introvertida. O indivíduo, neste estado, tem a possibilidade de atingir uma consciência de valores "solares". Astrologicamente, Mercúrio e Vênus "regem" a função respiratória e pelo menos alguns aspectos da atividade da tiróide – e estas têm uma relação íntima com o ritmo do coração. Psicologicamente falando, através da sua mente (Mercúrio) e do seu senso de valor e simpatia ou amor (Vênus), no devido tempo, o indivíduo emerge da escravidão à sua estrutura-ego particular e entra no mundo universalístico do *Self.* Ele rompe as muralhas saturnianas e passa a ter percepção da luz e do poder do *Self.*

A fim de descrever esse processo, os antigos filósofos chineses diferenciaram o indivíduo com um *centro fechado* daquele que tem um *centro aberto.* O primeiro seria um indivíduo cuja estrutura-ego está hermeticamente fechada para o mundo universal de luz. Sua consciência está confinada, ou está totalmente absorvida no problema de manter sua estrutura contra todos os impactos e invasões concebíveis; de fato, ou ele está inseguro, ou vive com um medo constante de perder a sua integridade espiritual. No outro caso, nós encontramos um indivíduo num estado de relaxamento estrutural, ou de "abertura para o mundo", respirando profunda e livremente, em confiança, fé e segurança mental-emocional interior. O centro do seu ego é como o diafragma aberto de uma câmera, deixando a luz passar.

No primeiro caso, a consciência está inteiramente recheada com conteúdos "lunares", determinados somente pela estrutura-ego. A única "luz" na vida interior do indivíduo é aquela da "Lua" – o vínculo de energias psíquicas das quais o poder do *Self* é refletido. No segundo caso (o indivíduo com o *centro aberto)*, o "diafragma" da psique está amplamente aberto, deixando a luz "solar" (a energia do *Self)* inundar a consciência. O indivíduo é "iluminado". Este diafragma aberto, através do qual jorra essa luz, aparece para a consciência como um sol interior. Ele se torna, de fato, conforme Jung o descreve, o refulgente centro de uma personalidade nova e radiante. Contudo, não é realmente um centro equivalendo mais a uma *abertura* através da qual as várias emanações do *Self* – o Espírito Santo – derramam-se dentro da estrutura do ego.

Antes deste diafragma relaxar e abrir, a estrutura do ego é escura, ou iluminada pela Lua. Quando ele abre, a estrutura-ego se enche de luz e espírito "solar". Esta é a Transfiguração. Quando, porém, Jesus desceu do Monte da Transfiguração, suas feições ainda eram as do homem nascido de Maria (o "mar" simbólico da natureza humana). Mas agora elas estavam cheias de luz. Ele tinha rendido a Deus somente a sua escuridão, o seu "*Self* lunar" – o seu complexo-mãe, sua *anima* e sua sombra inconsciente. Ele havia sido "batizado" com a ressonância da sua "órbita" de personalidade individualizada, e com a ressonância de uma "órbita" cósmica ainda mais vasta.

Assim, descobrimos que a estrutura geral do sistema solar nos fornece uma representação simbólica, extremamente adequada, da totalidade de um ser humano – e este fato estabelece uma base para todas as interpretações astrológicas. Quando queremos adquirir uma compreensão vital e dinâmica da natureza humana e da personalidade individual, os pontos que se seguem são de importância essencial:

1. O mundo "real" é um mundo no qual energias operam ritmicamente dentro de sistemas estruturais relativamente permanentes. É um mundo de "processos" e de constante correlacionamento de energias dentro de espaços definidos.

2. Temos de distinguir dois tipos de sistemas (ou de coordenadas) nos seres humanos, e dois tipos de energia básica – que podemos chamar de "solar" e "lunar". A primeira refere-se ao *Self*; a última, ao ego. O *Self* deve ser entendido em termos de *espaço* (primeiramente, a órbita da Terra e, mais tarde, o espaço coberto pelo sistema solar inteiro); o ego, em termos de *estrutura*. A energia que circula dentro da estrutura do ego é uma porção refletida da energia que emana do *Self*.

3. A estrutura-ego é moldada por fatores raciais, ancestrais, culturais e, no seu "nível superior" individualizado, pela reação da criança ao seu meio ambiente. Ela é, portanto, condicionada por influências coletivas. A consciência limitada, particularizada do ego é sustentada de uma maneira instável pela energia psíquica, que flui e reflui incessantemente e que é refletida nesta estrutura pelo fator Lua. A Lua simboliza o "foco de atenção" da consciência, aquilo sobre o qual uma parcela da energia do *Self* se reflete – tornando-se então modificada e diferenciada como energia psíquica dentro da estrutura-ego.

4. Os planetas interiores, Mercúrio e Vênus, são focalizadores da energia "solar" dentro da órbita da Terra. Eles estabelecem trilhas vibratórias ou ligações entre a consciência-ego e o *Self*. Os planetas que estão fora da órbita da Terra são focos orgânicos externos que ligam a psique individual ao mundo maior da sociedade. Urano, Netuno e Plutão representam as influências transcendentes através das quais a consciência-ego, limitada por Saturno, é transformada e repolarizada sob o influxo da energia "solar" direta. O *Self* individual (espaço da órbita da Terra) é, então, reorientado e se vê (através de um processo de "psicossíntese") como um participante atuante num Grupo espiritual, ou "Comunhão" (o sistema solar inteiro). Este é o Nós "solar", ele próprio um participante num *pleroma* ainda mais vasto.

5. Com base nestes princípios pode ser erigida uma psicologia verdadeiramente integral e harmônica, na qual os elementos da estrutura psíquica e corporal, energia e processo, podem ser vistos como estando relacionados com um *Self*, cujo símbolo é Espaço, a plenitude espiritual e criativa de um existir vibrante.

12 *Abordagem Astropsicológica da Auto-educação: O Caminho do Discipulado*

Em capítulos anteriores, o termo "personalidade" foi definido no sentido em que ele é usado na moderna psicologia profunda, especialmente desde que Jung esclareceu o seu significado. A personalidade é o ser humano total – corpo e psique, consciente e inconsciente – considerado como um todo orgânico capaz de uma reação integrada ao ambiente físico e psíquico que o rodeia, e capaz, também, de autodeterminação criativa e consciente, de uma opção significativa. A "individualidade" da personalidade é seu caráter de indivisibilidade e unidade, e da sua qualidade ímpar, pelo menos relativamente. Ela se refere, portanto, à *estrutura* particular da personalidade. O ego é o "nome" da personalidade, na medida em que ela é diferente das outras personalidades, é aquilo que expressa a sua individualidade e seu tipo particular de estabilidade estrutural. O ego é um símbolo de unidade e é a qualidade-sentimento associada a todas as experiências conscientes que gravitaram em torno dessa compreensão da unidade individual e da "faculdade de ter um nome".

A criança passa a conhecer-se como um ego relacionando todas as suas sensações sempre cambiantes, seus estados de ânimo e suas sensações orgânicas a algum princípio inerente de estabilidade e permanência que correlaciona numa unidade qualquer coisa que esteja sendo conscientemente experimentada. E – porque qualquer organismo é animado pela energia vital que circula ritmicamente através dele e mantém a integridade da sua estrutura a despeito das mudanças constantes que são produzidas pelo crescimento e pelo impacto do mundo exterior – o senso de ego não se baseia apenas num senso de estabilidade estrutural, mas também num sentimento dinâmico de força individualizada. O ego não é somente

"Eu"; também é o "sou" associado ao "Eu" – o "Eu sou". Contudo, o senso de ego é constantemente modificado por experiências interiores e exteriores, é empurrado por reações emocionais e é estimulado por estados de ânimo interiores, de desejo, de necessidade de expansão ou de medo. Desse modo, na realidade cotidiana *normal*, o "eu sou" está sempre associado com um ser ou estar "isto" ou "aquilo" – "eu estou zangado – eu estou me sentindo bem – eu estou doente – eu estou com medo – eu estou apaixonado", etc. De fato, é muito difícil a percepção da nossa qualidade de "ser ou estar" que não seja condicionada por algum sentimento ou conceito. Essa é a meta de muitos treinamentos espirituais, tais como a Yoga hindu e o moderno Novo Pensamento.

Quando uma experiência alcançando a consciência produz uma reação imediata de repulsão, medo, estranheza e inaceitabilidade, a lembrança dessa experiência freqüentemente não tem permissão para permanecer dentro da "área de consciência", que é regida pelo ego. Ela mergulha "abaixo do limiar" da consciência, dentro do inconsciente *pessoal*. O inconsciente também contém muitos fatores que o indivíduo ainda não teve chance de experimentar – quer subjetiva, quer objetivamente. Estes fatores inconscientes *ainda não experimentados* são genéricos e coletivos. Eles são "genéricos" quando se referem à "nossa natureza humana comum" – isto é, a todos e quaisquer poderes que são inerentes e existem potencialmente em todo o ser humano nascido, simplesmente por causa dele ser "humano". Eles são fatores "coletivos" quando são resultantes da experiência racial, social e cultural de longas gerações de ancestrais. Desse modo, o inconsciente genérico refere-se àquelas características orgânicas e espirituais que a criança experimentará à medida que cresce e se torna uma personalidade amadurecida através do amor e da criatividade, da doença e do sofrimento, e de qualquer outra maneira na qual os poderes humanos latentes passam a ser reais para com ela como um indivíduo consciente. Os conteúdos do inconsciente coletivo – os "arquétipos" sociais e culturais definidos por Jung – também serão vivenciados pelo indivíduo à medida que a sua personalidade se desenvolve no meio de um ambiente sócio-cultural do qual ele aprende a retirar (e, eventualmente, a assimilar e a digerir) alimento psíquico e mental. Naturalmente, nem *todos* estes conteúdos do inconsciente coletivo serão assimilados ou mesmo encontrados na experiência consciente de todos os indivíduos. Contudo, quanto mais destes conteúdos do inconsciente genérico e coletivo são assimilados, mais rica será a personalidade madura.

O processo de maturação e enriquecimento da personalidade é longo – é um processo difícil. Também é um processo perigoso. A "personalidade", como um valor supremo e como uma qualidade de irradiação, criatividade e vida independente, é uma meta que só pode ser alcançada quando a pessoa individualizada atinge um estado de "definição, plenitude e maturidade" (C. G. Jung) – isto é, quando seu organismo biopsíquico se torna bem-integrado e elástico, capaz de resistir, e dotado de força dinâmica – a força de se proteger e se reproduzir na sociedade e através dela. Quando o psicólogo fala em "personalidade", ele se refere a esse organismo biopsíquico, que é estruturado pelo ego (e no corpo, pelo esqueleto) e que demonstra unidade funcional. Ao referir-se à "personalidade", ele quer dizer a qualidade que irradia da pessoa individualizada relativamente dinâmica e madura – num sentido, o famoso *it* das celebridades do cinema e do palco, o poder de "projeção" que caracteriza os grandes atores, seja no mundo dos espetáculos ou no cenário político.

No seu sentido mais pleno, personalidade é um ideal de abrir um caminho para a frente. É um ideal, do mesmo modo que são ideais tornar-se um santo na religião e um "adepto" no ocultismo. Nenhum destes ideais pode ser alcançado na flor da adolescência (excetuando-se a possibilidade de uma incorporação "divina"), muito embora a potencialidade da sua obtenção possa ser indicada de uma forma mais ou menos forte desde a adolescência. Todavia, qualquer indivíduo que mostre inclinações para a auto-afirmação, a independência de pensamento e a intensidade emocional, pode ser "educado para tornar-se uma personalidade". Mas *como, por quem e com que finalidade*? Quando se procura responder a estas perguntas por demais pertinentes (e, infelizmente, amiúde interpretadas de um modo falso ou superficialmente consideradas), as dificuldades encontradas são muitas. As respostas não são óbvias; a validade delas deve ser cuidadosamente pesada, não somente num sentido geral mas também em termos de tendências históricas e das necessidades culturais de uma sociedade numa determinada época e, em relação à *preparação do indivíduo* que vai ser educado para se tornar uma personalidade.

Por enquanto, indicarei, resumidamente, três tipos básicos de respostas, propostas pelo antigo "mestre espiritual" oriental, pelo psicólogo profundo moderno (como Carl Jung) e pelo ainda não classificado e ainda não definido claramente astropsicólogo, que procuraria combinar a potencialidade para a auto-educação contida na astrologia com a atitude do psicólogo seguidor de Jung ou de Kunkel. Antes de mais nada, porém, referir-me-ei ao quadro histórico hoje em dia apresentado por nossa sociedade moderna, tipicamente ocidental, até onde concerne à relação desta sociedade com a personalidade.

O relacionamento da personalidade com a sociedade sempre deve ser considerado como um pano de fundo essencial para qualquer aplicação prática dos ideais e técnicas psicológicas, porque nenhum indivíduo existe num vácuo e porque nenhum homem ou mulher nasce como uma personalidade individualizada e madura. Todo o indivíduo deve emergir do útero coletivo da sociedade – freqüentemente, por meio de violência! A marca do condicionamento recebido durante este processo de emergência será sentida através de toda a sua carreira e determinará as suas outras necessidades. A educação para ser uma personalidade é educação *fora da esfera* da coletividade sócio-cultural de seres humanos, em cuja sociedade o indivíduo vive e procura atingir a sua meta – e, também, é educação *baseada* nas conquistas históricas dessa determinada sociedade. Isto poderá parecer um paradoxo, mas, num sentido, todo o desenvolvimento psicológico é baseado em paradoxos, na reconciliação de opostos – um fato bem conhecido dos antigos.

Nossa sociedade moderna, especialmente desde a revolução industrial e tecnológica que transformou radicalmente as condições da existência humana, caracteriza-se (psicologicamente falando) pela pressão constante que exerce no sentido da "despersonalização" do ser humano comum. Isso talvez seja mais característico (falando num sentido geral) nos Estados Unidos, mesmo a despeito do fato de que o individualismo é a base do nosso sistema social – ou possivelmente *por causa* desse fato. Por quê? Porque quando as pessoas estão assim tão ocupadas afirmando seu direito em ter suas próprias opiniões e suas próprias opções, e se "sentindo" diferentes das outras, elas não têm nem a base substancial e nem o tempo e a força de concentração necessários para se estruturarem como personalidades – um lento e doloroso processo de crescimento natural. E, onde há o otimismo peculiar e a ingenuidade ideológica do tipo americano comum, normalmente há pouca compreensão a respeito do caráter essencialmente "trágico" do processo de "individuação" (isto é, de desenvolvimento e integração da personalidade) no atual estágio de transição da evolução humana.

Essa despersonalização do ser humano na sociedade ocidental moderna não significa que as pessoas não procurem tornar-se individualizadas como egos separados e rebeldes – o que, obviamente, elas fazem! Significa que esses egos individuais flutuam como rolhas de cortiça nas marés da sociedade e da produção modernas, e praticamente *não têm raízes* através das quais possam assimilar a substância vital real e concreta necessária para alimentar o crescimento do organismo biopsíquico da personalidade. Gritar "eu", "eu", dia e noite, não ajuda a personalidade a se tornar mais rica e mais madura. Significa uma ênfase exagerada do fator *estrutural* que existe na personalidade total; mas a estrutura poderá ser muito forte, muito definida e... vazia.

Aquilo que eu aqui chamo de despersonalização é produzido pela ausência de substância na vida da personalidade. Esta substância necessária à alimentação da personalidade não vai ser encontrada por meio de afirmações de auto-obstinação e orgulho do ego. Ela tem de ser colhida através de *experiências significativas*. Colhida de onde? Da vivência de relacionamentos verdadeiros e vitais – com nossos semelhantes, com a vida profundamente sentida do grupo e da cultura à qual pertencemos, com as forças da natureza (inclusive as forças da natureza humana genérica), com tudo o que vive e se move na Terra e no vasto universo do céu. A experiência significativa de relacionamento – numa forma íntima, estável, perene e concentrada – é a *única maneira* de desenvolver uma personalidade rica e madura.

De fato, o camponês que vive uma vida comunitária cheia de afeto, com um generoso senso de contato com o solo, com as estações, e com os outros homens e mulheres que o cercam, tem possibilidades muito maiores de se tornar uma personalidade assim rica e madura do que o trabalhador de um escritório ou de uma indústria numa cidade americana moderna, *contanto* que este camponês permaneça no seu ambiente limitado. Porque o raio de alcance da sua atividade e da sua percepção é limitado, e porque ele só está individualizado de uma forma muito primitiva, a personalidade do camponês não se expandirá até muito longe. Todavia, dentro dos seus limites estreitos, ela pode ser profunda, plena e ardente, enquanto a personalidade do trabalhador comum da cidade é vazia, superficial e recheada somente com pensamentos refletidos (via rádio, jornais, revistas) e emoções refletidas (via filmes e estórias de um sentimentalismo barato). Ele não tira seu alimento de uma tradição vitalmente experimentada, da luta proveitosa do homem que vive na terra e se mistura constantemente com o ritmo trágico do nascimento e da desintegração. Ele é manipulado, jogado de um lado para outro por forças imensas existentes num mecanismo social enormemente complexo, que ele não pode compreender essencialmente e com o qual ele é incapaz de se relacionar de uma forma significativa. Conseqüentemente, das suas experiências ele só pode obter perplexidade e excitação superficial. Mesmo se acontece do moderno habitante da cidade estar no topo da sociedade – como diretor de alguma poderosa organização – ele verifica que seus dias são tão tumultuados, sua mente é tão atormentada pela ansiedade e pelas lutas competitivas, suas noites são tão tensas, que ele não tem tempo para crescer como um ser humano, como uma personalidade.

Isto não quer dizer que devemos voltar à condição de camponeses – longe disso! Não pode haver qualquer significado vital numa regressão às raízes primitivas fincadas na terra – exceto durante períodos curtos de recuperação biopsíquica. O que isto quer dizer é que deve ser encontrado e experimentado *um novo tipo de raiz.* Aquela raiz que eu freqüentemente tenho chamado de "natureza humana comum do homem" – não simplesmente no nível biológico da função orgânica comum, mas no nível espiritual da nossa origem "divina" comum e do nosso propósito comum; a realização plena do "Homem" através de uma sociedade global e harmônica, através de uma civilização criativa e totalmente inclusiva. O caminho para essa realização em grupo, realização na qual todos os homens e mulheres inspirados pelo espírito e autoconsagrados espiritualmente devem participar, é o caminho da educação para a personalidade – e, depois que o estado de personalidade madura e criativa é alcançado, o caminho no qual essa personalidade integral e vibrante é *usada* para um propósito superpessoal – que eu chamei de "caminho transpessoal".* Primeiro, porém, deve haver essa plenitude da personalidade.

O que se quer dizer por este conceito "plenitude da personalidade" tem variado muito durante os últimos seis milênios de história registrada e tornará a variar, seguindo novas tendências na evolução da consciência e sociedade humanas. Na Índia de cerca de três ou quatro mil anos atrás,

* Veja *Occult Preparations for a New Age* (Quest Books, 1974), Terceira Parte, "Sobre um viver transpessoal."

"Filósofos da Floresta" deram início à doutrina do pensamento transcendental, que mais tarde foi registrada nos *Upanishads* (protótipos dos discursos platônicos e herméticos), e que acentuava a identidade essencial da alma individual e da Alma Universal. A ênfase principal era dada à "libertação" do indivíduo da escravidão aos padrões biopsíquicos da existência instintiva e social daqueles dias; da escravidão ao sexo, à cobiça, à cólera – e da escravidão aos rituais rígidos de uma sociedade altamente organizada e planejada, controlada pela casta brâmane.

Todavia, ocidentais e orientalistas treinados no pensamento cristão não conseguem, geralmente, apreender a significado pleno do transcendentalismo hindu conforme ele existia antes da perversão e da devoção quase insana da era medieval (principalmente entre 200 e 1400 d.C.). Os Filósofos da Floresta, de 2000 ou 1000 a.C., eram homens que tinham *cumprido* todos os deveres da vida social e que, no último período de suas vidas, quiseram preparar-se *para morrer significativamente e em plena consciência*, para que assim uma vida social produtiva fosse trazida para uma consumação conscientemente individualizada e espiritualmente válida. De acordo com a concepção deles, esta consumação era a "semente" que determinava a reencarnação futura na Terra, depois de um período de retiro num estado de existência puramente subjetivo. Neste sentido, a personalidade era conquistada na morte – naquela "semente individual de consciência", na qual a colheita de uma vida de realização na Terra misturava-se com a essência espiritual do *Self* imortal, *atman* – imortal porque inerentemente ligada ao *Self* Universal, *Brahman.* Mais tarde, todavia, desenvolveu-se a idéia de que esta "grande transição" podia ser feita sem a desintegração do corpo físico. O momento-semente da consumação da vida (normalmente por ocasião da morte) poderia ocorrer em qualquer época depois de ter sido atingido um determinado grau de maturidade pessoal. *Desde então, aprender a morrer estando ainda vivo tem sido a essência de toda a doutrina espiritual.*

Na Índia, o relacionamento do Mestre espiritual (o *guru*) com os seus poucos discípulos (o *chelas*) era completamente pessoal (ou, antes, deveríamos dizer "transpessoal"). Para o chela, o guru representava uma personalização de Deus – e, por outro lado, Deus freqüentemente era chamado, pelo menos em um dos seus aspectos, de *Mahaguru*, o Grande Mestre. O que o guru pretendia fazer, basicamente, por seu chela era:

1) Despertar, no maior grau possível (sob controle e dentro dos limites da segurança fisiopsicológica), as forças *genéricas* e *coletivas* do organismo do chela, podendo este chela manter, ao mesmo tempo, uma consciência clara e objetiva dessas forças e também do seu próprio eu; em outras palavras, despertar o homem (na plenitude da sua qualidade humana) no homem individual particular, sem que este último explodisse sob a erupção de conteúdos inconscientes dentro da sua consciência. Este processo normalmente é muito lento. Na concepção hindu, ele se prolonga por muitas vidas. Entendia-se, porém, que o treinamento especial na yoga, sob a supervisão de um guru, era um atalho – um atalho perigoso mesmo sob as melhores condições possíveis, mas que poderia levar à maior realização que uma pessoa possa desejar.

2) Durante esse processo, era obrigatória a liberação de uma grande quantidade de energia negativa, e era tarefa do guru absorver, reorientar e controlar esta energia, que, se deixada sem controle, na maioria dos casos, levaria à desintegração pessoal, à insanidade ou à morte. Em resultado, o chela podia alcançar um estágio de "libertação" do seu próprio passado e do passado da sua raça (*karma*).

3) No final do processo (ou pelo menos de uma fase dele, pois num sentido este processo é cíclico e muito longo), o guru devia atuar como uma espécie de "catalisador" espiritual que permitia a ocorrência de uma reação básica psico-espiritual na personalidade total do chela. Entendia-se que isto envolvia uma misteriosa transferência de força espiritual e era representado ou focalizado pelo guru dando ao seu chela um "Nome Secreto" – seu "passaporte" no reino espiritual.

Estas parecem ter sido (por baixo de um véu de simbolismo muito complexo) as três fases básicas do processo de metamorfose humana. Durante este processo, o chela era levado à experiência daquilo que equivalia à morte, mas também a uma conseqüente reintegração de energias baseada na qual era constituída uma nova personalidade polarizada pelo espírito. O guru desempenhava um papel essencial e indispensável neste processo. Ele não somente o tornava relativamente seguro – desde que tudo corresse bem; mas unicamente ele podia dar ao chela uma certa coisa – uma centelha ou semente de divindade – que era necessária para o sucesso da transformação. Ele também era o elo entre o chela e a longa "corrente" de mestres espirituais que o haviam antecedido, unindo assim o chela a uma Companhia eterna na qual uma pessoa é como todas e todas estão focalizadas em uma. O conceito de personalidade assume uma nova dimensão em termos da participação do homem em tal Companhia. Ele inclui tudo o que veio antes numa linha de atividade espiritual – semelhante, no nível do espírito consciente, à síntese misteriosa que ocorre no óvulo fecundado dentro do útero da mãe, quando um embrião se une à interminável linha dos seus ancestrais físicos, que vivem nele uma vez mais.

O antigo conceito de educação para a personalidade era expressado através de uma vasta coleção de mitos e símbolos; e ele lida, decididamente, com poderes espirituais e energias biopsíquicas. O chamado "ocultismo", que herdou estas representações mitológicas e estas alegorias alquímicas, lida essencialmente com o "reino de forças" – que não é exatamente um reino físico, mas que não obstante opera *através* do organismo biopsíquico do homem – portanto, através da personalidade na sua natureza dinâmica. O iogue não está interessado no corpo como uma massa de carne e ossos (às vezes levando este desinteresse até um extremo insensato), mas sim nos poderes genéricos (também chamados "astrais") inerentes à natureza humana e, desse modo, latentes em toda a pessoa normal.

Para o psicoterapeuta moderno do tipo de Jung, o corpo humano é uma parte integral da personalidade total, mas não carrega em si o foco principal de atenção, exceto na qualidade de base orgânica da "energia psíquica" e na qualidade de base comum para as ações ou reações recíprocas entre seres humanos. A maioria dos psicoterapeutas não trata de doenças físicas, exceto na medida em que estão diretamente relacionadas com estados psíquicos, e deixa todos os casos graves para o psiquiatra. Dificilmente pode haver qualquer processo real de educação para a personalidade quando uma doença física definida ou uma anomalia aguda é um problema não solucionado. Nos tempos antigos, a saúde orgânica perfeita era um requisito essencial para qualquer treinamento espiritual e oculto. Hoje em dia esta ênfase não tem quase a mesma validade – quanto menos saúde, mais a mente se individualizou e se tornou independente das atrações físicas e emocionais. Não obstante, mesmo no sentido moderno, a educação para a personalidade é um processo ainda tão sério e relativamente perigoso que a má saúde acentua, na maioria dos casos, o elemento de perigo.

Uma série típica de afirmações, feitas por C. G. Jung, concernentes ao desenvolvimento da personalidade, pode ser encontrada no último capítulo do seu livro *The Integration of the Personality*; como o livro (que trata principalmente da correspondência entre idéias alquímicas e psicológicas) não é fácil de ser lido, citarei algumas passagens significativas:

> Ninguém que não tenha personalidade pode educar-se para desenvolvê-la. E não a criança, mas somente o adulto pode atingir a personalidade como o fruto maduro das realizações de uma vida que é orientada para este fim. A conquista da personalidade é nada menos que o melhor desenvolvimento possível de tudo o que há num ser particular, separado. É impossível prever qual será o número infinito de condições que devem ser preenchidas para produzir isto. É necessário todo o tempo de uma vida humana inteira, em todos os seus aspectos biológicos, sociais e espirituais. Personalidade é a compreensão mais elevada do caráter distintivo inato do ser vivente individual. Personalidade é um ato de enorme coragem em face da vida e significa a afirmação incondicional de tudo o que constitui o indivíduo, a mais bem-sucedida adaptação às condições universais de existência humana, com a maior liberdade possível de decisão pessoal. A mim parece que educar alguém para *isto* não é um assunto simples. É, certamente, a tarefa mais pesada que o mundo espiritual de hoje resolveu enfrentar. E é, de fato, uma tarefa perigosa.
>
> Ninguém desenvolve a sua personalidade porque alguém lhe disse que seria útil e aconselhável que fizesse isso... Nada sofre uma mudança sem necessidade, muito menos a personalidade humana. Ela é imensamente conservadora, para não dizer inerte. Somente a necessidade mais aguda é capaz de despertá-la... O desenvolvimento da personalidade do seu estado embrionário para a consciência plena é ao mesmo tempo um carisma e uma maldição. Seu primeiro resultado é a separação consciente e inevitável, do ser individual, do rebanho indiferenciado e inconsciente. Isto significa isolamento, e não há palavra mais confortante para isso... Também significa fidelidade à lei do nosso ser... a menos que o indivíduo escolha o seu caminho conscientemente e com decisão moral consciente, a personalidade jamais poderá desenvolver-se... A verdadeira personalidade sempre tem vocação e acredita nela, é fiel a ela como é fiel a Deus, a despeito do fato de que é apenas, como diria o homem comum, um sentimento de vocação individual. Esta vocação, porém, age como uma lei de Deus, da qual não há meio de fugir. O fato de que muitos se arruínam seguindo seus próprios caminhos não significa nada para aquele que tem vocação.
>
> *Ter vocação* quer dizer, no sentido original, *ouvir uma voz que lhe fala...* Mesmo neste estado social inconsciente, o fato de ser chamado pela voz individual não acontece apenas a uns poucos, e a partir daí eles são imediatamente diferenciados dos outros e se sentem confrontados por um problema que os outros desconhecem... A voz interior é a voz de uma vida mais cheia, de uma

consciência mais ampla e compreensiva. É por isso que, na mitologia, o nascimento do herói ou o renascimento simbólico sempre coincide com o nascer do Sol; o desenvolvimento da personalidade é sinônimo de um aumento de percepção.

> À medida que todo o indivíduo tem a sua própria lei de vida inata, é possível, teoricamente, para todo o homem seguir esta lei diante de todos os outros e, desse modo, tornar-se uma personalidade – isto é, alcançar a integração perfeita... Somente o homem que é *conscientemente* capaz de afirmar o poder desta vocação, que o confronta desde o seu íntimo, torna-se uma personalidade; aquele que não resiste ao confronto torna-se uma vítima do fluxo cego de acontecimentos e é destruído.
>
> À medida que um homem é infiel à sua própria lei e não se mostra à altura da personalidade, ele traiu o significado da sua vida. Felizmente, na sua bondade e paciência, a natureza jamais colocou a pergunta fatal, concernente ao significado das suas próprias vidas, na boca da maioria das pessoas. E onde ninguém pergunta, ninguém precisa responder.

Embora não cuidem pormenorizadamente do "como" do desenvolvimento da personalidade, estas citações resumidas deverão, de qualquer modo, ajudar a situar o problema do ponto de vista psicológico moderno. Os avisos dados por Jung com respeito à seriedade deste problema são repetidos por Kunkel. Eles são um eco das advertências colocadas em termos ainda mais fortes e mais terríveis pelo ocultista, pelo teosofista ou até mesmo pelo maçom, que também (de maneira diferente, porém relacionada) lidam com este problema central de toda a vida humana; o nascimento de uma personalidade integral na qual o espírito individualizado (anunciado pela "voz interior") encontra e se une com a florescência da vida biopsíquica e sócio-cultural. Kunkel escreve:

> Sem necessidade urgente, ninguém deverá ser induzido a entrar neste turbilhão de criatividade e espiritualidade. Se você tem permissão para ficar onde está, é melhor que fique. Nenhuma curiosidade, nenhum propósito científico, nenhum dever moral dá a você o direito ou até mesmo a possibilidade de atravessar o purgatório da Psicologia Profunda... Quais são as exigências mínimas para aqueles que querem fazer esta tentativa? Do lado religioso, duas coisas são necessárias. Primeiro, a crença ou pelo menos a suspeita de que há ou poderá haver – conforme William James colocou a questão – "uma ordem invisível, e que o nosso bem supremo reside em nos ajustarmos harmoniosamente a ela". Segundo, a certa tolerância em relação a Deus, que significa a nossa disposição de permitir que Deus seja como Ele quer ser e não como nós esperamos que Ele seja, de acordo com as nossas próprias

concepções, teologias e credos (e nossa interpretação da Bíblia, que pensamos ser a única interpretação certa). Devemos dar a Ele a chance de nos ensinar alguma coisa nova sobre Si mesmo. No lado psicológico, precisamos de uma certa quantidade de sofrimento pessoal, conforme já assinalamos; e uma certa disposição para admitir que alguma coisa poderá estar errada na nossa estrutura interior. Se estas quatro exigências ainda não foram preenchidas, devemos esperar. Não há pressa, pois a situação interior estará melhor preparada quando começarmos alguns anos mais tarde. E nunca é tarde demais (*in Search of Maturity*, p. 234).

Por que estes avisos? Porque no processo do despertar que segue, ou o contato com um verdadeiro guru, a primeira consulta com um psicanalista, ou a entrega de si mesmo à "voz interior", todas as energias tenebrosas do inconsciente tendem a ser libertadas. Tudo – bom ou mau – é estimulado quando procuramos alcançar uma consciência mais plena. E desde que normalmente conseguimos dar um jeito, com bastante sucesso, de ignorar as lembranças dos fracassos ou talvez de pensamentos ou ações malignas existentes dentro da nossa personalidade total (empurrando-os de volta para o nosso inconsciente), geralmente eles são os primeiros a aparecer. Isto poderá levar a uma sensação de pânico – até mesmo ao confronto com o medonho "Habitante do Umbral", graficamente representado no *Zanoni* de Bulwer Lytton. Todavia, desgraçado daquele que recua horrorizado e tenta reverter o processo de crescimento! Homem algum pode, com segurança, "deseducar-se". Uma vez que a porta do inconsciente tenha sido deliberadamente aberta, uma vez que o chamado da "vocação" interior tenha sido respondido, o único caminho é para a frente.

Este não é um assunto somente para os psicólogos. Na verdade, é hora dos astrólogos perceberem que eles também, conscientemente ou não, lidam com energias vitais e com poderes inconscientes, *quando cada um começa a encarar sua própria vida em termos do mapa de nascimento*; e, igualmente, quando assumem a responsabilidade de dar uma orientação psicológica a outras pessoas – clientes ou amigos. Do ponto de vista junguiano, o mapa de nascimento pode ser considerado um "arquétipo do inconsciente". É uma gravação visível da voz interior – daquilo que Deus lavrou para nós como um projeto daquilo que podemos (portanto *devemos*) vir a ser. Considerar com seriedade este esquema – este

Nome simbólico da nossa personalidade realizada – dar a ele uma importância decisiva na nossa vida cotidiana; conhecer a nós mesmos como uma incorporação concreta da sua harmonia estrutural – isto constitui, de fato, um passo por demais sério, extremamente vital e irreversível.

Dando este passo, precipitamo-nos sobre nós mesmos como sombras individuais e também como luz. O que quer que esteja indicado no nosso mapa de nascimento *torna-se mais fortemente enfatizado do que antes na nossa vida real.* Sofremos mais. Experimentamos camadas mais profundas de nós mesmos. Encontramos o medo de uma maneira nova. Passamos a ser mais do que somos potencialmente, em todas as direções. Isto jamais deverá ser esquecido por qualquer um que deseje palmilhar o caminho astrológico (ou psicológico) de educação para a personalidade. Fazer isso sem estar preparado ou mesmo sem ter consciência daquilo que está em jogo, é cortejar a possibilidade de catástrofe interior e, também, de fracasso exterior.

13 *Abordagem Astropsicológica da Auto-educação: A Auto-educação e Seus Perigos*

No antigo sistema de educação para a personalidade através da *yoga* e também na prática moderna da psicoterapia e psicossíntese, é dada uma grande importância à parte desempenhada pelo Mestre e Guia espiritual – ou o psicólogo – no processo de "libertação" da escravidão ao passado, de "assimilação" dos conteúdos do inconsciente genérico e coletivo e de "união" com a Fonte espiritual, ou Eu. Há várias razões, em diferentes níveis, porque se acredita que a educação para a personalidade requeira um educador – um que "conduza" (*e-duco* significa "conduzir"). Por outro lado, também é evidente que se o número de indivíduos potencialmente capacitados e preparados para entrar no caminho do desenvolvimento *consciente e responsável* da personalidade é muito grande, o problema de encontrar "educadores" adequados em número suficiente também se torna muito grande, pois tal tipo de educador ou Guia pessoal requer capacidades espirituais, um profundo senso de responsabilidade e um poder de compreensão e compaixão deveras raro na nossa era, ou em qualquer era. E, como disse Jung: "Ninguém que não tenha personalidade pode educar para conquistá-la."

Em conseqüência, muitos psicólogos – especialmente o Dr. Fritz Kunkel – procuraram formular princípios e métodos por meio dos quais a auto-educação para a personalidade torna-se um processo possível e não muito perigoso. O valor da astrologia é particularmente grande neste campo de auto-educação – muito embora o uso da astrologia, no sentido da conquista consumada de uma personalidade madura e criativa, nunca esteja livre de perigos e armadilhas. Uma idéia melhor dos obstáculos em potencial, existentes no caminho da auto-educação através da astrologia, pode ser obtida através da discussão de Kunkel a respeito destes obstáculos do ponto de vista daquilo que ele chama de "auto-educação religiosa", desde que também se entenda que seu ponto de vista talvez enfatize exageradamente o elemento dramático.

O primeiro obstáculo é a *egocentricidade do motivo* que leva a pessoa a empreender um processo consciente e autodeterminado de educação para a personalidade. De acordo com Kunkel, "o motivo deve ser pessoal, mas não egocêntrico. A personalidade madura e desprendida deverá ser a meta", pois "Deus quer a pessoa, mais do que a causa" (seja a última social, moral ou religiosa). "O motivo ideal" é "a própria ordem de Deus, a voz que disse a Jonas para ir a Nínive, e a Jesus para ir ao deserto a fim de ser tentado. Hoje em dia, porém, nós somos um tanto surdos, ou confundimos o despertar de algum desejo egocêntrico inconsciente com a voz do Senhor... Felizmente, Deus usa muitas linguagens... A linguagem que nós entendemos melhor é a do sofrimento... O sofrimento deverá nos dar a percepção do fato de que há um objetivo mais elevado e que há mais sofrimento reservado para nós se não conseguimos alcançar este objetivo... O ponto decisivo é que a meta da nossa auto-educação não deve ser uma idéia arbitrária acerca daquilo com que desejamos nos igualar. Ela tem de ser a própria meta da história humana, a vontade de Deus".

Em outras palavras, a meta da auto-educação é passarmos a ser plena e conscientemente, como uma pessoa individualizada, aquilo que somos potencialmente como uma idéia ou um plano na Mente Divina. É cumprir a lei do nosso ser individual, da nossa vocação; é encontrar o nosso lugar individual no universo e na humanidade. Ou como rezavam os preceitos místicos da Antiguidade: "Conhece a ti mesmo" e "Torna-te aquilo que és". A maneira essencial de alcançar esta meta é "cooperar com a vida" (Kunkel), "descobrindo qual poderá ser o passo desejável, a reação criativa, em cada situação dada". Se assim for, então, obviamente, o valor da astrologia é de grandeza incalculável, pois o mapa de nascimento expressa simbolicamente a lei individual do ser – portanto, aquilo que "somos" fundamentalmente. Estudando-o, podemos "conhecer a nós mesmos". Determinando cuidadosamente e meditando sobre as nossas progressões e trânsitos astrológicos, levantando mapas horários para descobrir "o passo desejável em cada situação dada", nós conseguiremos cooperar com a vida de uma forma consciente e numa compreensão profunda do significado de cada confronto com a vida.

Kunkel não se refere à astrologia no seu livro, mas os "obstáculos sérios" que ele diz que existem no caminho de tal cooperação aplicam-se, igualmente bem, a quem quer que use a astrologia como uma técnica de auto-educação.

> Diz-se que, analisando a nós mesmos, vamos ficando ainda mais egocêntricos. A introspecção nos leva a todas as espécies de vaidade, até que, no fim, nossa ocupação principal consistirá em escrever um diálogo e nosso interesse principal residirá em nos tornarmos um caso mais excepcional. Isto é verdade, se o motivo original foi excessivamente egocêntrico. Mas se a insônia ou os problemas matrimoniais oferecem o incentivo, certifique-se de que suas dores e mágoas impedirão que você se torne um caso interessante. Em conseqüência, será melhor esperar até que a situação seja suficientemente desagradável.

Em outras palavras, a menos que haja um anseio impetuoso, nascido de uma situação intolerável na vida ou de um descontentamento íntimo, de encarar a si mesmo sem ajuda e vencer e morrer, *existe* realmente o perigo de que um estudo prolongado das nossas reações e problemas psicológicos possa levar a uma "cãibra na consciência" – para usar a esplêndida frase de Jung – muito pior do que jamais ocorreu antes. Eu aduziria que não é somente contra o egocentrismo (no sentido usual) que é preciso estar defendido; mas também contra um enrijecimento das estruturas da consciência, uma "ego-ite" (inflamação do ego!) provocada por uma focalização excessivamente subjetiva e rígida dos problemas da vida.

O perigo é um tanto diminuído pelo contato com um bom psicólogo e, especialmente, com um verdadeiro guru, pois através deste contato o indivíduo toma parte numa vida mais ampla do que a sua própria vida e mesmo enquanto está concentrado na sua própria vida. Seus problemas e seus sonhos são ampliados e universalizados e passam a ter um quadro de referência muito maior através da interpretação do Mestre e Guia. Eventualmente, o estudante aprende a ver-se através dos olhos do Mestre; e esta objetivação extraordinariamente valiosa do seu ego, por meio de uma identificação temporária com um Mestre sábio e compassivo, está faltando onde há apenas auto-educação.

As únicas alternativas para um Mestre vivo, com quem se pode trocar pensamentos e correntes de sentimentos, são uma Personagem espiritual ideal (Cristo ou um Mestre) que passa a ser uma valiosa pedra de toque objetiva, tão real é a crença do estudante naquilo que ele representa, ou o Céu astrológico – *também uma personificação ideal (de caráter mais abstrato) da ordem universal e da inteligência divina*. O perigo aqui é construir um "ídolo" *e usá-lo para substituir a realidade viva*. Este é um perigo grave para o estudante de astrologia, excessivamente dedicado, que relaciona cada vez mais suas experiências e seus pequenos problemas com o seu mapa de nascimento e com progressões – ou levanta constantemente mapas horários antes de fazer qualquer coisa. Comportar-se desse modo é substituir uma *imagem* externa de valor pela própria *experiência* interior do valor. É ficar na mais absoluta dependência de um símbolo que substitui a realidade viva.

Assim como nenhum psicoterapeuta ou Mestre espiritual verdadeiro aprovará ou encorajará tal atitude de dependência dele no seu cliente ou no seu pupilo, assim também os mapas astrológicos devem ser usados no processo de educação para a personalidade: principalmente ou unicamente como uma "corte de apelação" convocada para solucionar uma questão especialmente confusa sem precedentes fidedignos ou conhecidos. Nenhum ser humano deve fazer a Deus uma pergunta que ele mesmo pode responder sinceramente. O que ele deverá fazer, todavia, é estabelecer em si mesmo um quadro de referência ao qual possa, quase automaticamente, relacionar o problema para obter uma amplificação e uma elucidação objetiva, de modo que esse problema possa ser visto *sub specie aeternitatis* – isto é, em termos da disposição ordenada de todos os ciclos de vida, grandes ou pequenos (uma "eternidade" sendo, em termos concretos, nada mais do que um ciclo completo).

O Dr. Kunkel catalogou um obstáculo ainda mais sério para a conquista vitoriosa da meta da auto-educação psicológica: a integração da personalidade total. E aqui nós chegamos ao conceito, bastante confuso, daquilo que Jung chamou de a Sombra. No princípio o conceito parece muito óbvio, mas de algum modo ele é posto fora de foco ao ser relacionado, se não identificado (pelo menos por Kunkel e por muitos psicólogos junguianos), com o controvertido e ambíguo conceito do "mal". Conforme o Dr. Kunkel viu a questão, a integração da personalidade

> ... significa a aceitação e assimilação de conteúdos inconscientes, tais como desejos reprimidos e capacidades não desenvolvidas, na nossa mente consciente. Como podemos fazer isto? Nosso ego não quer ver as coisas que poderiam destruí-lo. Sua resistência contra a conquista do inconsciente é uma

luta pela sobrevivência. Somente um assistente objetivo, um psicólogo, um padre confessor moderno, pode vencer esta resistência.

Resposta: Isto seria verdadeiro se houvesse apenas um mal, uma Sombra, uma treva. Mas o mal é sempre multiforme; e suas diferentes formas são contraditórias e antagônicas. Com o tempo a Sombra, irritabilidade por exemplo, aumentará até um ponto em que você se identificará com as tendências dela: "Eu estou furioso!" e então você repudiará e condenará seu antigo ego, a suavidade e a enfatuação do pseudocristão. O ego e sua Sombra são igualmente malévolos; lançando um a culpa sobre o outro, eles trazem à luz horrores ocultos. Todos os nossos desvios e possibilidades inconscientes irão tornar-se conscientes se começarmos a esbravejar contra nós mesmos – o que é o próprio significado da palavra "crise". Tudo o que precisamos, além de sofrimento, coragem e paciência, é uma boa, simples e clara psicologia do inconsciente; uma zoologia, por assim dizer, que nos ensine a lidar com os animais do nosso zoológico inconsciente. Então a nossa coragem se transformará em fé e, finalmente, seremos capazes de enfrentar os leões na cova de Daniel. Quanto menos fé você tem, mais forte é a sua resistência inconsciente, e vice-versa.

A resposta – baseada como está na definição de ego, um tanto questionável, do Dr. Kunkel – deixa muitos pontos sem solução. Acima de tudo, ela não diz o que aquele que procura alcançar a integração perfeita da personalidade fará quando se encontrar frente a frente com as energias despertadas do seu inconsciente genérico e coletivo, os monstros vingativos que suas repressões e medos engendraram nas suas profundezas psíquicas, toda a treva que a sua busca da luz evocou por uma reação compensadora inevitável. Em muitos casos, esta reação das raízes tenebrosas da psique poderá não ser tão vigorosa que não possa ser controlada, mais ou menos conscientemente, pelo viajante solitário que percorre o caminho da auto-educação. Em muitos outros casos, porém, os confrontos poderão ser absolutamente aterradores. É necessária uma ação espiritual neutralizadora vinda de uma pessoa que não somente seja um símbolo de luz e sabedoria para o explorador perplexo, mas que possa realmente exercer o *poder* da luz e seja capaz de canalizar e focalizar a "Graça divina" – e dentro em pouco discutiremos o significado de "Graça" no sentido oculto-místico (como no Sufismo) e também nas tradições religiosas.

O principal problema que encontramos refere-se, portanto, à natureza da Sombra – uma versão junguiana das "Forças tenebrosas" do ocultista. Jung declara que "o encontro do indivíduo consigo mesmo é o encontro com a sua Sombra". Frances Wickes, em *The Inner World of Man*, diz mais:

> A Sombra pessoal é o lado negativo da consciência do ego. Ela se volta em direção do sombrio desconhecido, obscurece e confunde as opções do nosso ego. Ela também contém o vigor das forças tenebrosas, necessário à nossa vida. Ela tem a intuição negativa.

A natureza da Sombra pode ser entendida de uma forma abstrata, através da compreensão de que o ego é uma estrutura e de que qualquer estrutura (ou forma) divide o mundo naquilo que existe dentro e naquilo que existe fora dessa estrutura. O consciente é o conteúdo interior da estrutura-ego; o inconsciente é a escuridão exterior. A Sombra é o resultado do cruzamento do umbral, saindo do aposento iluminado do ego para a treva exterior. Quando o indivíduo volta as suas costas para os domínios iluminados, ele descobre que a escuridão exterior é como um "espelho negro" (igual aos que os pintores têm usado para obter um senso de plástica e de valores de sombra e luz sem a fascinação das superfícies coloridas). Este espelho negro reflete a forma do ego, menos a luz e o encanto dos costumeiros sentimentos conscientes que o indivíduo tem a respeito de si mesmo. Esta forma é a Sombra – uma imagem dura, friamente objetiva, inamistosa e desumana daquilo que o torna "diferente" de todo o mundo, que o isola e o impele a seguir uma estrada particular e solitária como o resultado *kármico* de frustrações, temores e más ações do passado. Quando vemos, com clareza e sem paixão, aquilo em que o nosso ego se tornou em conseqüência de ficar aprisionado dentro de paredes construídas por nossa insegurança e nosso medo, percebemos então que ele se transformou na Sombra; e essa pode ser uma experiência que restaura o bom-senso e que, em alguns casos, pode ser assustadora.

Esta é uma experiência quase inevitável no processo de educação para a personalidade, porque não pode haver integração e consumação da personalidade sem a eventual assimilação dos poderes que estão fora das muralhas que rodeiam a estrutura do nosso ego, visto que eles pertencem à natureza humana e à vida universal. Como, então, fazer com que a experiência se torne suportável e relativamente segura? Por meio da "projeção" desta Sombra sobre uma outra pessoa, que a absorve sem reagir a ela de uma maneira sombria e de uma forma ainda mais intensa e destrutiva. Essa outra pessoa só pode ser um psicólogo autêntico e um Mestre espiritual. Em outras palavras, se, quando aquele que pretende ser uma personalidade madura abre a porta que leva para a escuridão exterior do inconsciente, em vez de não ver nada além de um espelho negro que lhe mostra a sua Sombra, vê a imagem do seu Mestre, ele então "projeta" a Sombra sobre o Mestre – fica zangado com ele, lança sobre ele a culpa de qualquer coisa que aconteça, talvez até mesmo o veja como um traidor. Esta poderá ser uma experiência trágica, freqüentemente citada como "transferência" psicológica, contudo, não é tão assustadora quanto seria a experiência de encontrar o "mal" personificado como o nosso próprio ego. A experiência seria desastrosa se o Mestre, sem percepção do que estava ocorrendo, reagisse encolerizado contra a projeção e projetasse a imagem maligna de volta sobre seu discípulo – e é exatamente isto que acontece sempre que alguém projeta sua Sombra sobre qualquer pessoa menos espiritualizada, menos compassiva e mais facilmente excitável (um amigo ou cônjuge, por exemplo). Mas, o verdadeiro Mestre compreende; e devolvendo amor (ou até mesmo impaciência) em vez de mal, ele dá ao seu discípulo a possibilidade de se acostumar *gradualmente* e a não ter medo do velho (em termos de reencarnação) mal, ou, o que é mais normal, do egoísmo que modelou o ego desse seu discípulo. O discípulo passa a aceitar aquilo que ele é como um ego, sem se sentir muito abatido ou muito amedrontado; então – no devido tempo – ele é capaz de ver, além desta Sombra, o semblante do seu verdadeiro *Self*, no qual (de acordo com o conceito do *Self* de Jung) o consciente e o inconsciente complementam um ao outro, do mesmo modo que o exterior de qualquer forma complementa o interior dela.

Este drama misterioso entre discípulo e Mestre espiritual era simbolizado por um "sacrifício" em alguns rituais religiosos antigos. O Mestre dava ao discípulo uma faca consagrada com a qual o discípulo tinha que apunhalá-lo, simbolicamente, até a morte; e o "poder" mágico do Mestre entrava na alma do discípulo que, desse modo, tornava-se um "iniciado". Este tema do sacrifício não é encontrado somente em velhas religiões (particularmente a hebraica), mas também é, na verdade, a própria substância do conceito da Expiação do Cristo através da Crucificação. O que isto significa, falando num sentido psicológico, é que o Cristo colocou em foco, na Sua pessoa, todos os poderes do inconsciente de uma humanidade aprisionada pelo exclusivismo racial-pessoal inerente ao velho estado tribal de cultura e religião, na época em que esta humanidade já estava *preparada, coletivamente*, para iniciar a sua "educação para a personalidade". Portanto, Cristo desceu aos "infernos" e "redimiu" o antigo mal coletivo da humanidade – isto é, deu às pessoas a possibilidade de enfrentar com mais segurança a imagem dos seus pecados ancestrais de separação e orgulho, e assimilá-los, eventualmente, com absoluta consciência. Nesse sentido, Cristo é o Mestre espiritual do Homem coletivo. Em Seu nome, o "Habitante do Umbral" *coletivo* da humanidade é subjugado potencialmente. Cabe, porém, ao *indivíduo* que procura a integração e o amadurecimento da personalidade, emular o Cristo; tomar a Sua cruz, segui-Lo aos "infernos" e ser ressuscitado; vencer a Sombra absorvendo-a em nome de Cristo – por meio do poder da Graça divina, do Espírito Santo da Verdade e da Compreensão que, segundo a tradição cristã, desceu sobre os Apóstolos por ocasião do Pentecostes.

Nos casos comuns, a experiência da Sombra não é tão aterrorizante como foi descrita em algumas novelas ocultas, pela simples razão de que a maioria das pessoas abre a porta do seu inconsciente com muita hesitação e fecha-a de novo quando dão a primeira espiada na treva que há além dela. Isto é autoproteção e também é falta de coragem e de fé. Neste caso, a Sombra é, em regra, estritamente "pessoal"; isto é, está limitada aos domínios daquilo que Jung chama de "inconsciente pessoal", à parte do inconsciente coletivo. O primeiro lida apenas com toda e qualquer negatividade que o indivíduo tenha acumulado (através do medo, da frustração, da cólera, etc.), desde o seu nascimento; mas o último é formado pela negatividade de todo um povo ou uma raça, de uma família inteira, ou de uma longa série de "vidas" (caso se acredite na reencarnação da "centelha divina" dentro de uma série de personalidades). Quando o mal que o discípulo encontra no umbral está enraizado no antigo fracasso coletivo, então o confronto poderá ser realmente trágico. Mas é difícil que isso aconteça de uma maneira individualizada, exceto no caso de almas fortes e audaciosas que se vêm, ao mesmo tempo, ligadas a transcendentes forças de luz. Então, a pessoa do indivíduo se transforma num campo de batalha e a principal tarefa dele é permanecer firme e ter uma fé lúcida, deixando que Deus dentro dele seja o guerreiro – conforme é dito no *Bhagavad Gītā*.

Também poderá acontecer, é claro, que uma pessoa seja forçada a enfrentar a Sombra corporificada, não como um indivíduo mas antes como um membro de uma nação, de uma classe social ou de um grupo religioso. Ele poderá ser um judeu torturado num campo de concentração nazista pelo simples fato de ser um judeu, ou um membro do movimento secreto de resistência francês que foi compelido, por seu senso de valor espiritual coletivo, a enfrentar o mal concentrado de uma nação invasora que tinha se dedicado coletivamente à Sombra. Nestes casos, o indivíduo se vê diante do desafio de desenvolver o seu próprio poder de resistência e oposição contra uma assustadora pressão coletiva, de encontrar a sua própria luz por meio de uma estimulação intensa do desejo de vencer. Toda a vez que tais confrontos com um mal mais do que pessoal são experimentados, falando num sentido astrológico, Netuno e Plutão estão fortemente ativos. O total deste século, chamado de século XX, é um notável caso ilustrativo, pois quando a série de anos de 1900 teve início (à meia-noite de 1º de janeiro de 1900) Netuno e Plutão (ainda amplamente conjuntos em Gêmeos) estavam se opondo, na 9ª casa, a uma massa de planetas em Sagitário (Júpiter, Urano, Mercúrio e Saturno), em Capricórnio (Sol, Lua e Marte) e no começo de Aquário (Vênus).* E como Plutão nessa época era desconhecido ainda, a ênfase *consciente*, pelo menos até 1930, foi colocada na força netuniana de dissolução — a dissolução da estrutura obsoleta do feudalismo e do imperialismo europeu dentro da mente intelectual (Gêmeos) do homem ocidental. Quando, em 1942, Urano veio ativar as posições de 1900 de Netuno e Plutão, soou a hora da liberação de novos poderes na humanidade (o poder atômico) e de uma nova visão em indivíduos que tinham enfrentado o desafio de Netuno e Plutão, em Gêmeos, *em seus próprios mapas de nascimento* (aqueles nascidos, aproximadamente, de 1888 a 1902).

O encontro comum com a Sombra, no caso do indivíduo comum que procura tornar-se uma personalidade amadurecida, deveria, porém, ser compreendido mais significativamente, não em termos de impressionantes confrontos netunianos e plutonianos, *que poderão não estar necessariamente relacionados com tais experiências de escuridão*, mas em relação

* Historicamente falando, pode-se dizer que o século XX só começou a 1º de janeiro de 1900; contudo, com a mudança numérica de 1800 para 1900 anos, a nova vibração 19 foi realmente posta em operação na consciência da humanidade em massa — que é o que importa na verdade.

à maneira do indivíduo abordar o seu próprio mapa de nascimento, os seus trânsitos e progressões. A *qualidade* particular desta abordagem caracteriza aquilo que o indivíduo *realmente é* como uma personalidade em processo de evolução e amadurecimento, porque expressa como o indivíduo é capaz de se orientar em relação ao seu próprio crescimento e ao processo de autodescobrimento. E, como já vimos, "o encontro com a Sombra é o encontro com nós mesmos" – *isto é*, com nós mesmos, *menos* os ornamentos adoráveis, as lisonjas, a pompa e as doces ilusões que foram construídas em torno do ego. Portanto, encontramos a Sombra sempre que somos forçados a encarar o duro desafio do orgulho ou de circunstâncias que destroem a felicidade, ou então de graves pressões interiores que impelem a questionar aquilo que tinha sido comodamente aceito como axioma. E, particularmente, na astrologia, isto significa: encarar os "maus" aspectos.

Com isso, estamos lidando com um fator básico na astrologia que, como regra, tem sido sistematicamente ignorado. Estamos lidando com o fato de que o estudo concentrado e dedicado do nosso mapa – e particularmente de configurações planetárias que em breve amadurecerão por meio de trânsitos e progressões – acaba *por forçar as potencialidades da vida individual levando-as para uma realização mais completa; portanto, intensifica o suposto "mal" assim como o suposto "bem" na personalidade do indivíduo*. E como os seres humanos normalmente são mais atingidos e reagem mais crucialmente ao "mau" do que ao "bom", se uma pessoa luta em busca do autoconhecimento por meio do estudo do seu mapa de nascimento, tendo uma fé intensa na validade da astrologia, este estudo leva, com muita freqüência, a uma intensificação dos confrontos *kármicos*. Isto é tal como deveria ser; pois esta intensificação de dor e de tragédia através da focalização do *Karma* é uma parte inevitável do processo de purificação e purgação (catarse) do ego. E este processo é a primeira manifestação do fato de que a "educação para a personalidade" está ganhando impulso e se tornando eficaz.

Conforme Jung escreveu, muito apropriadamente:

> O medo que a maioria dos seres humanos normais sente diante da voz interior [aquela que estabelece a "vocação" do indivíduo e leva ao processo de educação psicológica] não é tão infantil como se poderia supor... Aquilo que a voz interior traz para perto de nós geralmente é alguma coisa que não é boa, mas sim má. Isso tem de ser assim, primeiramente porque em geral

nós não somos tão inconscientes das nossas virtudes quanto somos nos nossos vícios, e depois porque nós sofremos menos por causa do bem do que por causa do mal.

No sentido mais apropriado e inequívoco da palavra, o caráter da voz interior é "luciferiano" e é por isso que ela coloca o homem face a face com decisões morais definitivas, sem as quais ele jamais poderia alcançar a consciência e tornar-se uma personalidade. Da forma mais inexplicável, o mais inferior e o mais elevado, o melhor e o mais detestável, o mais verdadeiro e o mais falso misturam-se na voz interior, que desse modo abre um abismo de confusão, ilusão e desespero (*The Integration of the Personality*, pp. 302-03).

No nosso mapa de nascimento nós podemos ver o equivalente astrológico da nossa "voz interior", pois o mapa constitui um registro simbólico (uma "assinatura") da nossa lei de ser individual, conforme ela foi projetada, pelo Grande Arquiteto do Universo, no céu do nosso nascimento, como um organismo vivo independente. O mapa de nascimento representa o estado do Todo universal numa forma individualizada. O indivíduo é essa forma. O seu mapa de nascimento é o hieróglifo da sua individualidade. Sua tarefa (*dharma*) é corporificar esta forma abstrata num organismo de personalidade concreto e sadio. Conforme Jung usou este termo, personalidade significa "consumação, perfeição, uma vocação realizada, começo e fim e percepção completa do significado da existência inato nas coisas". E compreender esse "significado da existência" inato exige que sejamos objetivos em relação a ele.

Ser objetivo em relação às coisas que apreciamos e ao nosso ego implica o processo de *separação* que, por seu turno, necessita (quase que inevitavelmente) de sofrimento e experiência do mal ou da contradição. O mal, conforme entendido na tradição européia, é o adversário de Deus. É Deus invertido ou negativado. O mal está perpetuamente colocado contra todos os valores estabelecidos e, portanto, estáticos – contra aquilo que normalmente consideramos como paz, lei e ordem, saúde e felicidade. Mas justamente porque nega o que é bom, o mal pode ser necessário para obrigar-nos a desistir do "bom" pelo "melhor".

Uma coisa boa infelizmente não é eternamente boa, pois se fosse assim não haveria nada melhor. Se o melhor deve vir, então o bom deve ser arredado. Foi por isso que Mestre Eckhart disse: "Deus não é bom, ou então Ele poderia ser melhor" (*The Integration of the Personality*, p. 304).

Justamente nas suas primeiras manifestações, o "Melhor" muitas vezes assume a aparência do mal porque é lançado fora da perspectiva correta e é distorcido pelo fato de ocorrer dentro de um quadro de referência inadequado. Isto produz medo nas mentes e nas almas ainda acorrentadas a este quadro de referência agora obsoleto; elas reagem violenta e insensatamente, dando assim um caráter de mal às primeiras manifestações hesitantes e rudimentares da coisa nova. De fato, a natureza maléfica de qualquer desenvolvimento novo da vida, *compatível com o crescimento humano*, é uma expressão da oposição e dos temores daquelas forças (na sociedade ou no indivíduo), cuja posição privilegiada depende da preservação da antiga ordem.

Na astrologia, esta oposição e a luta necessária para superá-la são representadas por quadraturas planetárias. Uma quadratura entre dois planetas ocorre a meio caminho entre a conjunção e a oposição desses mesmos planetas. Generalizando os nomes associados às fases da Lua (isto é, aos aspectos entre o Sol e a Lua), pode-se dizer que o tipo de quadratura do "primeiro quarto" [quarto crescente] (da conjunção para a oposição) representa uma recusa do ego e da vontade, que não querem ajustar-se aos resultados inevitáveis do novo início evolutivo que ocorreu quando os dois planetas estavam em conjunção. Por outro lado, o tipo de quadratura do "último quarto" [quarto minguante] (depois da oposição) representa a recusa da mente consciente de deixar-se fecundar pela nova visão que ocorreu durante a oposição (o tipo de iluminação "Lua cheia"). Estas recusas atingem um clímax na época dos aspectos de quadratura, e este clímax libera uma Sombra, uma vez que o passado, então, já cristalizado, bloqueia obstinadamente a nova vontade ou a nova luz, gesticulando contra o inevitável (embora, por infelicidade! amiúde tragicamente retardado) triunfo do Poder criativo no indivíduo ou na sociedade. A única maneira de dissipar esta Sombra e o medo que ela inspira é absorver e assimilar o Poder criativo que é Luz. Isto é "teossíntese" – um processo que é o núcleo vital de qualquer auto-educação para a personalidade realmente verdadeira; que transmuta o medo em fé, as rajadas de tragédia em bênçãos da Graça que flui do coração dos seres divinos, nos quais a compaixão e a compreensão total tornaram-se a Lei irrevogável de suas naturezas.

14 *Abordagem Astropsicológica da Auto-educação: Do Todo Maior Para o Todo Menor*

De todos os grandes inimigos do homem, o maior é o medo. Nós já vimos como o medo surge no processo de desenvolvimento da personalidade, quando o indivíduo, que está amadurecendo, se vê confrontado pela Sombra lançada pela sua recusa de encarar construtivamente os desafios de uma nova ordem de vida e de consciência. Quando tais recusas se acumularam durante uma longa série de ciclos, numa determinada civilização ou num indivíduo de elevado desenvolvimento espiritual, o confronto com a Sombra pode, realmente, tornar-se cataclísmico; contudo, na vasta maioria dos casos individuais, o encontro com a Sombra é experimentado menos dramaticamente sob a forma de um medo um tanto incontrolável do desconhecido, fazendo com que nos esquivemos de dar o passo audacioso transpondo o umbral que, através da imensa escuridão do inconsciente, iria conduzir-nos até o reino dos misteriosos poderes coletivos e genéricos (ou "Arquétipos") – um domínio que, no *Fausto*, Goethe chamou de "reino das Mães". Estes poderes não individualizados, universalmente "humanos", ou até mesmo cósmicos, são de fato as "Mães" da personalidade individual eventualmente amadurecida; eles dão a esta última substância e energia, dão vida psíquica e mental. Antes, porém, que estes poderes possam operar realmente como "Mães" de qualquer personalidade individual, eles devem ser "impregnados" pelo espírito divino; pois, sem tal impregnação, a criação deles teria de permanecer espiritualmente informe e sem significado evolucionário – uma simples proliferação de substância psíquica multiplicando-se irracionalmente em direção à desintegração inevitável. A impregnação espiritual – a descida do Espírito criativo na alma consagrada ("Maria") – pode ser impedida pelo medo. O ego pode recuar ante a Visitação e trancar hermeticamente os portões das suas estruturas psíquica e mental. O "não acontecido" é, então, capaz de se tornar destrutivo. O "mal" é a Sombra do bem que não pode acontecer – o fantasma da nossa vida não vivida.

A prática devotada e zelosa (talvez excessivamente zelosa!) da astrologia na nossa própria vida muitas vezes tende a dar origem a um medo insistente, muito embora ilusório; o medo dos "maus" aspectos. Conforme já foi dito, o estudo apaixonado e concentrado do nosso próprio mapa de nascimento e das progressões deve *intensificar*, obrigatoriamente, o que quer que esteja contido no mapa. Ao ser focalizada conscientemente sobre as potencialidades que o mapa revela, a atenção da personalidade faz com que estas potencialidades sejam impedidas a se manifestar no plano real e com um vigor muito maior. Qualquer um que seja colocado sob a luz de refletores revela o que tem de melhor ou de pior! Luz é energia; consciência libera força. Ter consciência de uma possibilidade futura é ativar a vinda dela para um foco de manifestação. Todavia, o ponto essencial é que nenhuma possibilidade deste tipo inclui, como um fator fixo e predeterminado, o significado humano daquilo que ela será quando realizada. Qualquer possibilidade pode se tornar uma realidade positiva ou negativa. O *medo* tende a fazer dela uma manifestação negativa; a *fé* transforma-a num fato positivo. O medo, como uma primeira reação ou impressão, talvez não possa ser evitado; todavia, se o medo puder ser transmutado em *fé* antes que a potencialidade se torne uma realidade, nenhum mal poderá acontecer. Na verdade, é por meio das transmutações repetidas do medo de mudanças iminentes em fé, no espírito criativo de renovação, que a personalidade alcança poder e maturidade individual, pois alcançar a maturidade é ter *vencido* o medo da responsabilidade e o medo de se perder num *Self* muito maior. A força de um indivíduo é a força que ele *conquistou* sobre as energias rudimentares da natureza que estão sempre se precipitando fatalmente para baixo, numa queda abrupta ("entropia"). A verdadeira vida da personalidade é uma vida de vitórias sempre renovadas; não há vitórias *finais*.

Portanto, o problema principal da educação para a personalidade é a transmutação do medo em fé. Astrologicamente falando, isto significa a aquisição de uma atitude construtiva em relação aos nossos "maus" aspectos, e a qualquer configuração supostamente maléfica ou de infortúnio existente no nosso mapa de nascimento. Qualquer um que desenvolva ou acentue uma atitude negativa de medo com respeito a todo e qualquer tipo de tais fatores astrológicos, desperta, consolida e dá mais força à Sombra. "O encontro com a Sombra" é o encontro conosco mesmos – mas, se enfrentamos a nós mesmos com coragem e com fé no *Self*, a Sombra desaparece. Ela desaparece quando é *apanhada entre duas luzes; a luz da nossa coragem e o resplendor da Graça de Deus.*

Este princípio é fundamental em qualquer auto-educação válida. A única maneira de absorver uma sombra é – como todo o fotógrafo sabe – apanhá-la entre duas fontes de luz. Não aumente a intensidade de uma fonte, muito embora espiritual ou divina – note bem! Se Deus – ou qualquer grande "Mestre de compaixão" – aparecesse entre nós, a luz emanada por Ele iria gerar a mais negra espécie de sombra, a menos que todas as pessoas pudessem igualar, por assim dizer, suas luzes com a Dele. É por isso que todas as vezes Avatares (ou Manifestações) de Deus ocorrem na Terra (por causa de uma irrepressível *necessidade* evolucionária), eles imediatamente despertam uma poderosa inimizade pelo menos em alguns; eles levam os egos obstinados ao ódio irracional e à insanidade. Mártires tombam sob tormentos medonhos uma vez que, em confronto com a Luz divina, aqueles que se agarram desesperadamente aos seus antigos privilégios e aos seus ídolos culturais são impelidos, pelo próprio terror que esta Luz desperta neles, a praticar as ações mais tenebrosas. De acordo com as velhas doutrinas gnósticas, algum ser-Cristo deve sofrer e expiar por estas ações (assim como pelos fracassos dos discípulos que Ele aceitou), porque a negrura das ações está em proporção direta à brilhante intensidade da Luz. Por esta razão, nenhum personagem divino revelará sua luz àqueles com egos endurecidos, a menos que deva fazê-lo tendo em vista um propósito evolutivo e inteiramente humano, com pleno conhecimento dos efeitos trágicos de tal revelação e do sacrifício que ela exigirá dele.

Se, por outro lado, uma pessoa tem uma luz forte em sua própria alma, então essa luz deverá arder com mais brilho em resposta ao resplendor divino e, em conseqüência, a própria estrutura da sua psique torna-se translúcida e transfigurada. Esta capacidade de translucidez e transfiguração é a capacidade num indivíduo de assimilar a Graça divina (em grego *Charis*, origem de Caridade), aquilo que o místico Sufi chama de *baraka* do Mestre, ou que Sri Aurobindo define como força-Mãe. Este processo de assimilação deste derramamento de Graça proveniente do grande coração compassivo também pode ser chamado de processo de *teossíntese* – análogo ao processo vital que ocorre no reino vegetal e que é conhecido como "fotossíntese". A fotossíntese é o processo por meio do qual as folhas verdes de uma planta, sob o impacto de raios de luz, transformam quimicamente o dióxido de carbono e a água da atmosfera em açúcar e em compostos semelhantes ao amido (carboidratos), necessários ao crescimento da planta – e, indiretamente, ao crescimento de todos os animais que se alimentam de plantas. Através desta transformação química (e somente através dela!) a energia do Sol é "fixada" na planta, assimilada e posta à disposição para o sustento de toda a vida sobre a Terra. Esta é a função essencial do reino vegetal na economia da vida terrena.

Igualmente, há um outro elemento na natureza humana que é capaz de "fixar" e assimilar a energia do espírito emanada de Seres "divinos". A energia difundida pelo espírito universal é absorvida pelo organismo humano *através da respiração*: e aqui talvez possamos falar de "pneumossíntese" (derivada de *pneuma*, que significa, ao mesmo tempo, respiração e espírito), um processo de assimilação no qual os glóbulos vermelhos do sangue humano desempenham um papel análogo àquele que é desempenhado pela clorofila verde das plantas. Mas, além deste processo de absorção espiritual, que tem sido considerado por alguns ocultistas como o fator básico que se torna possível (no devido tempo) a diferenciação do ego e a individualização, também se poderia falar do processo de "teossíntese", que opera num nível mais elevado e em termos de consciência pura e de "substância mental". A palavra grega *theos* significa "deus", mas ela não tem de se relacionar com o conceito cristão de um Deus pessoal. No Evangelho, os termos "Reino do Céu" (Céu é uma tradução do grego *makarios*, que significa "o Firmamento") e "Reino de Deus" parecem ser intercambiáveis. *Theos* é *cosmos* considerado como uma unidade. Essa unidade pode ser macrocósmica e também microcósmica. Portanto, num estágio de desenvolvimento espiritual elevado, uma pessoa pode irradiar uma energia "divina" – o *baraka* do Mestre Sufi – do mesmo modo que Deus, cuja Graça se manifesta como o Espírito Santo. Um ser humano emparedado dentro das muralhas do seu ego não se deixa alcançar por essas "ondas de dádiva" de Amor e de Compaixão divina. Ele é, então, como uma planta que cresce numa caverna escura.

Por este processo de teossíntese, a mente humana, no organismo espiritual do Eu individualizado e consciente, "fixa" a energia da Graça divina tal como a planta fixa a energia dos raios do Sol nos seus grânulos de clorofila. É esta energia que alimenta o "Corpo de Cristo" (ou na filosofia Budista e Taoísta, o "Corpo de Diamante") dentro de cada ser humano que está espiritualmente preparado para fazê-lo nascer "no seu coração". Esta preparação é medida pela *qualidade* e também pela intensidade da fé da pessoa. Fé em quê? Não num Deus pessoal que dispensa salvação para a alma pecadora; mas *fé na "perfeição espiritual" do Todo universal dentro do qual o indivíduo passa a sentir-se como um participante.* O mapa de nascimento de uma pessoa, quando compreendido em todo o seu significado, é uma expressão localizada e individualizada desta perfeição espiritual absolutamente abrangente – o *pleroma* (plenitude espiritual) do firmamento inteiro focalizado sobre o ponto do nascimento, no momento exato da "primeira respiração". O processo de teossíntese é a assimilação da *Idéia de Deus* (arquétipo) que o mapa de nascimento formula em configurações geométricas no céu, e da *Energia de Deus* que foi liberada através desse céu do nascimento – e que é liberada através dele durante todo o tempo – e de todas as suas modificações progressivas, se voltamos as nossas mentes para Deus com fé, tal como a folha verde se volta em direção ao Sol físico.

Aqui, a palavra Deus pode ser substituída por muitas outras. O que eu estou discutindo é psicologia puramente concreta. Também é astrologia, uma vez que a astrologia é vista como um método de auto-educação e como um caminho em direção à consumação da *harmonia essencial* (melhor do que da "lei") do nosso ser individual. O centro desta consumação é o processo de teossíntese, a ação do todo maior sobre o todo menor, sobre o homem como um indivíduo, e a reação deste ser individual ao derramamento de forças cósmicas conscientemente focalizadas através das lentes de uma mente clara e aberta. Contudo, este processo de consumação não terá sentido se o astrólogo não optar por uma abordagem holística do mapa de nascimento. A ausência de tal abordagem pode invalidar totalmente qualquer conhecimento tradicional, de caráter psicológico, que nos tenha sido transmitido desde os tempos mais antigos – antes que ele fosse personalizado na Grécia e na Alexandria.

O primeiro princípio, e princípio básico, desta abordagem holística pode ser formulado como se segue: O único Eu verdadeiro e válido é aquele que inclui o todo da personalidade; portanto, o todo do mapa de nascimento. Qualquer um que, olhando *para um único fator* no seu mapa de nascimento, diz "Eu *sou* isto ou aquilo", comete um pecado básico contra a integridade – que também significa "santidade", perfeição e saúde. É praticamente o mesmo que sucede quando o dirigente ou o executivo de uma nação identifica seu governo com os interesses e preconceitos de apenas uma classe ou de um grupo de pessoas da sua nação. Num mapa de nascimento, cada planeta é um "grupo de pressão" em potencial, tentando não somente atrair a atenção do ego (o governo), mas também controlar seus julgamentos e suas decisões. Cada função da personalidade quer ser a função dominante ao redor da qual giram todas as outras funções e sentimentos. Identificando-se com tal função dominante, o ego desequilibra e tira a harmonia do organismo inteiro da personalidade. Isto é a causa da maior parte do sofrimento pessoal, se não de todo, e num sentido é a fonte do mal – o resultado de confundir a parte com o todo.

Na pessoa comum e não desenvolvida psicologicamente, uma função após outra usurpa a prerrogativa do "eu" e força esse "eu" a identificar-se com ela. O "eu", então, é como uma rolha de cortiça flutuando sem defesa sobre a superfície de um lago agitado por ventos que sopram de todas as direções. Não há estabilidade, o propósito divino da personalidade não tem possibilidade de se tornar visível para o ego – cuja única tarefa é cuidar-se para não ser partido em muitos pedaços. Se, todavia, o ego consegue dominar firmemente a situação psicológica, ele poderá ver-se impelido a agir como um governante dinâmico; num caso destes, porém, o que realmente acontece é que ele governa sob a força impulsiva de algum motivo particular que exclui outros motivos basicamente essenciais para a integridade e a saúde da personalidade. Por exemplo, uma paixão dominante, tal como a cobiça ou o fanatismo da moralidade puritana, poderá dar uma direção e um caráter especial ao governo do ego. Em qualquer dos casos, o ego governa por meio da *supressão* de algumas partes ou funções vitais do organismo total da personalidade. O resultado poderá ser uma vida espetacular, impelida por uma energia dirigida num único sentido, apontada para um alvo fixo. Esta, porém, não é uma vida "salutar". É uma vida fanática, na qual "Deus" normalmente não pode manifestar-se, pois Deus é Harmonia absoluta. O processo de teossíntese não pode operar adequada ou completamente nessa vida porque a substância da divindade é, acima de tudo, caracterizada por sua qualidade harmônica, por seu ritmo equilibrado. Mesmo se tal substância pudesse ser assimilada pela alma, ela se deterioraria imediatamente, envenenada pela ênfase discordante da vida fanática. Qualquer tipo de fanatismo torna impossível alcançar a condição de uma personalidade consumada e espiritualmente madura. Contudo, eu devo aduzir que no processo de diferenciar e individualizar a estrutura-ego, a dedicação unilateral a uma determinada meta, embora pequena e limitada, amiúde é uma necessidade *temporária*. Talvez seja uma necessidade; todavia, deve ser considerada como uma necessidade trágica, pois leva inevitavelmente à formação de uma sombra profunda, que por seu turno terá de ser absorvida e neutralizada por um jogo de luzes quando a alma tiver se recobrado suficientemente do seu fanatismo, até o ponto de absorver luz por meio da teossíntese e, gradualmente, estabelecer uma igualdade entre o seu próprio brilho e a iluminação que vem da Fonte divina.

O que estou discutindo aqui é o processo de desenvolvimento em direção à harmonia e à integridade, um processo que deve levar em consideração tudo o que o mapa contém, e que é orientado no sentido de uma percepção intuitiva do mapa como um todo. O mapa é um "acorde" de energias e funções. O que conta nele não são os sons componentes considerados como fatores isolados, mas a harmonia do todo. Assim sendo, o astrólogo que está no caminho da integração da personalidade deve, em primeiro lugar, estabelecer na sua consciência uma compreensão "harmônica" da unidade do seu mapa de nascimento. Nesta compreensão, nada deve ser deixado à margem; nada deve ser visto como maléfico, desafortunado ou particularmente difícil. Do mesmo modo, nenhum mapa deve ser considerado extraordinário. Ele é uma fórmula para alcançar a integração; não é "extraordinário". *Usando* esse mapa como um princípio de harmonização, o indivíduo pode tornar-se um todo integral; mas o mesmo pode ser feito por outras pessoas nascidas no mesmo momento ou próximo dele. Não há nada de "espetacular" em nenhum mapa de nascimento. Nenhum é inerentemente "melhor" ou "mais afortunado" do que qualquer outro. Alguns retratam um caminho relativamente mais fácil do que outros, mas toda pessoa tem latente dentro dela a força necessária para harmonizar sua personalidade e fazer dela um cálice para a recepção da força que flui incessantemente do Todo cósmico para a consciência aberta do homem. Se a tarefa é mais difícil, a força é coextensivamente maior; a proporção entre a dificuldade e a força necessária para vencê-la é basicamente *a mesma* em todos os indivíduos. Na área do desenvolvimento da personalidade, ela é aquilo que a velocidade da luz (c) é na fórmula de Einstein, $E = mc^2$, que mede a relação da energia (E) com a massa (m). É uma "constante" do mundo espiritual, do mundo da Graça divina – que significa, *de luz.*

No seu livro anteriormente mencionado, o Dr. Kunkel analisa algumas das principais dificuldades que devem ser vencidas no processo de auto-educação: como podemos "livrar-nos do ego, ou do ídolo" e "encontrar o nosso verdadeiro centro"; como podemos transcender a rebelião contra ou a obediência passiva às leis morais ou mandamentos de Deus; como navegar entre as rochas perigosas da "auto-expressão sem restrições" e da "repressão". Como métodos básicos, Kunkel oferece aquilo que ele chama de "meditação confessional" (acompanhada pelo "sacrifício consciente") mais o seu pólo complementar, o "treinamento positivo". E ele aduz estas palavras características: "O que Deus quer que você descubra, compreenda ou faça? Esta pergunta é o primeiro começo da sua reação espiritual." Astrologicamente falando, isso significa: O que este mapa de nascimento quer que eu (que sou a unidade dele) descubra, compreenda, faça? Por que estas quadraturas? A que recusa de agir ou recusa de compreender e ser iluminado elas se referem? E quando este meu Sol progredido encontrar o meu Netuno natal, que misteriosa alquimia da consciência devo aprender a realizar; com qual metamorfose do ego "eu" devo cooperar – "eu" que sou ego, mas sou muito mais do que ego; "eu" que sou a potencialidade de Personalidade perfeita e absolutamente inclusiva.

O Sol natal não é o *Self*. É apenas o símbolo celeste da fonte de energia do *Self*, o que quer dizer, do espírito. O *Self* é todo o Céu natal localizado e focalizado pelo lugar e pelo momento da nossa primeira respiração. Este *Self* é Deus-em-nós – o Todo universal focalizado no âmago do nosso ser total como uma pessoa individualizada. Quando estudamos qualquer evento (passado, presente ou esboçado no futuro), qualquer traço do nosso caráter ou qualquer fracasso, infortúnio ou sonho repetido, nosso estudo sempre deve ter como referência este Eu, esta unidade que somos potencialmente, mas que ainda teremos de vir a ser e de expressar concretamente. Quer seja supostamente benéfico ou maléfico, cada planeta e cada configuração de planetas é um *caminho para o nosso Self*, e à medida que percorremos consciente e deliberadamente esses caminhos, jamais deveremos perder de vista a unidade do nosso mapa – e jamais deveremos perder a fé na nossa capacidade de alcançar essa meta e chegar à perfeição harmônica do nosso ser, o *Self* em nós.

O místico cristão falou na "prática da presença de Deus". O astrólogo, na sua busca de unidade psicológica e espiritual, poderá muito bem fazer o possível para jamais perder de vista a Presença do Cosmos, da qual o Céu inteiro é a poderosa Imagem e símbolo. Nós não podemos (exceto num Planetário) ter a vivência real e visível do Céu do nosso nascimento; mas podemos visualizar nosso mapa de nascimento bidimensional e evocar aquilo que é, em nós, o Arquétipo do *Self*. Podemos viver na presença do Céu. Etimologicamente falando, é isso o que se quer significar com a palavra "consideração" (de *sidera*, astros). "Considerar" significa, literalmente, *comungar com os astros*. É sentir, pensar e agir em termos da unidade vibrante de qualquer momento, de qualquer situação e da nossa natureza individual. É colocarmo-nos, e colocar tudo o que é nosso, dentro do quadro de referência do Céu integral. E por Céu integral eu não quero dar a entender somente o Céu visível, mas *também* aquelas partes do universo total que só podem ser vistas do pólo diametralmente oposto: portanto, o "mundo interior" de profundidade que complementa constantemente o "mundo exterior" de altitude – o mundo interior que também nos representa, pois nós somos eternamente o Todo, vivenciado de um determinado ponto. Compreender isso é abrir o nosso ser integral para o influxo de uma Luz que transfigura, é assimilar essa Luz através do processo espiritual da teossíntese. À medida que fazemos isso, nós também, como as plantas verdes, podemos mudar a atmosfera da Terra. Podemos fornecer "alimento" para a multidão de egos ainda não integrados e discordantes que ansiosamente procuram paz e harmonia.

III Parte

Perspectivas Astropsicológicas

15 *A Astrologia Psicanalisada*

Quem quer que esteja familiarizado, mesmo que ligeiramente, com a psicanálise ou com a "psicologia analítica" de Carl Jung sabe que, nessas abordagens para se chegar à compreensão da natureza humana, dá-se grande importância à Imagem da Mãe e à Imagem do Pai. Contudo, é relativamente raro encontrar uma pessoa não profissional que tenha uma idéia muito clara do que essas imagens representam real e basicamente. De fato, muitos psicólogos com diplomas oficiais não têm uma compreensão vital com referência a estas questões. A astrologia pode lançar muita luz sobre este assunto por demais importante. Por outro lado, quando compreendemos o que estas imagens significam em termos da atitude de uma pessoa em relação à vida cotidiana, o significado e o valor psicológico da própria astrologia, e também a razão para o ávido e longamente mantido interesse humano por ela, são revelados sob uma nova luz.

Os psicólogos usam o termos *Imagem* de várias maneiras e com diferentes modalidades de significado. Para mim, uma imagem psicológica é a forma que alguma função básica da natureza humana toma numa determinada pessoa, e também, falando num sentido coletivo, numa determinada sociedade e cultura. Portanto, aquilo que eu chamo de Imagem Mãe é uma expressão da função fundamental de adaptação à pressão e aos desafios da vida cotidiana num determinado meio ambiente. Todo organismo vivo deve adaptar-se ao seu meio ambiente, ao mesmo tempo agindo de forma tal que possa satisfazer as necessidades básicas dos seus órgãos. Todo indivíduo deve comer algum tipo de alimento que o sustente, deve evacuar os resíduos inúteis, deve encontrar meios de manter a temperatura do seu corpo através de roupas (na maioria dos climas) e proteger-se dentro de algum tipo de recinto fechado. Mais cedo ou mais tarde, ele deve satisfazer o instinto de reprodução. As pessoas são impelidas desde o seu íntimo (pela própria vida, poderíamos dizer) a satisfazer essas necessidades funcionais primárias. A satisfação produz uma sensação de bem-estar; a frustração leva ao desconforto, à dor e à deterioração. Esse trabalho é aquilo que chamamos de adaptação. Muito embora todo ser humano tenha, intrinsecamente, a capacidade para essa adaptação, a criança recém-nascida não tem essa capacidade desenvolvida por ocasião do nascimento. Ela é, de fato, de uma incapacidade total e deve depender inteiramente da mãe para prover a satisfação das suas necessidades imediatas.

Conforme o bebê adquire gradualmente uma percepção consciente de suas necessidades orgânicas e da influência que as satisfaz, uma imagem dessa influência começa a formar-se em sua mente-cérebro. Como é muito provável, essa imagem no princípio dificilmente é separada da sensação de viver do bebê. A parte que necessita, que tem dor e é satisfeita, e a parte que providencia a satisfação, provavelmente, são sentidas pelo recém-nascido como duas partes de um todo. Gradualmente, porém, o senso de distinção entre o corpo que necessita e a mãe que atende a necessidade deve tornar-se mais acentuado. Uma imagem definida da mãe, como alguém que satisfaz uma necessidade, é construída na consciência do bebê. Seu caráter depende, obviamente, da maneira particular na qual a mãe consegue ou não tornar a vida confortável para o bebê. A imagem é afetada pelas incompreensíveis (para o bebê) mudanças de humor da mãe, pelos súbitos desaparecimentos dela, pela maneira como ela reage às intrusões no relacionamento bebê-mamãe (isto é, a atitude dela em relação a outras pessoas), e assim por diante. Quanto maior a família e quanto mais outras pessoas compartilham com a mãe a capacidade de deixar o bebê satisfeito e confortável, menos a Imagem da Mãe tende a encher exclusivamente o campo, que se desenvolve lentamente, da consciência do bebê. Contudo, se as outras pessoas são perturbadoras, são indignas de confiança ou causam dor, e a mãe salva a situação repetidamente, então, a Imagem da Mãe assume o caráter de um salvador ou de um intermediário entre o bebê e forças estranhas ou assustadoras — pessoas ou animais, elementos, perigos de todo tipo. À medida que a criança cresce, compreende palavras e aprende a falar, recorda e espera os atos repetidos, e se vê diante dos *não* a princípio inexplicáveis e aparentemente arbitrários, a Imagem da Mãe torna-se ainda mais definida. A criança adquire um senso mais nítido e mentalmente formulado de como as suas necessidades estão sendo cuidadas pela mãe – ou frustradas, se a mãe não é capaz de realizar uma adaptação bem-sucedida para ela.

Gradualmente, por imitação e depois por explicação, a criança normalmente aprende a desenvolver a capacidade de adaptação que no princípio estava totalmente a cargo da mãe. Este pode ser um processo longo e doloroso. A mãe poderá proteger excessivamente a criança; ou poderá ser ineficiente, preocupada e caprichosa, por demais cheia do seu ego e por demais ocupada com coisas e pessoas. O relacionamento mãe-filho poderá ser estreito demais ou poderá ser rompido cedo demais por vários fatores (um novo irmão ou irmã, uma punição injusta, cólera, etc.). Todos esses fatores afetam o desenvolvimento da criança e a capacidade de adaptação do adolescente à vida cotidiana, e dão à Imagem da Mãe resultante (na consciência do jovem) uma determinada qualidade, forma e sabor emocional.

A frase tão surrada "Mamãe sabe mais" simplesmente mostra que, se a criança se vê diante de conflitos e dificuldades especiais na satisfação dos seus impulsos orgânicos básicos (e nos subprodutos e reflexos emocionais e intelectuais deles), ela normalmente vai até a mãe em busca de um conselho a respeito de como obter prazer ou sucesso e evitar dor, derrota e frustração. Se a verdadeira mãe não a atendeu ou foi embora, a criança, ainda incapaz de usar satisfatoriamente a sua capacidade de adaptação, tende a transferir sua dependência para outra mulher. Essa mulher torna-se uma mãe substituta e a criança projeta sua Imagem de Mãe sobre ela. Todavia, não é preciso que seja uma outra mulher! Por exemplo, a Imagem da Mãe é transferida para uma Igreja, caso se sinta que o conselho da Igreja e de seus funcionários, mais ou menos impessoais, fornece todas as respostas para quaisquer problemas desconcertantes que possam surgir na vida cotidiana. A Imagem da Mãe também pode ser transferida, muito eficazmente, para a astrologia! Ela é assim transferida todas as vezes que uma pessoa se nega a dar um passo importante (ou mesmo sem importância) sem consultar um astrólogo, sem olhar as efemérides ou levantar um mapa horário para o problema.

Qualquer transferência desse tipo não é, de modo algum, necessariamente ruim! Se, alguns séculos atrás, estivéssemos viajando para o Tibete, teríamos agradecido muito a orientação de um lama que pudesse falar a nossa língua e estivesse familiarizado com os nossos costumes, para que então pudéssemos nos adaptar com sucesso aos costumes do Tibete.

A cada passo que conduz a condições completamente estranhas, toda pessoa precisa de uma orientação de algum tipo, para que a adaptação seja bem-sucedida e relativamente fácil. Essa orientação, porém, deve ser apenas temporária. Outro tipo de orientação pode ser obtido quando a pessoa já está familiarizada com as novas condições; a orientação de um "mapa". A confiança em mapas, em princípios de organização (física, social, cósmica), um senso de estrutura e uma percepção do lugar que se ocupa nas estruturas de várias espécies – estes podem ser substitutos para uma dependência da Imagem da Mãe. Em princípio, normalmente, a criança associa esse tipo de confiança ao seu relacionamento com o pai.

Na astrologia, a Lua, de acordo com a tradição, representa a mãe, enquanto Saturno representa o pai. A razão desse simbolismo é clara. A Lua é o nosso único satélite e, como tal, gira constantemente em torno de nós; do mesmo modo, a mãe atende e cerca constantemente a criança pequenina. Na antiga astrologia geocêntrica e na alquimia, aquilo que nós agora chamamos de órbita da Lua era chamado de esfera sublunar. Essa esfera era concebida como sendo um útero cósmico, a placenta doadora de vida do nosso planeta Terra, que muitas vezes era julgado como estando ainda em estado embrionário (a Terra não é um planeta sagrado, dizem os ocultistas mesmo agora). Nos mapas astrológicos modernos, a função essencial da Lua deveria ser definida como sendo aquela de adaptação às atividades da vida diária. Partindo desse caráter central, seguem-se todos os outros significados secundários. Por exemplo, o tipo de mentalidade associado à Lua em mapas de nascimento é o tipo da mente totalmente dedicado ao trabalho de fazer da vida um sucesso e um prazer, no ambiente em que vive. É a mente engenhosa, oportunista e flexível; a mente de camaleão, sempre pronta a se ajustar, a contemporizar e a transigir por amor do sucesso prático. A Lua também representa os estados de ânimo pessoais, os sentimentos, etc., pois todos estes são modos mais ou menos passivos de ajustar-se, de reagir a situações interiores ou exteriores, à medida que elas se desenrolam todos os dias.

Saturno, por outro lado, até recentemente, era conhecido como o planeta mais exterior. Mesmo hoje, com o simbolismo dos seus anéis, ainda se pode considerá-lo como o marcador das fronteiras reais do sistema solar como um todo orgânico limitado e bem-definido. Os planetas mais distantes (Urano, Netuno e Plutão) estão relacionados com a zona menos tangível que cerca o corpo bem-definido – com a aura ou com aquelas funções que relacionam o organismo estritamente físico com o todo orgânico maior – digamos, a galáxia. Saturno representa não apenas o pai verdadeiro, mas também, de um modo mais geral, qualquer coisa que defina a estrutura permanente do nosso ser e o nosso lugar dentro de um esquema de existência muito maior. Fisicamente, Saturno está relacionado com o esqueleto que estabelece a forma básica do nosso organismo; intelectualmente, refere-se à lógica; psicologicamente, está relacionado com o nosso ego, com seus padrões fixos de reação aos impactos sociais; e de um modo geral, com o nosso "lugar" potencial dentro de qualquer "todo maior". De fato, nas sociedades mais antigas, a posição do pai estabelecia, de uma forma quase irrevogável, o "lugar" social dos filhos – sua casta, sua classe, sua profissão ou seu possível cônjuge. Hoje em dia, o pai dá o nome ao filho, mesmo que socialmente não dê mais nada.

Saturno significa a estrutura e o lugar onde qualquer coisa se enquadra numa estrutura – portanto, o lugar de uma coisa num homem ou um programa, um processo definido, rítmico. Por causa disso, toda a astrologia é realmente baseada na função de Saturno, pois o que o mapa de nascimento faz é, simplesmente, estabelecer o seu lugar no desenvolvimento espaço-tempo do sistema solar. Ele mostra onde você se enquadra e mostra a sua aptidão para o que quer que lhe aconteça. Mas ele não diz a você o que fazer! Ele não guia você, a não ser mostrando-lhe um mapa daquilo que é possível, de acordo com a estrutura das coisas no lugar e na época em que você vive.

Estas últimas afirmações têm uma importância muito essencial para qualquer um que esteja envolvido com psicologia e astrologia. Elas sugerem a existência de duas maneiras essenciais de abordar o uso prático da astrologia; a do tipo Imagem da Mãe e a do tipo Imagem do Pai. Se você vai a um astrólogo (ou às suas efemérides) esperando uma resposta para "o que devo fazer?", isso simplesmente significa que você corre para uma mãe celeste à procura de uma orientação concreta, na crença de que "Mamãe sabe mais". Repito que isso não é "mau" pois, se você fosse convidado a visitar o Dalai Lama ou o Papa, teria uma excelente razão para pedir uma orientação a fim de saber exatamente como se comportar. Do mesmo modo, se você está sendo confrontado por um problema desconhecido que envolve uma opção de alternativas, cuja natureza e resultados finais você não tem (que seja do seu conhecimento) qualquer maneira de averiguar por si mesmo, então, a orientação astrológica de um tipo concreto poderá ser de imenso valor. Todavia, tal orientação externa só pode ser valiosa caso se compreenda que ela é temporária. Pela sua própria natureza, você deve abandoná-la ou permanecerá num estado de dependência de uma Imagem de Mãe – portanto, sempre uma criança. A verdadeira mãe, porém, levará o filho ao pai, pois o que o pai tem para oferecer (pelo menos teoricamente!) é um conhecimento de princípios estruturais, leis e regulamentos. Mamãe poderá exclamar para a criança indagadora: "Oh, não faça isso!"; mas o verdadeiro pai desenrolará um mapa (falando num sentido simbólico, naturalmente) diante da criança e mostrará a ela onde a sua ação levará, quais as leis que poderá estar quebrando e como isso poderia afetar o seu caráter e o seu destino.

Um pai de verdade nunca dará uma solução definitiva a uma criança meio crescida que já tenha alguma capacidade para compreender a estrutura e o lugar de algumas coisas pelo menos. Ele mostra o caminho, o lugar essencial das coisas, a qualidade de vida que pode ser esperada se determinados resultados vão ser obtidos. Ele deixa a criança livre para aceitar ou rejeitar. Sua única função é lançar luz, ser claro, honesto, sincero – baseado em tudo o que ele próprio aprendeu e aplicou. Naturalmente, este não é o retrato comum que a nossa sociedade americana tem de um pai – observe nossas revistas em quadrinhos! E também não é a imagem do pai autocrático e durão de épocas passadas, ou mesmo da nossa tradição puritana. Quando qualquer uma dessas duas figuras prevalece, a criança tende a desenvolver uma Imagem negativa do Pai. Se o pai pertence à variedade moderna americana que aparece nas caricaturas, a criança é facilmente apanhada na teia do "domínio da Mamãe". Se o pai é do tipo autocrático, o jovenzinho desenvolve uma rebelião contra toda autoridade – isto é, contra qualquer forma de estrutura na qual ele teria de se ajustar, contra seu ajustamento a qualquer lugar.

Existem abordagens da astrologia que correspondem a estas Imagens negativas do pai. No primeiro caso, o astrólogo é constantemente comandado por suas supostas intuições ou palpites – e, talvez, esteja sempre inventando novos sistemas, como meios de fuga de uma verdadeira percepção estrutural dos ciclos e das configurações planetárias. No segundo caso, o astrólogo é um crente fanático no Destino, apresentando para seus clientes, ou para si mesmo, quadros de acontecimentos fatais, de doenças e tragédias inevitáveis ou de acontecimentos maravilhosos no futuro – dinheiro, amor, etc. Por outro lado, eu vejo a abordagem da astrologia do tipo Imagem do Pai positiva como tendo por base uma compreensão integral dos padrões cíclicos e de seu correlacionamento complexo. Ela lida com a estrutura de processos, com a forma ou *gestalt* do mapa como um todo, com planetas como funções correlacionadas no sistema solar inteiro. Ela estuda a *adequação* de todas as coisas. Ela coloca eventos e oportunidades em mapas de destino estrutural. Mas não prediz ocorrências nessa forma de eventos exatos – somente crise e pontos críticos. Mostra aquilo que é possível dentro da estrutura da sua individualidade espaço-tempo – que também é o seu destino, pois o verdadeiro você e o destino particular definido pelos seus dados natais de espaço-tempo são uma e a mesma coisa.

Quando você quer ir de Los Angeles para São Francisco ou de Nova York para Chicago, há muitos caminhos possíveis que pode percorrer. Contudo, há apenas um mapa. Todavia, o mapa não obriga você a escolher qualquer estrada em particular – a menos que você tenha um encontro importante num determinado momento, e isso parece limitar a sua escolha do caminho mais rápido. Mesmo assim, qual é o caminho mais rápido? Você poderá cochilar na estrada principal, em alta velocidade, e sofrer um acidente – ou poderá descobrir que uma estrada menos freqüentada é a possibilidade mais rápida, mesmo que mais longa pela quilometragem. A estrutura não obriga. Ela define. Está ali para ser usada, não como um tirano para escravizar você. A verdadeira paternidade é a clareza de forma, a iluminação. Ela não restringe; ela mostra o caminho conforme ele é. Ela não oferece qualquer dogma particular, no qual se deve crer com veneração; ela estimula em você o fogo que lhe dará luz no caminho – qualquer caminho.

Essa iluminação do caminho não pode ser diretamente relacionada com Saturno; contudo, num sentido indireto, ela está relacionada com ele pelo princípio dos opostos complementares. Saturno e o Sol são opostos complementares, porque um estimula inevitavelmente a atividade do outro, se o primeiro é essencial, integral e verdadeiro. O Sol emana irradiação constantemente; mas, sem o poder estrutural de Saturno, isto na verdade significaria, quando muito, um estado errático de explosão. Só porque existe uma influência polar recíproca entre o Sol e Saturno é que existe um vai-e-vem, uma maré rítmica de energia – que nós conhecemos como o ciclo de manchas solares. Do centro para a circunferência, da circunferência novamente para o centro, Saturno cronometra as marés solares. A grande mensagem do Cristianismo tem sido: "O Pai está dentro de você." Destino é individualidade. Se você confia implicitamente no pai Saturno, você se transforma no Sol. Se você não teme absolutamente o destino, tudo o que é possível em termos desse destino pode ocorrer realmente – no tempo certo, no lugar certo. Ser igual ao Sol é ser o seu próprio potencial, no processo completo de realização gradual.

Então já não existe mais Imagem da Mãe ou Imagem do Pai. Os dois símbolos ancestrais do passado – Lua e Saturno – são absorvidos dentro de um presente solar. Você é aquilo que é necessário que você seja em qualquer momento, sem medo do futuro ou remorso do passado. Este é um estado muito difícil de atingir! Todavia, é difícil, não porque signifique realizar algum ato espetacular, mas, ao inverso, porque requer que você se liberte do esforço, da atividade tensa e da expectativa definida. O que é necessário é que você se torne independente de qualquer imagem, seja ela uma Imagem de Pai ou de Mãe.

O que isto significa em termos da sua atitude para com a astrologia? Simplesmente isto: nós vemos a astrologia como um meio para alcançar um fim, como uma técnica altamente valiosa para desenvolver certas capacidades em nós – justamente como os exemplos do nosso pai e da nossa mãe (ou de seus substitutos posteriores) e o nosso relacionamento com eles são apenas os meios para desenvolvermos a nossa própria capacidade de adaptação à vida e o nosso próprio senso de adequação a uma ordem superior, que estabelece nosso lugar de destino e nossa individualidade fundamental. Cada geração presta esse serviço à geração que está para vir. Contudo, o que cada geração recebe de seus pais é apenas treinamento, e isso jamais deverá produzir um senso de escravização ou de identificação. Do mesmo modo, o que a astrologia pode fazer por nós é treinar tanto a nossa capacidade de sentir qual será a melhor maneira de reagir aos novos desafios e problemas de situações sempre inéditas, como a nossa capacidade de perceber a ordem cósmica e o desenrolar estrutural de todos os processos naturais, mesmo onde a vida parece mais caótica.

A abordagem da astrologia do tipo Imagem da Mãe poderá desenvolver o nosso senso de oportunidade e de dar-e-tomar na cronometragem das nossas atividades, de modo a não forçarmos impiedosamente nossa obstinação em qualquer circunstância e num ambiente inadequado. Através dela, poderemos aprender a aceitar uma orientação para os nossos impulsos egocêntricos e inquietos. Contudo, se essa orientação significa dependência, por causa dela seremos condenados a uma espécie de infância perpétua. A orientação astrológica do tipo maternal cumpre seu verdadeiro propósito quando compreendemos que não precisamos mais dela – e preferimos nossos próprios enganos a um conselho incerto. Um velho provérbio diz: "Quando o Filho deixa a Mãe ele se torna o Pai." Quando estamos preparados para não fazer perguntas à "Mamãe", mesmo que ela saiba mais, então podemos entrar no reino do "conhecimento do pai", o conhecimento dos ciclos, da forma e da harmonia através de desordem e conflitos aparentes – o conhecimento daquilo que somos aqui e agora. Nosso verdadeiro pai é aquele que pode conduzir-nos a esse conhecimento, ou que pode nos dar as bases para ele. Ele não terá de ser nosso pai num sentido biológico-social. Ele poderá ser nosso "guru" ou Iniciador. Contudo, uma vez que uma pessoa tenha alcançado um certo nível de maturidade, esse exemplo de pai e mestre oferecerá, essencialmente, o treinamento – e talvez a iluminação. Cabe a nós realizarmos a caminhada sobre o rumo que foi iluminado e deixarmos a marca da nossa compreensão da ordem sobre qualquer coisa que venhamos a tocar e impregnar. Devemos nos tornar pais por direito, e aquilo que está pulsando dentro de nós na realidade não é, se somos autênticos e livres, o pai como um ser – mas sim a força da paternidade.

Podemos olhar para o nosso mapa de nascimento e dizer: "É isto o que eu sou – a semente das minhas possibilidades – que eu deverei tornar um fato real, concreto. Todavia, o propósito essencial desse estudo do seu mapa é ser capaz de esquecer o mapa, conservando, ao mesmo tempo, a compreensão de que você é, de fato, um sistema solar organizado de uma maneira individual! A abordagem Imagem do Pai da astrologia deverá treinar você e disciplinar sua mente de modo que a sua percepção de ser uma pessoa individualizada possa ser transferida, do nível de um ego puramente saturniano, para aquele nível de um *Self* que é, analogicamente, a área inteira de um sistema solar energizado por um Sol flamejante. Se a astrologia faz isso, então ela é um excelente e verdadeiro pai substituto.

No fim, todavia, o que realmente conta é aquilo que está além do treinamento e dos exemplos. É a grande sinfonia que o compositor cria, inspirado pela verdade dinâmica e pelo ritmo da sua natureza original, sem se importar com as regras que certa vez ele estudou. É o quadro extraordinário que faz as pessoas prenderem o fôlego, surpreendidas – contudo, daí para diante talvez elas possam "ver" de uma maneira diferente. É a vida que é vivida, não por meio de regras morais, leis sociais ou progressões astrológicas, mas pelo poder consciente inerente ao *Self* criativo que vê, sem qualquer restrição, esta vida inteira, do nascimento até a morte, como uma grande afirmação, como uma palavra criativa, como um destino transformador do mundo.

Onde quer que haja vida, o princípio da polaridade também opera. Isto poderá ser assim porque, conforme os biólogos agora estão percebendo, a vida envolve, essencialmente, fenômenos elétricos positivos e negativos. Todas as células estão eletricamente carregadas e os nervos operam na base de correntes elétricas. No sistema nervoso de um ser humano, dois grandes subsistemas opõem-se um ao outro na sua ação; a saúde resulta do seu equilíbrio dinâmico. De fato, todas as atividades exigem a liberação de cargas elétricas, e a eletricidade tem um caráter bipolar – um aspecto positivo e negativo. No organismo humano, muitas funções estão em operação. A saúde está presente quando estas funções operam harmoniosamente e numa interdependência rítmica.

Os antigos filósofos chineses expressaram este caráter rítmico e auto-regulado de todos os processos da vida no símbolo Tao, no qual duas forças de polaridades opostas, *Yin* e *Yang,* são apresentadas como tendo uma relação mútua dentro de um círculo. A imagem não é estática; ela representa um processo bipolar. Ela ilustra o ritmo anual das estações, e o Zodíaco astrológico é uma expressão simbólica desse processo bipolar.* Aquilo que eu chamo de Força Diurna refere-se à polaridade "masculina", *Yang*; ela tem seu ponto de menor força no solstício de inverno (o nascimento do Cristo simbólico). Nessa ocasião, a Força Noturna, *Yin*, está no máximo de seu vigor. Durante os meses de inverno, a Força Diurna aumenta (e os dias se tornam mais longos); a Força Noturna diminui. As duas forças têm uma potência igual por ocasião do equinócio da primavera; no solstício de verão, a Força Diurna alcança sua potência máxima e a Força Noturna está na sua maré mais baixa. Depois disso, a Força

* V. *The Pulse of Life* (Publicações Shambhala, 1970).

Noturna cresce em vigor, ao passo que a Força Diurna decresce, para mais uma vez as duas se igualarem no equinócio do outono, e assim por diante.

O princípio da polaridade também opera no reino da vida, sob a forma daquilo que chamamos de sexo. As formas de vida mais primitivas não foram classificadas de acordo com o sexo. O organismo unicelular dividia-se em dois, cada metade tornando-se uma unidade independente que também era dividida, e assim *ad infinitum*. Um ser humano nasce masculino ou feminino; contudo, até o terceiro mês de gestação, o embrião, no útero da mãe, tem em si os germes de ambos os órgãos, masculino e feminino; a diferenciação estrutural que ocorre depois disso não é absoluta. O corpo masculino conserva alguma coisa dos órgãos femininos potenciais e o corpo feminino exibe estruturas relacionadas com o conjunto de caracteres masculinos. De fato, a expressão corporal plena do sexo só ocorre na puberdade, não obstante a realização dessa plenitude de manifestação sexual tenha estado em andamento desde o nascimento. Conforme Freud enfatizou (e enfatizou exageradamente!), o dinamismo desse processo condiciona aspectos importantes da consciência infantil, principalmente antes dos sete anos de idade (a tradicional "idade da responsabilidade"), quando então alguma coisa mais, teoricamente, acontece. Num sentido muito real, poderíamos dizer que as forças do sexo constroem, ou o poder de construção delas forma o corpo da criança. O corpo, porém, representa somente o *aspecto exterior da personalidade*. A esse aspecto exterior nós podemos aduzir um aspecto *interior*, que usualmente é chamado de "psique". Um ser humano é formado por um corpo e também por uma psique; todo indivíduo tem uma vida interior, do mesmo modo que tem uma vida exterior. As forças que produziram o caráter masculino ou feminino do corpo não são as únicas. Dentro e através do *corpo* masculino uma *psique feminina* também está ativa. Pode-se dizer que ela deriva das características femininas primitivas que existiram durante a fase pré-sexual de crescimento do embrião.

Em outras palavras, o óvulo fecundado no útero é masculino e *também* feminino em potencialidade; e quando o "germe" das funções masculinas passa a ser dominante e o embrião desenvolve gradualmente órgãos masculinos rudimentares, o germe feminino *não* desaparece. Podemos dizer que ele não perde inteiramente a sua força, porém desenvolve-se numa direção oposta àquela do germe masculino formador do sexo. Ele se desenvolve ao longo de linhas "contra-sexuais" – isto é, psiquicamente.

No corpo embrionário masculino que está se aproximando do nascimento, as glândulas sexuais produzem hormônios que não só afetam o crescimento do corpo físico, mas também formam aquilo que poderíamos chamar de um tipo masculino de adaptação neuro-intelectual ao meio ambiente externo da futura criança. No caso de um bebê do sexo feminino, os hormônios femininos constroem, do mesmo modo, um tipo feminino de adaptação às condições de existência da futura menina. Por exemplo, no infante do sexo masculino, as energias contra-sexuais femininas também operam. Elas operam dentro do *subconsciente* como um fator potencialmente compensador na vida interior. Elas podem *parecer* inexistentes no garoto turbulento, muito americano, de 9 ou 16 anos, mas isso acontece principalmente por causa da natureza especial da sociedade americana; na França e em numerosos países orientais, um menino *antes* de alcançar a puberdade amiúde tem um encanto quase feminino e seus olhos poderão parecer estranhamente abertos para cenas psíquicas.

Se, na infância ou na adolescência, ocorre algum choque físico ou orgânico, o caráter do adolescente poderá ser afetado, bloqueado ou desviado; então, os fatores contra-sexuais (femininos, no menino, e masculinos, na menina) têm uma chance de se manifestar mais claramente. Então, eles influenciam o campo psíquico ou o campo mental da personalidade. Isso poderá até mesmo produzir resultados "psicossomáticos", ou pelo menos condicionar o desenvolvimento de uma personalidade bastante incomum — talvez imaginativa e autística, no menino; intelectual, científica ou acional, na menina.

Qualquer experiência que faça decrescer a tendência geral dos fatores sexuais, ou dê a eles um valor negativo, na personalidade em desenvolvimento do jovem, tende, desse modo, a aumentar a influência e os efeitos reais do princípio de vida sexual oposto. É quase como se, durante os meses de verão que deveria ser um período de vida vivida ao ar livre, um prolongado alongamento de forças climáticas muito ruins, frias, obrigasse o indivíduo a passar os dias confinado num ambiente e a focalizar a sua mente em ocupações que são realizadas preferivelmente dentro de casa. Por esta razão, muitas disciplinas religiosas têm enfatizado o uso de práticas ascéticas para abalar a parte sexual da natureza até quase fazê-la sucumbir, permitindo então que as energias sexuais opostas da vida psíquica venham à tona vigorosamente, saindo do seu *habitat* subconsciente e emergindo na área da consciência.

A astrologia oferece um quadro muito revelador dos processos que acabamos de esboçar, pois nós encontramos no Sol e na Lua os símbolos do aspecto sexual da natureza humana no corpo masculino e no corpo feminino, respectivamente, enquanto Júpiter e Saturno nos dão indicações significativas com respeito à atividade das forças sexuais opostas nas psiques masculina e feminina, respectivamente. O Sol (masculino) e a Lua (feminina) são os "Luminares" da vida na superfície da Terra. O Sol é a fonte primordial de toda a energia que há no planeta; ele é o princípio liberador ativo, o fecundador e o dinamizador de todos os processos da vida. Quanto à Lua, acredito que nunca chegaremos a entender plenamente a sua significação astrológica e oculta, a menos que possamos compreender que essa significação não se refere somente ao satélite da Terra como um globo material, mas, antes, que ela simboliza aquilo que os astrólogos do passado chamaram de "esfera sublunar" – isto é, o espaço inteiro ao redor da Terra, desenhado pelas revoluções mensais da Lua visível. Esse reino sublunar é, por assim dizer, o útero (ou, se preferimos, a aura ou campo eletromagnético) dentro do qual o nosso planeta – e, conseqüentemente, a humanidade como um todo – existe. Neste sentido, nossos astronautas não terão abandonado completamente a esfera da Terra enquanto não forem capazes de ir além da Lua e (simbolicamente, pelo menos) não puderem surgir no "lado oculto" da Lua, que está sempre voltado para o espaço exterior e sempre afastado do Sol.

A Lua, portanto, simboliza o aspecto tradicionalmente "misterioso" do sexo da mulher; e as mudanças na aparência da Lua representam o ciclo feminino da ovulação e da menstruação e as disposições de ânimo *bioglandulares* da mulher. Do mesmo modo, na astrologia, o Sol representa o poder sexual construtor do corpo do sexo no homem. Com o Sol e a Lua, estamos lidando essencialmente com os aspectos exteriores biológicos e sexuais do homem e da mulher. Além disso, a força sexual opera através de estruturas orgânicas que são "governadas" por Vênus e Marte em ambos os sexos; Vênus relacionando-se aos testículos e aos ovários e Marte ao mecanismo de liberação das energias sexuais.

Quando chegamos aos aspectos sexuais opostos do indivíduo humano total, entramos num reino no qual se torna necessária uma grande dose de esclarecimento, em ambos os níveis, o psicológico e o astrológico. Eu relaciono esses aspectos sexuais opostos com Júpiter e Saturno. Há muito tempo atrás, Marc Edmund Jones falou desses dois planetas como os "planetas sociais" – e, num outro contexto, como os "planetas da alma". No sentido mais básico, eles estão relacionados com qualquer coisa que possa emergir em conseqüência da vida em conjunto de seres humanos; eles lidam com a organização e a manutenção de comunidades, de instituições sociais e religiosas e de nações. Júpiter está relacionado com o senso social – portanto, com os ritmos dos sentimentos de grupo, o companheirismo entre pessoas que partilham interesses comuns. Saturno está relacionado especificamente com o lugar que qualquer membro de um grupo ou de uma comunidade ocupa por direito e com a função social que ele pode realizar eficazmente quando está no seu lugar adequado e sob seu nome legal, socialmente garantido. Saturno está relacionado, portanto, com os problemas de definir, estabilizar e conservar seguro esse lugar e esse modo de operação dentro do grupo.

Saturno e Júpiter lidam com fatores coletivos do ser humano; o Sol, a Lua, Marte e Vênus (os planetas que são instrumentos de construção orgânica) lidam com fatores *individuais*. Em meus livros, mostrei que esses dois princípios – individual e coletivo – são as duas polaridades mais básicas em todas as formas de existência. A Força Diurna no ciclo do ano (o *Yang* chinês) manifesta-se realmente, na vida, como o impulso no sentido da *individualização*; ela constrói sistemas orgânicos limitados, claramente definidos e personalidades que operam externamente. A Força Noturna (*Yin*) opera como o impulso no sentido da socialização e construção de *coletividades* mais ou menos grandes de unidades individuais.

A emergência, do útero, de um corpo humano infantil – e, em termos evolutivos mais amplos, do primeiro organismo vivo que saiu do mar – é o resultado do impulso no sentido da individualização; e o sexo (isto é, o processo de auto-reprodução e de automultiplicação) é uma força que atua no próprio núcleo desse impulso. Mas o recém-nascido – e, mais tarde, o indivíduo maduro, auto-suficiente – não está só no mundo. Sozinho, ele não poderia existir e desenvolver seu potencial humano de nascimento. Ele nasce dentro de um grupo, de uma coletividade de seres humanos; e essa coletividade, e sua tradição, é que fornecem a esse organismo humano individual aquilo de que ele necessita nos dois níveis, biológico e mental – isto é, o alimento e o conhecimento, a linguagem e as instituições sociais, absolutamente necessárias para a realização de qualquer personalidade individual.

Aquilo que chamamos de "vida interior" de uma pessoa é *mental-*

mente condicionada pela linguagem, pelos símbolos e pelas atitudes coletivas de pensamento da sociedade e da cultura de que ela faz parte; é condicionada *emocionalmente* pelos primeiros padrões, aceitos como axiomáticos, de relacionamento recíproco entre pessoas, pelo exemplo dos pais, pelo contágio de sentimentos do grupo. Mesmo que o indivíduo se rebele contra as maneiras de pensar e as maneiras de viver, éticas, religiosas e sociais, da sua família, do seu grupo ou da sua nação, essa mesma rebelião é condicionada pelo sentimento básico de "pertencer" ao grupo e é parte desse mesmo sentimento.

Você não pode fugir às pressões da sua coletividade e da sua cultura; sua própria revolta deve usar palavras e gestos herdados do passado social e cultural, a fim de tomar uma forma e tornar-se eficaz. Carl Jung falou do inconsciente coletivo não só como o repositório da colheita de experiência de, talvez, milhões de gerações, porém mais ainda como o mar do qual surgem as inúmeras e pequeninas ilhas que nós conhecemos como indivíduos. Portanto, quando as forças biológicas solilunares, cuja tarefa é produzir um organismo humano individual, conseguem completar sua ação, orientada para fora, no desenvolvimento do aspecto sexual de uma personalidade humana, masculina ou feminina, elas fazem isso empurrando as forças sexuais opostas de volta para o inconsciente. Estas poderão não parecer ativas de uma forma pessoal, consciente e determinada, mas estão lá, condicionando o *clima psicológico* do indivíduo, mais ou menos como o mar, as suas correntes e o nevoeiro que ele produz condicionam o clima das pequenas ilhas que se ergueram das águas – e às vezes uma onda maior poderá submergir a ilha da consciência!

Quando Júpiter e Saturno são mencionados como "planetas da alma", o termo "alma" refere-se à parte da pessoa que procura constantemente *complementar* as partes orientadas para fora, as partes conscientes de si mesmas e conscientes da personalidade. Carl Jung falou dessa parte como sendo a *anima*, no homem, e o *animus*, na mulher; ele falou de ambas como sendo funções psíquicas não diferenciadas e freqüentemente arcaicas. Elas poderão manifestar-se em sonhos, em fantasias criativas, em intuições súbitas e em faculdades supernormais – algumas das quais agora estão sendo chamadas de "parapsicológicas". Elas constituem o aspecto menos óbvio, ou "oculto" daquilo que os planetas Júpiter e Saturno representam.

O indivíduo, que funciona externamente como um organismo masculino, iria encontrar, se pudesse olhar dentro das suas profundezas psíquicas, uma força sexual feminina oposta (a "anima"). É essa força que, sem que a consciência do indivíduo tenha conhecimento disso, incita-o não só a procurar a camaradagem social com outros homens, mas também, talvez, uma participação dedicada nas atividades coletivas de um grupo – Igreja, nação, ou até mesmo a humanidade como um todo. A "alma" de um homem é orientada coletivamente; a de uma mulher é orientada individualisticamente – porque, na qualidade de portadora dos filhos, sua natureza *exterior* e suas funções sexuais têm de estar impregnadas (em todos os casos normais) de dedicação à espécie humana, cuja existência ela tem de perpetuar.

Desse modo, o tipo feminino de intelecto (também uma parte da natureza exterior da mulher) em regra está amplamente aberta para as correntes sociais que favorecem a coletivização. Uma mulher tende a se adaptar à religião e a sistemas de ética institucionalizados, assim como se adapta à moda. Contudo, dentro da parte inconsciente da sua psique, o impulso básico se dirige no sentido da individualização. Se ela aceita pressurosamente um estado de dependência do marido (tão glorificado na cultura indiana) ou de Jesus, como o Bem Amado Divino (se ela transcendentalizou a sua necessidade de um amor que lhe revelará o seu verdadeiro eu essencial) ou de algum Mestre oriental, um Swami ou um iogue (que, supostamente, pode fornecer uma técnica de auto-revelação), isso acontece porque sua natureza inconsciente está sempre procurando alcançar uma condição de integração individualística. Ela procura isso através de um processo de identificação com algum modelo, com uma personalidade catalisadora ou com uma situação da vida. Saturno, o individualizador e estabilizador, é, desse modo, o símbolo do impulso interior de uma mulher; ao passo que Júpiter, o socializador, é o símbolo dos anseios psíquicos, semi-inconscientes ou totalmente inconscientes, do homem.

Esse impulso dentro da psique poderá, na realidade, manifestar-se como uma compulsão profunda, obscura, que empolga o homem ou a mulher e domina a existência exterior dele ou dela; contudo, em qualquer caso, ele tem suas bases nas forças sexuais contrárias. Com muita freqüência, aquilo que *parece* ser, para um homem ou uma mulher, o motivo para agir ou a causa dos sentimentos por uma pessoa ou uma situação, não é, de modo algum, o verdadeiro motivo ou causa. Um homem poderá unir-se a uma organização fraternal – pensa ele – porque isso irá beneficiar seus interesses sociais ou comerciais exteriores, sua força de auto-expressão; mas a verdadeira causa poderá ser que a sua "alma" está desejando ansiosamente ter uma camaradagem social profunda e pertencer a um grupo – e isso, num sentido, representa uma espécie de "transferência" psicológica do relacionamento infantil do menino com a mãe na primeira infância.

Por outro lado, uma mulher poderá acreditar *conscientemente* que está procurando o amor de um homem como uma válvula de escape para os seus sentimentos sexuais, enquanto que, na realidade (semiconsciente ou inconscientemente) ela está ansiando por um poder transcendente que lhe revelará aquilo que ela é essencialmente como um ser espiritual. Na maioria das vezes, o jogo amoroso poderá ser apenas um pretexto, um meio de atingir um fim inconsciente ou vagamente consciente. Na verdade, para uma mulher, o ato amoroso poderá ser simbólico; a realidade, muito além do símbolo, é o processo catalítico que, de algum modo misterioso, revelará a ela o seu verdadeiro eu. É, portanto, verdadeiramente uma "iniciação" que ocorre na vida *interior* dela – uma atividade na qual a parte sexual oposta e inconsciente da mulher é o fator atuante. Para o homem, o ato do amor é, normalmente, uma expressão consciente de poder sexual, um dos muitos eventos (ou incidentes) na sua vida *exterior.*

Para a mulher, o planeta Saturno simboliza a figura do Hierofante solene que celebra o misterioso rito de purificação *por meio ou através* – qualquer que possa ser o caso – da sua natureza sexual. Astrologicamente, Saturno é a imagem do pai, porque o pai é (ou deveria ser, em condições naturais de vida) o símbolo da autoridade e do poder mental; e – como a menina sente nas suas profundezas psíquicas – ele foi o "iniciador" da sua mãe. A menina, identificando o seu papel biológico-social coletivo com o de sua mãe, projeta seu anseio inconsciente de individualização (que implica desenvolvimento mental) sobre seu pai. Se o pai é uma tela indigna ou inútil para a projeção, ela se sentirá frustrada e, subseqüentemente, tenderá a procurar alguém capaz de encarnar a sua imagem ideal. Pelo fato de misturar os impulsos sexuais e contra-sexuais, ela poderá criar uma confusão profunda na sua busca – e isso faz com que muitos casamentos americanos acabem em divórcio. O "interior" e o "exterior" provocam um curto-circuito um no outro.

O intenso desejo interior, num homem, de companheirismo e participação – cujas expressões religiosas são a Comunhão cristã e formas mais primitivas de "repastos sagrados" feitos em comum, numa irmandade mística – também poderá ficar confuso e materializado quando misturado com o anseio exterior de poder e riqueza. Esses impulsos constituem um tipo "socializado" de atividade sexual e construtora do ego. Movimentos religiosos e irmandades secretas (tais como a Franço-maçonaria original) são facilmente pervertidos ou, pelo menos, materializados quando o "exterior" invade o "interior", e o corpo arrasta a alma para o seu vicioso círculo de desejos.

No estudo do mapa de nascimento de um indivíduo, a dificuldade em fazer uso dos conceitos astrológicos e dos fatos psicológicos precedentes está em que vários outros fatores poderão entrar no quadro e afetar o caráter e a vida da pessoa. Acima de tudo, as pressões provenientes do meio ambiente, particularmente a natureza do relacionamento cotidiano real entre a criança e seus pais durante a infância e na época da adolescência (esta última especialmente para a menina), podem provocar uma alteração considerável no desenvolvimento natural da personalidade. Esse relacionamento opera em ambos os níveis, interior e exterior – e de um modo diferente em cada nível.

Para um menino, no mapa de nascimento, a mãe é representada *exteriormente* como a Lua. Em geral, a mãe envolve o filho com a sua atenção, o seu cuidado, o seu amor. Ele depende dela para o seu bem-estar e para poder enfrentar, da maneira mais vitoriosa e feliz possível, as dificuldades cotidianas da existência. Essa dependência exterior poderá persistir tenazmente depois da adolescência, e o rapaz poderá transferi-la para a esposa. Mas também há uma forma mais sutil de relacionamento que afeta a vida *interior* do menino, pois ele normalmente se identifica com a mãe numa comunhão de participação no amor. Ele e ela constituem um "nós"; eles pertencem um ao outro – até que, talvez, esse sentimento do "nós" seja abalado pela falta de carinho da mãe ou pela falta de verdadeiro amor. Se o sentimento do "nós" é destruído, o menino levará consigo, por toda a vida, uma sensação psíquica de estar ferido ou um sentimento de vazio interior. Ele, então, procurará encher esse vazio desenvolvendo um intenso desejo social e jupiteriano de camaradagem, de ser amado por seus iguais, de pertencer a um grupo.

Assim sendo, a posição de ambos, Lua e Júpiter, tem de ser levada em consideração no mapa de um homem, em adição àquela do Sol, que é sempre um indicador do impulso básico de auto-expressão exterior e de auto-engrandecimento sexual ou socialmente. O instrumento desse impulso é a função de Marte (que governa todos os músculos e órgãos de ação) e também a função de Mercúrio (que lida com o intelecto e sua memória associativa). Os relacionamentos mútuos (aspectos, partes, etc.), existentes entre esses planetas, deverão possibilitar a construção de um quadro adequado da força sexual e contra-sexual em atividade na personalidade do homem.

No mapa de uma mulher, a Lua representa sua natureza feminina e, também, durante a infância e a adolescência, seu relacionamento com a mãe, a quem ela normalmente quer *imitar*. Mesmo que não aprecie e se rebele contra o comportamento da mãe, eventualmente ela poderá ver-se repetindo alguns dos padrões da vida de sua mãe. Desde que o aspecto sexual oposto, da personalidade de uma menina, é representado por Saturno, o aspecto entre a Lua e Saturno é muito revelador. Quando esses dois planetas estão em oposição, é bem possível que a menina domine completamente, mais cedo ou mais tarde, as pressões corporais exteriores dos seus impulsos sexuais sobre sua alma interior, sua consciência e sua mente. Contudo, em alguns casos, também pode ocorrer um resultado negativo – algum tipo de dissociação da vida interior e exterior.

A conjunção da Lua com Saturno poderá indicar o início de um novo ciclo de vida (se acreditamos na reencarnação) ou uma confusa sensação de insegurança, como se a pessoa estivesse operando num ambiente espiritual novo e estranho. Isso poderá significar um envolvimento emocional com o pai; a presença e a influência dele poderão polarizar tão fortemente a natureza da menina que são despertados sentimentos ambivalentes de atração quase incestuosa e de culpa. Se essa reação complexa vai permanecer num difuso segundo plano subconsciente, ou se, ao contrário, ela atormenta a personalidade consciente, isso dependerá, teoricamente, dos contatos planetários entre os mapas do pai e da filha.

Um contato íntimo entre o Júpiter de um homem e o Saturno de uma mulher pode ser uma indicação de um relacionamento *kármico* cujas raízes alcançam bem fundo no passado; um símbolo típico seria uma situação Romeu e Julieta. Quando o Sol natal de um homem está em conjunção com Júpiter, sua personalidade tende a se tornar uma expressão vigorosa de um profundo e compulsivo impulso interior de cumprir um objetivo superpessoal. O presidente Johnson foi quase um símbolo dessa situação; mas a presença de Marte ascendendo entre Júpiter em Leão e o Sol em Virgem confunde o significado de uma conjunção, que nem é exata e nem ocorre num único signo zodiacal. O melhor exemplo é o grande profeta, poeta e iogue, Sri Aurobindo, considerado um "avatar" por seus discípulos, isto é, a expressão corporificada de um propósito e de um destino divinos. Ele nasceu com o Sol perto de Júpiter, justamente ascendendo em Leão.

Um Júpiter retrógrado no mapa de um homem e um Saturno retrógrado no mapa de uma mulher tendem a diferenciar mais fortemente a vida interior da vida exterior, os aspectos contra-sexuais dos aspectos sexuais da personalidade. Contudo, repito, todas as indicações desse tipo são de um sutil caráter psicológico, e dificilmente deverão ser consideradas na análise rápida e superficial de um mapa. Elas pertencem a um novo tipo de astrologia psicológica que anda de mãos dadas com uma psicologia orientada no sentido da compreensão do significado total da pessoa como indivíduo.

17 *Os Mistérios do Sono e dos Sonhos*

Se eu tivesse de escolher um ensinamento astrológico como sendo o mais fundamental, esse seria, certamente, o princípio da polaridade. Cada fator usado na astrologia tem o seu oposto polar. Cada Signo do Zodíaco tem, como sua polaridade, o Signo oposto. O solstício de inverno contrapõe-se ao solstício de verão – o equinócio da primavera ao equinócio do outono. Cada planeta faz par com outro planeta (Sol e Lua, Marte e Vênus, Júpiter e Saturno, ou Júpiter e Mercúrio). Cada setor do mapa natal (cada casa) situada acima do horizonte é o complemento de outra diretamente à sua frente e abaixo do horizonte. O ascendente oriental contrapõe-se ao descendente ocidental.

A astrologia é, em primeiro lugar, um método para se alcançar uma compreensão plena dos organismos vivos; estes poderão ser corpos ou personalidades, até mesmo organizações sociais (como nações e empresas comerciais) que de algum modo operam como todos, mais ou menos permanentes, organizando as atividades produtivas de seres humanos. A vida, em qualquer forma, opera de conformidade com um ritmo bipolar – exatamente como a eletricidade que, quando ativa, sempre tem um pólo positivo e um negativo. Portanto, a compreensão da polaridade é essencial para o estudo da astrologia. A mais extraordinária dessas oposições polares na vida humana é aquela da consciência vigilante e do sono. Em algumas civilizações e religiões, a alternação da atividade consciente e da inatividade inconsciente foi ampliada de modo a abraçar a idéia de uma alternação similar de existência encarnada na Terra e absorção "desencarnada" num estado de existência transcendente, além dos portais da morte.

Esta área mencionada por último – a doutrina da reencarnação, como é comumente chamada – quase nunca é bem-entendida; ela só pode ser significativamente compreendida, de uma forma bem simples, quando relacionada com aquilo que chamamos de sono. Infelizmente, nós só temos uma noção bem vaga do que significa o sono! Nós não nos importamos em perguntar *por que* dormimos – muito embora passemos um terço da nossa existência dormindo – exceto pelo fato de que sabemos que devemos ir dormir quando estamos muito cansados. Todavia, por que o sono nos repousa, por que temos de perder a nossa consciência habitual (o nosso senso diurno de identidade, de ser "eu") e por que nós experimentamos estes fenômenos peculiares chamados sonhos? Aceitamos estas coisas tais como são, do mesmo modo que tomamos a morte e a doença como sendo eventos inevitáveis que devemos aceitar, mesmo sem entendê-los.

Supõe-se que as religiões e as filosofias devam esclarecer-nos a respeito de tais questões. Mas as explicações que elas oferecem amiúde lançam pouca luz e são envolvidas em superstições e fantasias. Quanto à ciência e à psicologia moderna, elas têm muitas teorias acerca do sono e dos sonhos; mas aquilo que elas dizem explica muito pouco e simplesmente substitui um desconhecimento por outro. Não há maneira de conseguir uma simples explicação que apresente, pelo menos na forma de um esboço, uma imagem da relação entre o estado de vigília, de atividade consciente, e a condição de sono inconsciente? Obviamente, tal quadro teria de incluir o fenômeno dos sonhos, pois, de algum modo, os sonhos ocorrem na linha de fronteira entre a consciência desperta e o sono, partilhando, de algum modo peculiar, dos dois estados. Eu acredito que as ferramentas e os símbolos fornecidos pela astrologia podem servir para elucidar (de um modo geral) este problema; e sugerirei uma chave simples que, se nós a usarmos bem, poderá derramar muita luz sobre questões normalmente envoltas em mistério.

Nós agora sabemos que alguns dos filósofos gregos tinham conhecimento de que a Terra gira em torno do Sol, mas foi somente depois de Galileu, Kepler e Newton, cerca de quinhentos anos atrás, que a imagem moderna do sistema solar ficou claramente definida. Foi somente depois da descoberta de Urano e Netuno, e por último de Plutão, no decorrer dos últimos duzentos anos, que os astrólogos puderam usar este novo quadro "heliocêntrico" (isto é, com o Sol como centro) do sistema solar no seu verdadeiro significado. Aqui eu não me refiro à posição heliocêntrica dos planetas no Zodíaco. Estas posições podem ser estudadas com resultados muitos válidos; mas isto requer efemérides especiais, uma vez que as tabelas que os astrólogos geralmente usam, hoje em dia, dão as posições geocêntricas dos planetas – isto é, seus movimentos conforme vistos da Terra. Todavia, mesmo se usamos as posições geocêntricas dos planetas no levantamento de mapas de nascimento, podemos ter em mente a imagem heliocêntrica moderna do sistema solar e pensar nos planetas como representantes de funções dinâmicas dentro do sistema solar como um todo.

O sistema solar, com o Sol no seu centro, é uma unidade cósmica e, pelo menos num sentido simbólico, é um "organismo vivo". É por esta razão que, através do estudo das relações entre os movimentos cíclicos dos planetas, o astrólogo pode compreender melhor, e até certo ponto prever, os fluxos e refluxos periódicos de vida e de consciência dentro de um ser humano – ou a direção que as emoções, anseios e tendências de pensamento poderão tomar durante o tempo de vida de um indivíduo. Desse modo, o sistema solar inteiro é visto como uma representação da personalidade individual como um todo.

Para o astrólogo psicologicamente informado, tornou-se claro que as complexidades de uma personalidade humana moderna exigem, para representá-las e descrevê-las, todos os planetas que nós agora conhecemos. Os antigos paravam em Saturno quando levantavam seus mapas; na verdade, porém, a órbita de Saturno é apenas a linha divisória entre dois tipos de planetas. Os planetas situados entre o Sol central e Saturno (inclusive) referem-se a um aspecto da personalidade humana como um todo; os planetas além de Saturno (Urano, Netuno, Plutão – e poderá haver mais!) representam outro aspecto, um que equilibra e complementa o primeiro. Existe um relacionamento polar definido entre estes dois grupos (ou séries) de planetas. É este relacionamento que devemos tentar compreender. A maioria dos astrólogos fala de Urano, Netuno e Plutão, como se eles fossem planetas no mesmo sentido que os outros. Uma parte deles concebeu a idéia de que os três planetas "trans-saturnianos" são "oitavas superiores" de Mercúrio, Vênus e Marte – muito embora suas opiniões mostrem divergências com respeito a quais dos planetas da primeira série correspondem os da última. Na minha opinião, a idéia da oitava superior, mesmo que parcialmente válida, não atinge a raiz das diferenças entre os dois grupos de planetas.

Qual é a verdadeira diferença? O que faz com que uma série seja o oposto polar da outra? Qualquer sistema orgânico ou unidade cósmica está sujeito a duas forças contrárias. Há a atração que arrasta cada parte do sistema para o centro (por exemplo, a atração da gravidade); mas também há a atração exercida pelo espaço exterior que, na realidade, significa a atração do sistema maior, dentro do qual o primeiro sistema opera. No caso do sistema solar, esse sistema maior é chamado de galáxia. Nosso Sol é apenas uma entre milhões de estrelas que compõem essa imensa nébula em espiral, a galáxia (ou Via-láctea); esta, por seu turno, é parte de um Universo finito formado por milhões de nébulas de todos os tipos. Cada planeta do nosso sistema solar e cada ser vivo que existe na Terra é afetado, até certo grau, pelas pressões e atrações que nos atingem vindas da galáxia; nós também somos afetados, numa direção oposta, pela força gravitacional do Sol, o centro do nosso sistema.

Saturno, porém, representa uma linha básica de demarcação entre estas duas forças opostas, a galáctica e a solar. Os planetas que estão no lado de dentro da órbita de Saturno são, principalmente, criaturas e vassalos do Sol; ao passo que os planetas que estão além de Saturno são aquilo que há muitos anos atrás eu chamei de "embaixadores da galáxia". Eles focalizam sobre o sistema solar a força desta vasta comunidade de estrelas, a galáxia. Eles não pertencem completamente ao sistema solar. Eles estão dentro da sua esfera de influência para realizar um determinado trabalho, para ligar o nosso pequeno sistema (do qual o Sol é o centro e a órbita de Saturno é a circunferência) ao sistema maior, a galáxia.

No princípio, isso poderá parecer bastante fantasioso; mas, se aplicarmos a idéia aos fatos da existência humana, então veremos imediatamente o que isso na verdade significa. Um indivíduo – todos concordarão – não vive uma existência isolada. Ele é parte do grupo de uma família, de uma comunidade. Portanto, ele é uma pequena unidade ativa dentro de uma unidade maior. Ele é um indivíduo que tem algum papel para desempenhar dentro de uma coletividade. Aqui está, então, a polaridade de que falei quando mencionei o sistema solar e a galáxia inteira – a estrela individual e a vasta comunidade galáctica de estrelas. Na verdade, o indivíduo age sobre a vida coletiva da comunidade dentro da qual ele nasceu e vive; mas o pensamento coletivo e o comportamento da comunidade – suas tradições, religião, cultura, moral – modelaram esse indivíduo e exercem constantemente uma pressão sobre ele, uma influência (construtiva ou destrutiva) sobre ele. Se ele se rebela contra essa influência, ainda assim continuará sendo condicionado por aquilo contra o que ele se rebela.

Há um tipo de polaridade ainda mais profunda, na qual o indivíduo consciente e autodeterminado, com um propósito todo seu, coloca-se em contraste com respeito ao vasto oceano de vida universal – a vida que anima o seu corpo e todos os corpos humanos, que dá força aos impulsos básicos do indivíduo, às suas emoções e ao seu pensamento instintivo, mas que controla tudo isso o mais que pode. É com essa polaridade em tudo e por tudo fundamental que devemos, em primeiro lugar, relacionar a alternância de consciência vigilante e de sono – e, por último, a existência física individual e a morte. O princípio dessa alternância é muito simples. A vida de uma personalidade humana é o resultado de um relacionamento entre duas forças opostas; uma procura fazer dessa pessoa um indivíduo consciente, auto-suficiente, autodeterminado, que age de forma intencional; a outra tenta arrastá-lo de volta para o vasto oceano de vida não diferenciada, inconsciente, não individualizada. Quando a força individualizadora é positiva e dominante, o ser humano está desperto e está ocupado com esforços conscientes e com atividades planejadas, de algum tipo. Mas quando a força da vida universal assume o controle e a força individualizadora se torna negativa (aquilo que chamamos de fadiga e o seu equivalente psíquico), então a pessoa adormece.

Num sentido psicológico, este é também o caso na oposição polar, menos fundamental, entre o indivíduo e a sociedade. Quando o indivíduo é forte e positivamente autodeterminado, ele está plenamente desperto, mental e espiritualmente – ele cria novos valores ou se rebela contra valores obsoletos; ele se destaca como uma força na sociedade. Mas toda vez que a sociedade obriga, sem compaixão, seus futuros indivíduos a se submeterem às suas normas e padrões coletivos, então os seres humanos dessa sociedade passam a existir num estado mental e espiritual mais ou menos sonolento – conforme acontece em todas as sociedades totalitaristas.

Quando lidamos com a oposição polar entre indivíduo e sociedade, ainda nos encontramos dentro dos domínios da atividade consciente, vigilante. Num sentido astrológico, o contraste é entre planetas pessoais – tais como Marte, Vênus e Mercúrio – e o par de planetas sociais, Júpiter e Saturno. Mas chegamos à oposição polar entre a consciência vigilante e o sono, entre o consciente e o inconsciente (para usar termos da psicologia moderna), então lidamos, astrologicamente, com o contraste entre todos os planetas situados dentro da órbita de Saturno, inclusive Saturno, e os planetas trans-saturnianos – Urano, Netuno e Plutão.

Quando falamos em inconsciente, consideramos o sono, e todas as manifestações da vida que transcendem a consciência, como sendo simplesmente a ausência ou a negação da consciência. Do mesmo modo, durante um longo período, cientistas e filósofos imaginaram o espaço que existe além dos limites do nosso sistema solar como sendo um vazio total – portanto, num sentido negativo. Agora, porém, estamos começando a compreender (conforme os antigos sabiam muito bem!) que o espaço fora do sistema solar não é um simples vazio. Ele é, antes, o campo de existência ativa do vasto organismo cósmico da galáxia. Nós "vivemos, nos movemos e existimos" no corpo imenso da galáxia. Não podemos pensar a respeito deste espaço galáctico num sentido negativo; ele é uma plenitude de forças, um *plenum*, um campo de energias eletromagnéticas – e, talvez, de muitos outros tipos de energias transcendentes desconhecidas para nós.

Do mesmo modo, aquilo que os psicólogos modernos chamam (com muita infelicidade) de inconsciente não é um território vazio. Quando nós dormimos, nós não vamos para o nada. Nós mudamos a polaridade. O pólo individual, consciente, do nosso ser total torna-se negativo para o pólo da vida que agora se torna fortemente positivo e ativo. A vida assume o controle. Contudo, chegará a hora de despertar; as "águas" da vida todo-poderosa afastam-se parcialmente da mente daquele que estava dormindo, do seu sistema nervoso e da orla das atividades das suas células. Seu cérebro e seus nervos, cada célula e cada órgão do seu corpo, dominados por algum tempo por esse fluxo de vida não diferenciada, reagem agora a uma nova onda de atividade consciente e autodirigida, de pensamento e de sentimento. Problemas particulares são novamente encarados sob a luz solar da consciência. Mas, o que dizer dos sonhos?

Às vezes, quando a maré recua afastando-se da praia, permanecem pequenas poças de água, especialmente onde as rochas sobressaem e detêm a água. Será útil se o leitor pensar, por um instante, nos camarõezinhos, nos peixinhos ou até mesmo nos pequenos polvos que muitas vezes ficam presos nessas poças deixadas pela maré, como sendo símbolos de alguns dos nossos sonhos. Às vezes, uma enorme baleia poderá ser deixada na praia, agonizante ou morta. Todos os tipos de destroços e refugos do mar são deixados na praia pelas marés vazantes – e freqüentemente mal reconhecemos o que eles foram outrora. Eles são despejados sobre as praias da consciência, vindos das profundezas e das correntezas do inconsciente.

Há muitas espécies de sonhos, e essa ilustração quando muito se aplica apenas a umas poucas; portanto, não deve ser tomada literalmente ou nem se deve achar que ela cobre todos os tipos de sonhos. De fato, seria melhor pensar, de um modo geral, a respeito dos sonhos como sendo reações do inconsciente àquilo que aconteceu durante e em decorrência da atividade consciente do indivíduo, durante o período em que esteve acordado. Do mesmo modo que a sociedade reage aos feitos produtivos ou distintivos de um indivíduo, derramando riqueza ou fama sobre ele – ou mandando-o para a cadeia – assim também o pólo inconsciente do nosso ser total reage aos nossos sentimentos conscientes, pensamentos e comportamento, tão logo as polaridades se invertam. A vida, assumindo o controle durante o sono, tem voz ativa. Ela censura a parte consciente do nosso ser total, ao mesmo tempo que tenta, de algum modo, reparar os danos praticados pelo nosso ego consciente, obstinado e individualista.

Se o ego é particularmente determinado e bem-sucedido no seu desafio aos costumes tradicionais e morais da coletividade, da cultura e da religião – ou, num sentido ainda mais profundo, na oposição ou bloqueio dos instintos e das emoções próprias da natureza humana (como no ascetismo, por exemplo) – então, à noite, enquanto o indivíduo dorme, o pólo coletivo do seu ser levanta fortes protestos e avisos de perigo, e procura imprimir na polaridade do ego quadros de conseqüências desastrosas ou uma sensação de inutilidade e de fracasso inevitável. Quando isso acontece, algumas impressões dos protestos do pólo coletivo são deixadas sobre certas áreas sensibilizadas do cérebro, até mesmo sobre alguns dos grandes plexos nervosos existentes no corpo. Quando as polaridades se invertem uma vez mais, e o pólo individual (o ego) volta a assumir o controle consciente (isto é, quando acordamos), essas impressões são apreendidas como sonhos pela consciência.

A razão pela qual os sonhos são tão intrigantes é múltipla. Primeiro, o pólo coletivo do nosso ser (sociedade e vida, ou natureza humana) não pode comunicar suas revoltas ou protestos numa linguagem intelectual; ele só pode tirar, desajeitadamente, do depósito de imagens do passado, que o cérebro ou a memória contêm, umas poucas imagens que estão analogicamente ligadas ou, de algum modo, estão sintonizadas com aquilo que o inconsciente tenta transmitir para o consciente. Portanto, essas imagens são significativas principalmente em termos de analogias e símbolos, e elas são apresentadas numa seqüência que tem pouco a ver com os princípios da lógica consciente. O sonho representa uma seqüência espacial de imagens impressas sobre o cérebro ou sobre outros centros nervosos. O senso de seqüência no tempo só surge quando o ego, que já está despertando, mas ainda mal se recobrou da sua condição negativa ou passiva de sono, tenta esquadrinhar rapidamente essas impressões feitas sobre as partes do organismo humano com as quais esse ego está muito estreitamente associado (isto é, os centros nervosos). É como se um executivo atarefado, ao entrar apressadamente no seu escritório pela manhã, visse uma massa de papéis espalhados sobre a sua escrivaninha; os chamados telefônicos já estão chegando até ele e tudo o que ele pode fazer é examinar apressadamente os papéis espalhados, na maioria dos casos, não na mesma ordem em que foram colocados ali, antes da sua chegada, por suas várias secretárias. Ocasionalmente, alguma informação importante se destaca. Enquanto ainda está em casa, o executivo é tirado da cama por alguém que lhe dá um recado crucial: o presidente está muito doente, o mercado de ações provavelmente vai entrar em colapso de manhã bem cedinho; há um incêndio no depósito, etc. Todavia, mesmo que a mensagem possa alcançar o executivo (o ego) com um forte impacto, ela poderá estar toda embaralhada; ou poderá chegar até ele através de uma criada ou de sua esposa, que talvez não a tenha captado com exatidão ao atender o telefone, etc.

É claro que todas essas ilustrações são bastante inadequadas; elas só podem dar uma idéia do caráter de um processo que não pode ser acuradamente traduzido apenas em termos de experiência conscientes. A astrologia poderá dar uma outra dimensão à nossa análise dos processos do sonho, fazendo-nos diferenciar os sonhos em três categorias básicas: uranianos, netunianos e plutonianos.

O tipo de sonho uraniano é um desafio direto à limitação, à inércia auto-satisfeita, ao egoísmo ou à desumanidade do ego saturniano. O ego é de um caráter essencialmente saturniano, porque Saturno representa a estrutura e as fronteiras do pólo individual do nosso ser. Quando nós nos individualizamos de um modo isolado, exclusivo, estreito e rígido, então, essa ênfase exagerada sobre a função de Saturno exige uma reação polar complementar vinda da sociedade, da vida ou de Deus, dentro do nosso ser total. É como se a galáxia estivesse enviando uma corrente de raios poderosos para dentro de um sistema solar cujo campo eletromagnético tivesse ficado excessivamente insulado e pudesse, por esse motivo, transformar-se num "sistema canceroso" dentro da comunidade galáctica. O poder galáctico alcança o sistema solar através de Urano. No seu sentido mais elevado, o tipo de sonho uraniano é profético e iluminador. Poderá até mesmo ser uma aparição, um clarão de inspiração ou de iluminação que vem durante a fase vigilante de atividade do ego consciente – como, por exemplo, a imagem e as palavras do Cristo violentamente impressas sobre Paulo na estrada de Damasco, em resposta à decisão cegamente tradicional e fanática do seu ego de destruir os que acreditavam na Nova Revelação Divina.

Normalmente, os sonhos uranianos são por demais perturbadores. Eles vêm como um desafio, e não como um desafio que o ego possa aceitar prontamente. Palavras solenes poderão fazer parte do sonho; com freqüência, uma luz ou uma cor definida destaca-se como elemento forte no quadro do sonho. Aquilo que C. G. Jung chamou de "arquétipos do inconsciente" aparece normalmente nesses sonhos, que estão relacionados com uma das experiências mais profundas e mais universais da espécie humana. Eles estão relacionados com um aspecto básico, ou função, da vida universal, conforme ela opera na natureza humana. Portanto, amiúde eles têm um caráter religioso; e o sonho poderá ter o poder de transformar o sonhador de uma forma muito essencial (conversão), ou de perturbar totalmente a sua auto-suficiência, o seu egocentrismo ou as suas idéias prediletas.

Os sonhos netunianos, todavia, talvez sejam os mais freqüentes. Eles são reações a quaisquer coisas que perturbem o equilíbrio normal, comum, do relacionamento do indivíduo com a sua sociedade, a sua saúde, a sua digestão ou os instintos básicos do seu corpo. Neste sentido, Netuno responde, por meio dos sonhos, a qualquer perturbação que afete ou a qualquer perigo que ameace as funções complexas, realizadas por Júpiter, no corpo e também na psique. Qualquer desafio a um princípio de conduta social ou moral, qualquer uso abusivo de um "dieta" segura (do corpo ou da mente) tende a provocar sonhos netunianos, normalmente muito fantasiosos! Se o corpo sente frio à noite, por causa de uma queda brusca da temperatura, podemos acordar com as lembranças de um sonho longo e dramático a respeito de uma caminhada no meio de uma tempestade de neve, de uma queda na água gelada, etc. Se somos levados por um poderoso desejo de quebrar regras de conduta sociais ou morais, é provável que mais cedo ou mais tarde venhamos a sonhar com cenas dramáticas, nas quais aqueles que tomam parte na situação aparecerão em ambientes estranhos porém simbólicos, talvez usando disfarces que farão com que a verdade oculta da situação pareça, logo no primeiro choque, menos agradável para o indivíduo.

O sistema freudiano de análise dos sonhos acostumou a mente moderna a pensar naquilo que Freud chamou de o "censor". Diz-se que esse censor representa, por assim dizer, uma espécie de guardião privado da segurança pessoal do ego, protegendo-o contra quaisquer transtornos desagradáveis ou tentativas de revolução nos seus domínios. As impressões perturbadoras deixadas pelo pólo coletivo do nosso ser são, desse modo, censuradas, mudadas, adulteradas ou totalmente obliteradas antes que o indivíduo consciente possa ter percepção delas. Se esse censor realmente existe é algo muito duvidoso. Ele está relacionado simplesmente com um estágio particular do relacionamento entre as duas polaridades do nosso ser – a individual e a coletiva, a consciente e a inconsciente, a atividade diurna e o sono – estágio no qual o indivíduo se rebela particularmente contra a coletividade e no qual o ego inseguro sente a necessidade constante da proteção da sociedade.

Os sonhos plutonianos são mais raros do que os netunianos. Eles podem ser muito destrutivos para a integração da personalidade como um todo – pesadelos estranhos, que deixam uma horrível sensação de medo, de agouro, de morte. Em indivíduos mais espiritualizados, eles poderão ser as projeções e os símbolos de experiências profundas de auto-renovação e de expansão da própria essência do eu. Os sonhos uranianos são arautos do que poderá ser; eles mostram o caminho à frente, inspiram a prosseguir, despertam para novas possibilidades a alma aprisionada pelo ego. Os sonhos plutonianos poderão ser o reflexo, projetado na consciência vigilante, de passos reais dados no desenvolvimento interior e no crescimento da alma – ou, negativamente, poderão revelar o desespero ou a dor da alma que fracassou (pelo menos temporariamente) e, talvez, mostrem o abismo que está à frente e as presenças tenebrosas que enchem essas profundezas abissais. Se, como é provável, há pelo menos mais um planeta além de Plutão, tal planeta deverá estar relacionado com experiências interiores, ainda mais reais e definidas, ocorridas nas almas que, pelo menos até certo ponto, se tornaram partes integrantes da vasta comunidade de almas divinas – das quais a galáxia é o símbolo astrológico.

Jung disse que há níveis sobre níveis do inconsciente coletivo. Deve ser assim, visto que há uma vasta hierarquia de níveis sobre os quais os indivíduos podem agir de forma consciente e criativa. A galáxia também é, repito, somente uma entre a infinidade de nébulas em espiral que constituem um universo; e universos podem ser parte de um cosmos muito mais vasto. Não há um fim concebível para a possibilidade de tornar-se um indivíduo consciente em níveis cada vez mais abrangentes, mais cósmicos. Contudo, qualquer indivíduo – a menos que ele seja a Divindade que inclui tudo – é apenas um centro ativo dentro de um todo maior, uma coletividade. Deve haver sempre um relacionamento operando em fases alternadas entre esse indivíduo e essa coletividade. Na qualidade de seres humanos, conhecemos essas fases alternantes como consciência desperta e sono, existência encarnada e morte. Mas essas expressões só têm significado em termos da nossa experiência humana.

Os filósofos hindus falam dos Dias e das Noites de Brahma – o Criador de universos, nos quais a consciência se desenvolve, e de condições de não-ser absoluto, nas quais nada existe. Para o sábio, todavia, além desses dias e noites cósmicas, além da consciência e da inconsciência, há aquilo que contém ambos. Os hindus deram a isso o nome de "Grande Respiração", exalando o mundo na existência, inalando-o para dentro de uma paz imensa. Assim, vivenciamos o nosso ego consciente sendo exalado no mundo de atividade diurna, quando despertamos, e inalado no sono, quando deitamos para repousar. Num sentido, somos ambas as condições, consciente e inconsciente; somos, também, aquilo que inclui ambas. Os planetas que vão do Sol até Saturno nos impelem para a atividade consciente; mas os planetas além de Saturno – quando o dia já terminou – levam-nos para os vastos espaços da galáxia, onde conhecemos o nosso eu maior, as estrelas que nós somos. Quando o ritmo alternativo nos traz de volta para a consciência diurna, então Urano, Netuno e Plutão sempre procuram fazer-nos lembrar que não somos apenas um eu individual limitado por Saturno e centralizado no Sol, mas que também pertencemos à comunidade maior das estrelas.

18 *Grandes Pontos Críticos da Vida Humana*

Nós todos sabemos que um corpo humano atravessa uma seqüência padronizada de mudanças durante seu tempo de vida; ele cresce, amadurece, perde gradualmente sua elasticidade e energia vital. Seus órgãos – particularmente suas glândulas endócrinas, que produzem hormônios da mais absoluta importância – às vezes sofrem processos de reajustamento; o equilíbrio harmonioso e delicado das suas atividades é perturbado, e em seguida restabelecido (se tudo correr bem) de uma maneira diferente. Aquilo que chamamos de adolescência e de "mudança de vida" são os dois períodos de reajustamentos orgânicos e glandulares mais freqüentemente mencionados, pois é por demais óbvia a repercussão que eles têm sobre a vida emocional e o comportamento das pessoas que os atravessam. Há outros pontos críticos no desenvolvimento de um indivíduo que, embora realacionados com mudanças físicas menos perceptíveis, assim mesmo são de profunda importância no desenvolvimento do *caráter*. Pode-se definir o "caráter" de várias maneiras. Para a finalidade deste artigo, direi que a palavra está ligada à atitude de uma pessoa para com o seu *Self* (ou individualidade) em relação ao mundo em geral, particularmente em relação às outras pessoas com as quais ele (ou ela) está estreitamente associado, quer por parentesco, quer por amizade ou camaradagem no trabalho.

Deixem-me explicar: aquilo que estabelece o seu caráter é aquilo que, na parte mais profunda do seu próprio ser, você sente que *é* como uma pessoa, como um eu. Você poderá sentir-se inferior ou superior, frustrado ou confiante, deprimido, por sua própria falta de capacidade para agir vitoriosamente, ou eufórico e pronto para conquistar o mundo. Você poderá sentir que é um indivíduo, único e cheio de uma sensação de missão ou destino; poderá, por instinto, e talvez levado pelo medo ou por uma profunda insegurança, procurar o conforto de uma atitude conformista. Você poderá adorar destacar-se por aquilo que faz, pelas roupas que usa, por aquilo que as suas reações e sentimentos são para as situações ordinárias ou extraordinárias da vida; ou poderá ter medo de se colocar em evidência, poderá sentir acanhamento, odiar a publicidade, agarrar-se fortemente à tradição.

Menciono somente as mais óbvias atitudes opostas de caráter; mas há uma variedade interminável. Cada tipo de caráter representa não só um sentimento interior particular daquilo que você *é como um Self*, mas também uma maneira de enfrentar todos os relacionamentos humanos e os grandes ou pequenos desafios da vida cotidiana. O *Self* e o "relacionamento" são os dois pólos de toda ação humana; e, num mapa astrológico de nascimento, esses dois pólos do caráter, sempre correlacionados e completamentares, são representados pelo ascendente e pelo descendente – as cúspides da primeira e da sétima casa, que são as divisões reais, oriental e ocidental, do horizonte na hora do nascimento. Os Signos e graus do Zodíaco lá encontrados, quaisquer planetas que possam estar "ascendendo" ou "declinando", são os principais indicadores astrológicos, respectivamente, daquilo que o eu significa para você, o nativo, e de como você aborda mais caracteristicamente todos os relacionamentos humanos.

Os dois períodos de mudanças orgânicas anteriormente mencionados, a adolescência e a "mudança de vida", têm um efeito profundo sobre o desenvolvimento do caráter. Contudo, aquilo que eu considero como sendo os pontos críticos mais fundamentais no desenvolvimento não ocorrem nessas épocas, mas anos mais tarde. Mais exatamente, o que se pode perceber é uma espécie de padrão ondulatório de desenvolvimento que é baseado num ritmo de 7 e de 14 anos. O ciclo de 7 anos na vida humana era conhecido pelas civilizações antigas; encontramos referências a ele também na nossa sociedade cristã-européia. Os educadores jesuítas costumavam dizer que, se eles cuidassem de uma criança durante os primeiros sete anos de vida, o que viesse a acontecer mais tarde não teria importância. Sete anos era considerada a "idade da razão" e se supunha que, depois dela, a criança já fosse "responsável". Alguns ocultistas europeus têm afirmado que nessa idade a "alma" entra pela primeira vez na personalidade da criança e pode agir de dentro dela. Normalmente, a idade de quatorze anos é considerada – dependendo da hereditariedade social e do clima – a época da puberdade. Aos vinte e um anos de idade, um rapaz, ou uma moça, atinge definitivamente a "maioridade", é aceito como um cidadão que pode votar, que pode assinar contratos de negócios, etc.

Então, vem o vigésimo oitavo aniversário; e este é o período ao qual quero dar uma atenção especial. Costumava-se dizer que a extensão normal ou teórica de uma vida humana era de "três vintenas de dez" anos; mas agora a expectativa de vida na América está chegando além dos 70. Significativamente, desde que Urano foi descoberto, no alvorecer da era industrial e democrática, nós agora temos um novo arquétipo – um padrão teórico – para a vida humana, uma vez que o ciclo de revolução de Urano em torno do Zodíaco é de quase exatamente 84 anos. Quatorze anos foram adicionados ao velho tipo de padrão de vida humana. Oitenta e quatro são 12 X 7; portanto, temos um "zodíaco" completo, de doze partes formadas por períodos de 7 anos.

Este zodíaco duodécuplo subdivide-se, muito significativamente, em três períodos de 28 anos. Poderíamos dizer que é como se, partindo deste ponto de vista uraniano, uma pessoa que nascesse em Áries faria, então, 28 anos em Leão e 56 em Sagitário. Há muitos anos atrás, no meu livro *New Mansions for New Men*, falei acerca desses três períodos como sendo o primeiro, o segundo e o terceiro nascimentos – isto é, o nascimento como organismo físico determinado pela hereditariedade paterna e materna e desenvolvendo-se biologicamente e, depois, psiquicamente, dentro de um determinado ambiente social e cultural que, desde o início, modela as suas atitudes emocionais e intelectuais; e, depois, renascimento como indivíduo, afirmando (se tudo corre bem) o seu eu de uma maneira individualizada, a fim de cumprir um destino mais ou menos ímpar; por último, um possível reajuste final dessa individualidade, por meio da qual é permitida uma participação mais madura, mais harmônica e mais sábia nas questões sociais.

Isto significa que há dois pontos críticos fundamentais nesse padrão teórico de desenvolvimento de 84 anos – por volta dos 28 e por volta dos 56 anos. Não importa como você tenha nascido, não importa qual tenha sido o início do seu corpo e o seu ambiente de nascimento inicial, há dois grandes pontos críticos na sua vida mais ou menos madura, como adulto, quando então você pode *reorientar e transformar* o seu caráter e a natureza da sua capacidade para relacionamentos humanos. Você pode se "ver" tal como é essencialmente; em conseqüência, você também pode ir ao encontro dos outros de uma maneira nova. Você pode fazer isso entre as idades de 27 e 30 anos; você pode fazer isso uma vez mais entre as idades de 56 e 60 anos. Naturalmente, é provável que essa mudança seja gradual durante a vida inteira, particularmente a cada sete anos. Todavia, durante os dois períodos de idade anteriormente mencionados, a possibilidade de uma transformação muito básica do seu caráter e da sua reação mais fundamental às pessoas e à sociedade recebe, normalmente, uma forte ênfase. Com freqüência, ela pode ser enfatizada até o ponto de uma crise radical – e "crise", falando etimologicamente, significa período de *decisão*.

A razão para eu falar de períodos de anos (dos 27 aos 30 e dos 56 aos 60) é porque durante esses períodos *vários* ciclos astrológicos importantes chegam a um fim e são reiniciados. Considerando a natureza e a significação desses ciclos, estaremos em condições de compreender melhor o significado desses dois grandes pontos críticos. Os principais ciclos a considerar são:

1. o ciclo de mais ou menos 27 1/2 anos, da Lua progredida, no fim do qual esta última retorna à sua posição natal;
2. o ciclo de Saturno, que leva aproximadamente 30 anos para trazer o planeta para a sua posição natal; e
3. o ciclo de lunação progredido, de cerca de 30 anos, no fim do qual o Sol e a Lua estão na mesma posição em relação um ao outro (isto é, em aspecto) em que estavam por ocasião do nascimento.

Também devemos compreender que, aos 30 anos, Júpiter e Saturno estão num aspecto oposto (portanto, complementar) a seu aspecto natal. Se, por exemplo, eles estavam em conjunção no nascimento, ao redor dos 30 anos eles deverão estar em oposição. Isso é importante porque, no segundo grande ponto crítico do desenvolvimento individual, por volta dos 59 anos, eles estarão na mesma posição relativa em que estavam por ocasião do nascimento – e, o que é melhor, praticamente nos mesmos locais do Zodíaco. O grande ciclo Júpiter-Saturno é, na verdade, um ciclo de 59 a 60 anos, muito embora os dois planetas se encontrem a cada vinte anos.

Uma situação similar, porém menos conhecida, existe com relação aos nodos lunares, que constituem um eixo muito importante num mapa de nascimento, quase tão importante, falando num sentido psicológico, quanto o horizonte natal ou meridiano. Os nodos norte e sul estão, é claro, sempre em oposição um ao outro, uma vez que são as duas pontas de uma linha que corta o Zodíaco – linha produzida pela interseção do plano da eclítica (na verdade, a órbita da Terra) e do plano da revolução da Lua em torno do nosso globo. Simbolicamente, esse eixo nodal relaciona todo o caminho do movimento aparente do Sol com o caminho mensal da Lua – portanto, dos componentes solar e lunar da personalidade total de uma pessoa. O nodo norte é, essencialmente, um ponto de recepção de energia, de ingestão e assimilação; o nodo sul é um ponto de liberação e descarga – quer seja a excreção de materiais indesejáveis e não assimilados, quer seja a projeção da semente – e pode haver uma semente psicomental (como nas obras de um grande artista ou de uma figura profética), assim como uma semente biológica.

Os nodos levam entre 18 e 19 anos para fazer um ciclo completo do Zodíaco. Aproxima-se mais dos 19 anos, e esse ciclo de 19 anos era muito venerado na Antiguidade, particularmente na Pérsia. Ele é ainda a base do calendário do movimento religioso iniciado por profetas persas há um século atrás e que agora está se espalhando amplamente, visto que procura estabelecer uma nova "Ordem Mundial" – a doutrina religiosa Bahai. Três desses ciclos nodais somam, em média, quase exatamente 56 anos – um fato muito interessante. Portanto, quando uma pessoa está com mais ou menos 28 anos, as posições dos nodos lunares, no Zodíaco, invertem-se em relação às suas posições natais – ocorreu, então, um ciclo e mais uma metade. O nodo norte está no lugar ocupado pelo nodo sul por ocasião do nascimento, e vice-versa. Isso significa que, em torno dos 28 aos 30 anos, ocorre uma inversão definida no relacionamento entre Júpiter e Saturno e outra igual com respeito às posições dos nodos lunares. Por outro lado, a Lua progredida termina seu primeiro ciclo completo. O relacionamento Sol-Lua, por progressão, é similar ao que era no nascimento; e Saturno também voltou para o seu lugar natal. Se interpretamos essas indicações cíclicas em conjunto, podemos ver como elas combinam, pelo menos teoricamente – ou potencialmente – com aquilo que está ocorrendo com um ser humano desde a idade dos 28 até os 30 anos. Essencialmente, a Lua e Saturno representam os pais – ou, num sentido mais geral e psicológico, o tipo de "imagens" da *mãe* e do *pai* que um jovem constrói dentro da sua consciência; os pais verdadeiros podem ser muito diferentes dessas imagens, mas as imagens constituem a realidade efetiva do relacionamento que foi construído através dos anos entre a criança e o adolescente e seus pais. Normalmente, esse relacionamento vai muito mais além dos próprios pais; ele se expande e se generaliza num relacionamento entre o jovem e a sua religião ou a sua comunidade (uma "imagem de mãe", ampliada) e entre o jovem e todos os símbolos de autoridade e legalidade ("imagem do pai").

Dos 28 aos 30 anos, termina o ciclo ligado a todos esses relacionamentos. Encerra-se o primeiro período de desenvolvimento do caráter e da individualidade; um novo período tem início — ou pelo menos pode ter início — e normalmente *deverá* ter início. O primeiro período, que começa com o nascimento físico, foi obviamente dominado pelo desenvolvimento do corpo físico e pela necessidade de assimilar gradualmente alguma coisa da cultura e da herança sócio-religiosa do meio ambiente da criança. O jovem poderá ter se ajustado facilmente a esse ambiente e às tradições do seu povo; ou ele poderá ter se rebelado, com maior ou menor intensidade, contra aquilo que foi apresentado ou imposto à sua personalidade em desenvolvimento. Em qualquer dos casos, ele está aprisionado por este conjunto de influências biológicas, sociais e culturais, pois estamos aprisionados por aquilo contra o que nos rebelamos, ou odiamos, tanto como por aquilo que seguimos passivamente ou amamos.

O primeiro período de 28-30 anos é uma espécie de *tese*; e é, muito naturalmente, seguido por uma *antítese*. Isto é, o jovem que durante estes quase 30 anos na verdade viveu, gostando disso ou não, dominado por influências *coletivas*, agora chegou ao grande ponto crítico onde realmente pode começar a afirmar a *sua verdadeira indivualidade* — seu destino ímpar, sua função particular no universo, sua "vocação" (até certo grau) criativa. Todavia, não há certeza absoluta de que ele irá fazer essa afirmação de personalidade individual. Ele poderá viver apenas como um dos muitos que seguem passivamente os costumes ancestrais, indiscriminado e também indistinto. Mas se ele afirma a própria individualidade é porque ele agora tem uma nova visão da sua tradição; e, na astrologia, esta obtenção da visão é representada pelo aspecto de oposição.

O relacionamento de Júpiter e Saturno, no seu mapa de nascimento, está invertido. Júpiter e Saturno são os planetas que simbolizam todos os processos sociais e o relacionamento da pessoa com as instituições da sua sociedade, da sua cultura e da sua religião. Essa inversão dá ao jovem que está amadurecendo uma perspectiva mais *objetiva* das tradições da sua gente. Houve uma inversão similar quando ele estava entre os 14 e os 15 anos – portanto, durante ou imediatamente após a crise da adolescência. Aos 30 anos, porém, a rebeldia do adolescente deverá estar mais estabilizada, porque Saturno, em trânsito, agora está localizado *no mesmo lugar em que estava por ocasião do nascimento*. A pessoa com 30 anos de idade toca o fundo; ela pode, uma vez mais, entrar em comunicação com suas raízes – mas agora este fortalecimento saturniano pode operar num novo nível. Eu também deveria acrescentar que há um ciclo Júpiter-Urano de 14 anos de duração, que pode estar relacionado com as mudanças de consciência social que ocorrem, *potencialmente*, a cada 14 anos – portanto, aos 28 anos.

Aos 28 anos de idade, os nodos lunares também ficaram invertidos. Quase que se poderia dizer que as forças solar e lunar trocaram de lugar. A vitalidade solar, recebida através dos anos, pode ser liberada através das influências lunares – isto é, através da personalidade, encarando criativamente os problemas cotidianos de ajustamento à vida. Existe uma situação similar durante o décimo ano e o trigésimo oitavo ano. Com freqüência, esses anos testemunham importantes mudanças no padrão do destino – embora, naturalmente, elas possam não se manifestar na vida daqueles que se tornam muito rígidos desde cedo e, conseqüentemente, menos sensíveis a *potencialidades* de transformação. O que é revelado por um mapa de nascimento são as potencialidades, mais do que os eventos predeterminados.

O ciclo nodal de 9-10 e 18-19 anos também estabelece o padrão dos eclipses. Assim sendo, se ocorreram eclipses por ocasião do nascimento, afetando ângulos ou planetas natais sensíveis, eles tornarão a ocorrer nas idades anteriormente mencionadas; e eclipses podem ser fatores altamente estimulantes, mesmo que, freqüentemente, causem problemas e dilemas, particularmente os lunares, que acontecem quando o Sol e a Lua estão em *oposição* (na época da Lua cheia).

Hoje em dia, muitas vezes ainda se considera que uma pessoa é de "meia-idade" aos 56 anos. O que acontece, pelo menos teoricamente, é que entre os 56 e os 60 anos, a pessoa decide (consciente ou inconscientemente) se os anos seguintes serão anos de realização criativa e de colheita, ou de acomodação gradual à inevitável esclerose do corpo, à perda de intensidade orgânica da mente e à perda do poder de auto-renovação.

Assim, como aquilo que ocorreu na época da puberdade, por volta dos 14 anos, dando origem a fatores orgânicos e psicológicos que estabeleceram o cenário para o caráter da crise de auto-expressão verificada dos 28 aos 30 anos, assim também aquilo que ocorreu aos quarenta e tantos anos (normalmente, o início da "mudança de vida", pelo menos no nível psicológico) condiciona fortemente a maneira pela qual o indivíduo (se ele é realmente um "indivíduo") irá enfrentar o desafio da idade dos 56 aos 60 anos. Por volta dos 59 anos, ambos, Júpiter e Saturno, retornam às suas posições natais – Saturno pela segunda vez, Júpiter pela quinta.

Aos 56 anos, o ciclo de Júpiter e Urano chega a um fim pela quarta vez; e começa um quinto ciclo, com a possibilidade de mudança na atitude sócio-religiosa. Ao mesmo tempo, o terceiro ciclo dos nodos lunares é completado; e um quarto tem início, indicando uma renovação potencial do padrão de destino e da integração da personalidade num quarto nível (dos 56 aos 74 1/2 anos). A Lua progredida completou o seu segundo ciclo ao redor do mapa de nascimento durante o 55º ano, mas o relacionamento natal entre o Sol e a Lua se repete por progressão (ciclo de lunação progredido) por volta dos 59 anos. Essa idade de 59 anos parece, de fato, ser o ponto crítico na maioria dos casos; mas aquilo que atinge um clímax nessa ocasião começou, freqüentemente, a se desenvolver ao redor dos 56 anos de idade. Na ocasião em que os anos sessenta começam, a nova tendência já deverá estar claramente definida. Uma nota-chave foi estabelecida para os anos de vida que ainda restam – ou, pelo menos, para o período de 14 anos que termina mais ou menos entre 70 e 72 anos, depois do que começa aquele período que hoje em dia normalmente pode ser considerado como a "velhice". Naturalmente, ele poderá começar aos 60 anos, se o indivíduo não assume uma atitude positiva em relação à mudança das oportunidades e da vibração da vida.

Tal atitude positiva poderá ter uma grande variedade de significados e de resultados, mais ainda quanto mais a pessoa, que está chegando à idade dos 56 aos 60 anos, viveu uma vida verdadeiramente *individualizada* – isto é, uma vida não padronizada pela rotina sistemática associada ao nível social médio, pelas regras coletivas totalmente indiscriminativas. Na Grécia, 60 anos era considerada a "idade da filosofia", porque a filosofia envolve, num sentido mais profundo, uma procura do significado essencial e dos valores fundamentais. Se os primeiros 30 anos podem ser vistos como uma "tese", e os trinta anos seguintes como uma "antítese", os anos que vêm depois dos 60 deveriam testemunhar um esforço para chegar à "síntese". Então, o significado completo do relacionamento da vida *coletiva* do seu povo (tese) com a sua própria *individualidade auto-afirmada* (antítese) deverá ser bem claro. Tomando esse significado como base, o indivíduo poderá agir com mais sabedoria, poderá ajudar os outros a ver o caminho que ele talvez tenha deixado passar, ou poderá ajudá-los a ser mais eficientes e produtivos – e serenos ao mesmo tempo que são eficientes e produtivos. De fato, ele poderá tornar-se um "filósofo", ou um "estadista de categoria superior", capaz de compreender o significado de eventos confusos sobre o pano de fundo tanto da sua morte, que não está distante (perspectiva de Saturno), como da vida, que continua, da sua comunidade, da sua nação e da sua humanidade (perspectiva de Júpiter).

Os vários ciclos de planetas em trânsito e progredidos, que começam entre os 56 e os 60 anos, abrem para o indivíduo a *possibilidade* de um "terceiro nascimento". Repito: o primeiro nascimento é o começo da existência biológica – o nascimento como um corpo e uma personalidade, baseada no exercício das funções do corpo e de seus reflexos na psique. O "segundo nascimento", por ocasião dos 28 aos 30 anos, é o começo teórico da maturidade como pessoa individualizada – o nascimento da verdadeira individualidade. O "terceiro nascimento", se chega a acontecer, é um nascimento na "luz", na sabedoria, no nível da alma superindividual, na qual os valores coletivos e individuais – a raça e a pessoa como um indivíduo – encontram o ajustamento dos seus destinos. O indivíduo traz a colheita espiritual ou cultural-social da sua experiência para a sua comunidade. Por esse fato, ele poderá receber honras e fama relativa – ou, pelo menos, algum grau de segurança social. Em outros casos, seu povo, ou os líderes intelectuais da sua sociedade poderão não apreciar o valor dessa colheita, e os últimos anos de vida poderão ser anos de crescente isolamento saturniano.

Um estudo das progressões e dos trânsitos planetários, no início de cada um desses ciclos, que começam entre 28 e 30, e 56 e 60 anos, deverá revelar ao astrólogo – capaz de "sentir" o pulso de tais ciclos – o que será possível esperar do desenvolvimento geral do indivíduo durante os períodos de 28 ou 30 anos que virão a seguir – isto é, qual será o tipo mais provável desse desenvolvimento, em que direção ele se encaminhará e quão fácil ou espinhoso será o caminho.

Franklin D. Roosevelt, por exemplo, foi eleito para o Senado de Nova York quando chegou perto do seu 29º aniversário. Nessa ocasião, Saturno estava se movendo para a frente e para trás, por trânsito, sobre a sua posição natal, a 6°5' de Touro. Nesse mesmo tempo, Plutão estava passando sobre o seu Marte natal, retrógrado aos 27°1' de Gêmeos, na sua décima casa. Gêmeos governa o sistema nervoso; a décima casa, a vida pública. Dentro de 11 anos, ele seria atingido pela pólio, que paralisa conjuntos de nervos. Sua vida pública estava centralizada na vasta crise de uma profunda depressão econômica e, depois na II Guerra Mundial, muito apropriadamente simbolizada por Plutão em conjunção com um Marte particularmente crítico e elevado. Em 1941, quando ele estava com 59 anos de idade, Saturno e Júpiter chegaram às mesmas posições relativas que tinha no seu mapa de crescimento, após repetidas conjunções em Touro. No nascimento, F.D. Roosevelt tinha Saturno, Netuno, Júpiter e Plutão em Touro; em 1940-41-42, ocorreram conjunções não só de Júpiter e Saturno, mas também de Saturno e Urano. A primeira ocorreu nas proximidades do seu Netuno natal; a última, quase exatamente sobre o seu Plutão natal, cerca de seis meses depois de Pearl Harbor – indícios pressagos, embora sinais de responsabilidades de âmbito mundial.

Antes disto, em 1930, quando a II Guerra Mundial começou* – ele estava no seu quadragésimo oitavo ano – Netuno estava cruzando o ascendente provável de Roosevelt. Urano cruzou o seu Netuno natal e o seu Júpiter durante o ano de 1938, quando os nodos lunares estavam voltando para suas posições natais, justamente antes do seu 56º aniversário (1938). Na sua quinta casa natal, Júpiter estava vitalizando sua conjunção aquariana Vênus-Sol; Vênus, em trânsito, também estava lá, mais uma vez em conjunção com o Sol – e a Lua e Júpiter. Portanto, todo esse período foi marcado por trânsitos poderosos e significativos. Estes podem muito bem evocar algo de destino do mundo – que se tornou seu depois do seu 56º aniversário – e da possibilidade de um fim trágico, porém glorioso.

Aquilo que atingiu um clímax com a Guerra Mundial, aos 56-57 anos, tinha começado aos 28-29 anos, quando F.D.Roosevelt entrou na

* Houve um equívoco por parte do Autor quanto à data do início da II Guerra Mundial. Em 1930, Roosevelt foi eleito Governador do Estado de Nova York. (N. do T.)

arena política como Senador por Nova York. Nesse caso, a crise dos 45 anos assumiu um caráter particularmente trágico; sua luta contra a paralisia. Mas, baseado nessa luta, ele ganhou uma verdadeira força de caráter, que tornou possível o seu vigoroso cumprimento de vastas responsabilidades; Saturno tinha estado em conjunção com o seu ascendente quando ele contraiu a pólio. Saturno passou sobre sua Vênus e seu Sol natais justamente quando ele estava prestes a assumir a Presidência, em 1933.

19 *Como Enfrentar as Crises Vitoriosamente: A Vida no "Século da Psicologia"*

Um dos aspectos mais característicos da vida pessoal e social dos homens e mulheres no momento atual é a ênfase que está sendo dada à psicologia. Este novo foco de interesse estende-se praticamente por todos os campos da atividade humana, desde a psiquiatria médica e a psicanálise até a publicidade e a guerra psicológica, ou a "guerra pela paz". Há muitos tipos e escolas de psicologia e de psicoterapia para indivíduos mentalmente perturbados ou decididamente doentes; e praticamente não existe qualquer área de negócios, instituição social ou ramo de governo na qual não se verifique uma preocupação com ela e com a utilização de algum tipo de técnica psicológica.

Quando pensamos na Idade Média européia, quando aconteceram as Cruzadas e quando as grandes catedrais foram construídas, pensamos, imediatamente, no tremendo papel que a religião desempenhou nos problemas da vida cotidiana. Hoje em dia, esse papel está sendo cada vez mais arrebatado pela psicologia. A vida moderna está sendo cada vez mais condicionada e influenciada por idéias e preocupações psicológicas. O nosso século XX poderá vir a ser conhecido como "o século da psicologia", mais do que como o século da descoberta da energia atômica. Na realidade, as duas coisas, a nova ênfase dada à psicologia e a descoberta da energia atômica, estão relacionadas com um fato histórico básico: nossa civilização ocidental, que os nossos ancestrais aceitaram como axioma e nela confiaram inquiestionavelmente, encontra-se num estado de *crise* total. Não são apenas os indivíduos que vivem saltando de crise em crise, num estado de insegurança psicológica e também econômica; nações e grupos também estão enfrentando uma série aparentemente interminável de crises e conflitos, "frios" ou "quentes". A raiz básica desse estado de crise quase universal está nas enormes mudanças sociais e econômicas que foram produzidas pela ciência e pela tecnologia modernas.

Tudo isto é muito sabido; mas o que normalmente não é compreendido com clareza suficiente é que a ênfase, cada vez mais difundida, do uso prático de técnicas psicológicas é o resultado direto da necessidade de enfrentar esse estado universal de crise. A psicologia, em todas as suas formas modernas, é uma tentativa de lutar contra as crises – não havendo crise, não há necessidade de psicologia.

Há muitas espécies de psicologia; mas, de um modo geral, todas elas podem ser divididas em duas categorias, de acordo com a atitude básica que adotam diante de toda e qualquer crise. O que *é* uma crise, quer na vida de um indivíduo, quer na vida de uma nação e de uma sociedade? Qual o *significado* de uma crise? Obviamente, o problema de como encontrar uma "solução" para uma crise deve depender daquilo que o psicólogo (ou o reformador político-social) pensa a respeito não só de sua *causa*, mas também *do seu propósito*.

Com essas palavras, "do seu propósito", chegamos justamente ao ponto crucial do problema. Alguns psicólogos aceitam a idéia de que *todas* as crises têm, basicamente, se não superficialmente, um propósito. De acordo com eles, a crise é *uma fase do processo de crescimento*, tanto de um indivíduo como de uma sociedade. Ela tem um significado e um objetivo definido com referência ao desenvolvimento geral de personalidade ou da coletividade que a está atravessando. Ela é necessária para esse desenvolvimento – assim como, por exemplo, a crise usual da adolescência é necessária para o desenvolvimento completo de um corpo e de uma personalidade humana. A crise é necessária, mas a *forma que ela toma* não é inevitável. O estado de mudança e de transição e o fato de que há perturbação, são requisitos indispensáveis da experiência humana; a mudança social, porém, não *precisa* envolver uma revolução violenta, não mais do que uma crise pessoal de crescimento precisa produzir doenças, neuroses ou insanidade. Contudo, se há uma neurose aguda e um estado mais ou menos prolongado de crise biofísica definida, a pergunta surge naturalmente: Qual deverá ser o alvo final do tratamento? Quais são os resultados que deverão ser procurados pelo psicanalista, o curador do corpo e da alma? É aqui que as escolas de psicologia diferem basicamente, diferença que constitui o resultado de suas abordagens essenciais da natureza humana e do propósito e significado do relacionamento dos indivíduos com a sociedade e com o universo, ou com Deus.

De conformidade com um tipo de psicologia, o objetivo da cura é restabelecer o estado de normalidade que foi perturbado por uma causa ou por outra. De acordo com o outro tipo, nenhuma cura é real e significativa, a menos que o paciente possa emergir da crise como um ser humano muito melhor do que era antes, *cumprindo desse modo o propósito "espiritual" implícito da crise*. Na área da psicologia aberta por Freud, essas duas atitudes são vistas com clareza, muito embora às vezes as duas estejam um tanto misturadas; isso deve ser de grande interesse para o astrólogo que se vê, essencialmente, como um psicólogo e como alguém que ajuda os seres humanos, pois ele também tem de definir sua abordagem e sua interpretação das crises passadas ou futuras que possa ver nos mapas de seus clientes.

Há vários tipos de crises claramente previsíveis por meio de técnicas astrológicas, e a interpretação que o astrólogo dará a elas deve depender, necessariamente, daquilo que ele próprio pensa das crises em geral. Ele poderá pensar nas crises como desvios, como tragédias puras e simples, como coisas que devem ser curadas e rapidamente esquecidas; ou poderá encará-las como fases necessárias de um processo de crescimento, como experiências por meio das quais uma abundante colheita pode e deve ser armazenada, experiências sem as quais não é possível qualquer "amadurecimento" – por mais sombrias, trágicas ou aparentemente destrutivas que elas possam ser.

O primeiro tipo de psicologia poderá ser chamado de *normativo*; o objetivo do tratamento e da cura é fazer com que a pessoa perturbada "volte a ser normal". Obviamente, a normalidade é uma questão relativa e só pode ser definida com relação aos padrões gerais de uma determinada cultura e sociedade. Desse modo, muitos dos "psicólogos sociais" são psicólogos normativos. Freud também pertence a essa categoria, porque sua abordagem é essencialmente pessimista e desprovida de um verdadeiro senso de propósito espiritual para o indivíduo como indivíduo.

O segundo tipo de psicologia poderá ser chamado de *metamórfico*, porque considera *todas* as crises – pelo menos potencialmente – como meios destinados a induzir e produzir algum tipo de metamorfose interior. Além disso, a vida humana é vista como processos de metamorfose absolutamente indispensáveis, repetidos e periódicos – portanto, crises – porque sem eles a pessoa permanece simplesmente "uma parte da massa", normal talvez, mas padronizada de acordo com um tipo de molde coletivo ou culturalmente aceito. Ser verdadeiramente um "indivíduo" é ter emergido da norma coletiva da sociedade da época e ter se elevado acima dela; essa emergência só pode ocorrer quando são atravessadas crises de alguma espécie, quando são atravessadas experiências de metamorfose básicas e reais. Essas experiências normalmente são intensas e dolorosas, e sempre perturbadoras; contudo, *elas devem ser muito bem-recebidas, compreendidas e assimiladas*, se vai haver uma verdadeira maturidade individual... e, talvez, de certo modo, um "gênio", ou a aquisição dos dotes espirituais de um verdadeiro "discípulo de Cristo", que "*está* no mundo mas não *pertence ao mundo*".

Na astrologia, essas duas abordagens das crises pessoais ou sociais devem ser relacionadas com o par de planetas "sociais" (Júpiter e Saturno) e com os planetas transcendentais ou "metamórficos" (Urano e Netuno), respectivamente. Cada um desses pares opera num nível especial de atividade e consciência. No nível Júpiter-Saturno, as crises de indivíduos emergentes e de gênios, de santos ou apóstolos em potencial, aparecem como *desvios da norma social*. No nível de Urano-Netuno, elas devem ser consideradas como *processos*, mais ou menos trágicos, porém necessários, *de renascimento e autodescobrimento.*

No caso de nações, a mesma distinção se aplica às crises tais como guerras, revoluções ou colapsos econômicos. Partindo do segundo ponto de vista, a maior tragédia não é que tenha de acontecer uma guerra ou uma revolução, mas que, depois do término dessas crises, o governo e o povo possam ter um único pensamento básico – *voltar* à normalidade e aos "bons dias de antes", *voltar* para o mesmo lar antigo, para a mesma família e para o mesmo comportamento "normal", *como se nada tivesse acontecido!* De fato, na América nós sabemos até bem demais o que significa essa atitude, porque nós a mantivemos, como povo, depois de cada uma das duas Guerras Mundiais; em conseqüência, embora tenhamos ganho as guerras, num sentido muito real nós perdemos o após-guerra, a paz que deveria ser nossa – e também da maioria das outras nações! – nós a perdemos porque não fomos capazes de dar às tragédias da guerra o significado de um grande processo de desenvolvimento interior, espiritual, para a humanidade inteira.

Nunca é realmente vencida uma guerra que termina com a idéia de restabelecer o *status quo* e o nível de normalidade anterior a ela. É necessário "manter" a estrutura geral de um sistema de vida que provou ser válido, mas não teria havido crise, não teria havido um desafio para crescer se alguma coisa tivesse apenas de ser "mantida". O crescimento vem de novos atos criativos, das transformações exigidas para enfrentar o desafio da crise; se há desafio, um desafio intencional feito pela vida ou por Deus, é porque um novo impulso criativo tornou-se necessário, ou porque o antigo impulso ficou atolado e há necessidade de algum tipo de purificação ou de catarse.

Com os planetas Urano e Netuno, alcançamos o nível de catarse e metamorfose, de purificação e renascimento. Se estamos hipnotizados por Júpiter e Saturno, fatalmente veremos como destrutivas as atividades de Urano e Netuno; contudo, os dois planetas remotos são, na verdade, nossos libertadores. Eles nos desafiam a ser indivíduos mais notáveis, a crescer por meio da criação da nossa futura grandeza como indivíduos. Esses desafios trazem crises. Graças devem ser dadas a Deus por estas crises! Contudo, devemos ser vitoriosos – caso contrário, a derrota custará caro e nos deixará em pedaços. *Como* podemos ser vitoriosos? Em que consiste a vitória? As respostas para essas perguntas diferem em cada caso particular, e especialmente de acordo com a idade dos indivíduos confrontados por estas crises uranianas e netunianas. Aqui a astrologia pode ser de grande ajuda para os psicólogos, uma vez que ela pode calcular o momento da ocorrência e a extensão provável das crises. Ela pode apontar o propósito das crises, *o que elas estão destinadas a transformar na vida e no temperamento do indivíduo*. Sabendo isso, mesmo que apenas em termos gerais, podemos *trabalhar conscientemente com o* processo de metamorfose que produz a crise, em vez de nos rebelarmos contra ela e contra seus pretendidos resultados finais.

Em geologia, rochas "metamórficas" são rochas transformadas por intensa pressão e calor vulcânico. Na psicologia, uma crise metamórfica uraniana também é uma liberação de intenso calor e pressão psíquica e espiritual, que pode derreter e tornar a cristalizar os elementos mais básicos da personalidade. Ela *pode* fazer isso, mas não é necessário que o faça. As energias despertadas, as emoções e as condições de vida profundamente perturbadas, poderão acalmar depois da crise e deixar apenas cicatrizes, exaustão e um reajustamento resignado à normalidade social de acordo com os hábitos do passado. Sim, tudo volta a "ser como antes"; a paz é restaurada, as antigas rotinas são restabelecidas, o paciente está "curado" – mas Deus *foi derrotado.*

Com freqüência, não há pior derrota do que uma "vitória" sem sentido; e a maior das tragédias é uma crise que aconteceu em vão. Suportamos sofrimentos, catástrofes, talvez algum tipo de insanidade, a personalidade é arranhada bem fundo, as estruturas do ego são sacudidas e afrouxadas, e o resultado final é *nada*; nem crescimento, nem renascimento, apenas uma reorganização auto-satisfeita ou aterrorizada do mesmo ego ao longo das mesmas linhas antigas, contudo, com a horrível sensação – por mais irreconhecida ou inconsciente que ela possa ser – de que *tudo aquilo aconteceu em vão*. Hoje em dia a humanidade está doente por causa de um sentimento coletivo desse tipo, uma mistura de culpa, de desesperança e de profunda fadiga da alma. Nossos asilos de loucos estão transbordando. A única solução é um novo tipo de psicoterapia – e astrologia – centralizada em torno do despertar deliberado do fator criativo em cada indivíduo.

Astrologicamente, o problema gira primeiro em torno de uma compreensão mais profunda daquilo que Urano e Netuno representam num mapa de nascimento – daquilo que eles *podem* significar – e em seguida, dos ciclos de trânsito desses dois planetas. Eu digo trânsitos apenas porque os planetas se movem devagar demais para que as progressões secundárias possam significar qualquer coisa, exceto em alguns casos relativamente raros, em que Urano e Netuno formam aspectos próximos com outros planetas. Durante o tempo de vida, tais aspectos poderão tornar-se exatos unicamente por progressões diretas ou "inversas". Um grande número de manuais de astrologia dá uma lista de significados negativos para os supostos "maus" aspectos de Urano e Netuno; com freqüência, é dada uma interpretação negativa até mesmo à presença desses planetas em casas natais. Como já foi dito, quando muito tal interpretação só é válida quando a vida e o propósito de um indivíduo são encarados unicamente do ponto de vista de um tipo Júpiter-Saturno de "normalidade" social e pessoal; onde a complacência, a felicidade estática, o conforto e o sucesso sócio-econômico são considerados os valores supremos para os seres humanos. Mas não estamos vivendo numa sociedade estática. Nossa era é uma era intensamente dinâmica – é uma era de revoluções, de mudança constante e de metamorfose espiritual e também social.

O século XX poderá ser o século de Plutão. Mas antes que Plutão possa ser abordado e vivenciado de uma maneira positiva, construtiva, os seres humanos devem ter aprendido a atravessar vitoriosamente as revoluções e as crises de crescimento representadas por Urano e Netuno. Se Plutão aí está para estabelecer os alicerces de um renascimento numa esfera de vida muito mais ampla, o indivíduo antes deve ter sido renovado por Urano e purificado por Netuno. Estes dois últimos planetas são símbolos do "umbral". Podemos tropeçar num umbral e aterrar num hospital; ou podemos atravessá-lo e entrar numa nova vida. Só quando a última alternativa *é percebida não só como uma possibilidade mas, de fato, como o único alvo desejável,* é que se pode enfrentar vitoriosamente, e com um mínimo de perturbação, os desafios apresentados por Urano e Netuno. É função de Urano revelar esse alvo para o indivíduo, com um jorro de uma nova luz – mesmo que no princípio ela possa parecer cegante. Uma vez aceita a nova visão, a nova meta, Netuno poderá começar a mudar construtivamente a química, a própria substância da personalidade de um indivíduo. Se a pessoa se recusa a mudar, ou mesmo a admitir a possibilidade de uma mudança, a vida, então, ou o destruirá ou o deixará perdido no seu pequeno mundo egocêntrico, com seus sucessos e virtudes cada vez mais inúteis ou com suas loucuras e pecados "normais".

De acordo com o lugar que Urano ocupa no mapa do nascimento, procure o local e a área de experiência na qual é mais provável que aconteçam profundas mudanças pessoais, autotransformação ou revoluções trágicas; tente aprender a compreender e a receber com prazer o *propósito* da metamorfose – a trabalhar conscientemente com ela. Onde Netuno se encontra no mapa de nascimento, procure aquela função biológica e psicológica e aquela área de experiência ou campo de desenvolvimento pessoal que deverá ser reorientado, renovado e "transubstanciado" ("quimicamente" mudado ou repolarizado) durante a sua vida. Aqui, porém, deverá ficar bem claro para qualquer um que se interesse pela astrologia e por seu próprio mapa (ou dos seus amigos) que Urano permanece durante sete anos e Netuno por cerca de treze num único Signo zodiacal. Portanto, *qualquer* interpretação das posições natais desses planetas num Signo zodiacal refere-se a *qualquer pessoa nascida* dentro de um período de sete e de treze anos, respectivamente. Isso significa que a interpretação deve ser realmente muito geral e que ela simplesmente *não pode* aplicar-se a doenças específicas, ou a traços de caráter, pois estes obviamente não são partilhados por *todos* os que nasceram durante esses períodos.

Tome, por exemplo, o caso de Urano em Escorpião, Urano passou através desse signo de 1891 até 1898. Cada pessoa nascida durante esse período, teve, portanto, na sua conformação, as supostas características de "Urano em Escorpião". Deve ser encontrado algum tipo de "denominador comum" uraniano em todas essas pessoas, se "ter Urano em Escorpião no nascimento" significa realmente alguma coisa. O que pode ser? Deve ser alguma coisa tão impalpável quanto as características que fazem um inglês agir e parecer "inglês", um francês parecer "francês", etc. Esses tipos de *características coletivas* não são fáceis de definir, especialmente por meio de alguns poucos termos concretos. Contudo, a geração nascida na década de 90 do século passado, na maioria dos casos com Urano em Escorpião (e sempre com Netuno e Plutão em Gêmeos), é a geração que estava nos seus vinte anos no encerramento da I Guerra Mundial e viveu na "Era do Jazz". Ela experimentou uma rebelião generalizada contra os tabus sexuais. Nem todos romperam com as convenções sexuais, e seria insensato declarar que todos procuraram rompê-las, mas pode-se dizer que os desafios uranianos para a autotransformação tomaram, para essas pessoas, a forma de crises relacionadas com o uso do tipo de energias vitais astrologicamente associadas com Escorpião – sendo o sexo apenas um entre os muitos aspectos das funções biopsicológicas que estão relacionadas com Escorpião.

Cada geração (usando o termo para significar, realmente, um "grupo de idade") tem uma maneira básica de abordar a solução de um problema essencial de desenvolvimento pessoal. Essa abordagem é condicionada pelas influências do passado social e cultural, pelo comportamento dos pais, pelas pressões sociais, econômicas e políticas. A presença, durante alguns anos, de um dos planetas mais remotos num determinado Signo do Zodíaco, simboliza essa abordagem. Ela estabelece uma tônica na consciência, que trabalha de duas maneiras: na forma de energias fundamentais inconscientes ou irracionais (os Signos zodiacais nos quais esses planetas estão situados no nascimento) e, depois, na forma de comportamento e atenção consciente (o Signo através do qual os planetas passam na ocasião da crise).

Conseqüentemente, a Era do Jazz e suas crises uranianas de rebelião inquieta, de autotransformação e liberação dos padrões da era vitoriana, foram baseadas, muito tipicamente, num alicerce Urano em Escorpião; mas elas transmitiram a acentuação exterior, consciente, representada por Urano em Peixes (1920-1927) que tem como algumas das suas características mais simbólicas a desconsideração, em grande escala, do Ato da Proibição, a busca de excitação, de intoxicação, de auto-expressão dramática, etc. Do fim da adolescência até os vinte e poucos anos, esse grupo de idade Urano em Peixes experimentou os penosos holocaustos militares da II Guerra Mundial e teve de levar avante os negócios do mundo à custa da salvação ou desintegração da nossa cultura da "Era de Peixes" – talvez deixando para o grupo Urano em Áries o desafio de liberar (Áries) um novo impulso criativo do qual talvez possa nascer uma nova sociedade.

No que concerne à pessoa individualizada, a presença de Urano em uma ou outra casa do mapa de nascimento normalmente é o fator mais revelador Ela estabelece a *área de experiência pessoal* na qual as crises uranianas de autotransformação devem ser, essencialmente, enfrentadas ou, poderíamos dizer, o foco das crises. A casa natal na qual Netuno é encontrado indica o tipo de confronto no qual o indivíduo pode, da maneira mais característica, renovar a própria substância (ou a "química") da sua natureza e do seu caráter ou ego. Através desse tipo de confronto (e cada casa natal representa um tipo), as limitações do ego pessoal podem ser dissolvidas e o indivíduo poderá realizar suas libertação espiritual – o próximo problema, depois disso, será o de determinar *para que serve* essa liberdade, qual é o propósito dela. Essas indicações, combinadas com aquelas dadas pelos símbolos associados ao *grau* zodiacal exato, no qual esses planetas estavam localizados no nascimento, são por demais reveladoras, em quase todos os casos.

Toda vez que os trânsitos de Urano e Netuno são estudados, ambos os planetas devem ser considerados em conjunto. Crises sérias tendem a ocorrer principalmente quando ambos formam aspectos com planetas natais importantes na mesma ocasião. Em alguns casos, Urano ou Netuno transitarão sobre o Sol natal, sobre a Lua ou o "planeta regente", enquanto o Sol ou a Lua progredidos estarão em quadratura ou em oposição ao Urano natal e ao Netuno natal. Normalmente, estes são casos decisivos nos quais o desafio virá, por assim dizer, de dentro e também de fora. A vida interior está pronta para mudar; e sob a pressão dessa necessidade interior, espiritual ou talvez biológica, de mudar ("progressões"), uma corrente de eventos surpreendentes trará as questões para um foco muito nítido, perturbando profundamente a vida social ou familiar do indivíduo ("trânsitos"). De qualquer modo, o importante para o indivíduo é compreender, aceitar e trabalhar com o processo de metamorfose, e não se rebelar contra ele ou fugir dele com medo ou desalento emocional. Isso, porém, exige normalmente muita coragem espiritual e uma mente firme e objetiva, ou uma intensa fé em Deus. Quando essas coisas estão faltando, o ego aturdido entra em colapso e se expõe à invasão de forças irracionais ou destrutivas, ou fecha suas portas tão hermeticamente que será muito difícil abri-las de novo. No melhor dos casos, haverá a necessidade trágica de uma outra crise para abalá-las e, desse modo, tornar operativo o processo de crescimento que foi retardado.

A condição do ambiente social e familiar afeta profundamente a nossa aptidão para enfrentar com sucesso as crises pessoais de autotransformação. Quando esse ambiente em si é caótico, como acontece durante guerras e revoluções, a tendência para o colapso do indivíduo torna-se muito mais forte. Todavia, há almas que, *justamente porque* o mundo está num caos, conseguem reunir forças, vindas do seu próprio centro espiritual, para se manterem firmes e fortes em contraste com esse caos exterior. Se uma personalidade pode ou não reunir essa força, essa é uma questão que ninguém jamais poderá determinar baseando-se apenas em dados astrológicos, pois *qualquer* indicação astrológica pode ser construtiva ou destrutiva *nos seus resultados finais.*

O ciclo combinado de Urano e Netuno dura cerca de 171 anos. Houve uma conjunção desses dois planetas em 1821, no começo de Capricórnio, e a próxima ocorrerá em 1992, no meio de Capricórnio. A conjunção de 1650, no meio de Sagitário, tem sido freqüentemente associada com convulsões, bem conhecidas, na Inglaterra. O ano de 1821 marcou a época da morte de Napoleão I e os primeiros inícios da Revolução Industrial e da Era Romântica generalizada. A oposição de Urano e Netuno foi o símbolo mundial da primeira década do nosso século. O processo de metamorfose global, iniciado pela humanidade por volta de 1821, alcançou então o seu ponto de realização potencial. Contudo, porque a humanidade tem sido tão malsucedida no que se refere a manejar sabiamente, com ética e espiritualidade, as tremendas energias novas liberadas depois da conjunção de 1821, a oposição dos dois planetas "metamórficos" provocou o início de um vasto processo de separação e destruição mundial. A ascensão do Japão, após a do Império Alemão, e a primeira fase (malsucedida) da Revolução russa depois da derrota da Rússia na Manchúria, iniciaram esse processo destrutivo. Nossas "Guerras Mundiais" são, na realidade, fases da "guerra civil" global de uma humanidade que se agarrou aos fantasmas político-sociais do "imperialismo" e da "soberania nacional absoluta", deixando que esses fantasmas envenenem a mente das pessoas que são escravas da cobiça e da paixão pela riqueza e pelo poder e das que são escravas de instituições obsoletas, de ideologias e de prevenções sociais e religiosas.

O último aspecto de quadratura do atual ciclo Urano-Netuno (1821-1992) tornou-se exato em outubro de 1953 (além disso, com Saturno em conjunção com Netuno), e se repetiu em 1954 e em 1955 (então, com Júpiter em conjunção com Urano). Obviamente, uma fase de catarse (uma "purgação" de materiais cristalizados, mortos, no corpo político-social da humanidade) é inevitável. É esta a crise mundial que os nossos próprios erros e "pecados", e os dos nossos ancestrais, contra o Espírito Humano Criativo tornaram necessária; e ela pode assumir uma variedade de formas. A humanidade obviamente será, e está sendo, "posta à prova"; mas, embora a fase do "último quarto" de um ciclo possa ser uma época de destruição de velhas estruturas que já não são úteis à vida, ela também é a época em que a *semente*, que será a base do ciclo futuro, está tomando uma forma definida. Dentro do período que vai de 1955 até 1992, pode-se esperar que essa "semente" cresça.

Na verdade, é a semente que, à medida que cresce dentro do fruto, mata a planta que a produziu. Quando está pronto para nascer, o futuro torna o passado obsoleto. Este é o significado de todas as crises. Os que vencem são os que se encaminham sem medo na direção do futuro e, mesmo conservando na sua própria substância e na sua lembrança os valores espirituais produzidos pelo passado, não hesitam em renunciar às formas exteriores desse passado. Toda crise é uma morte para o que "foi". É a gestação daquilo que "deve ser", se vai haver uma consumação do indivíduo, da nação e da raça humana. Aqueles que permanecem no caminho dessa consumação devem sofrer e experimentar a tragédia ou a morte — até que aceitem, recebam com satisfação e compreendam claramente o propósito divino. Os indivíduos que aceitam, recebem com prazer e assimilam compreensivamente as novas metas da evolução, para si mesmos e para a humanidade, tornam-se as "sementes" do novo ciclo. Eles são os "pais" de amanhãs muito melhores, são as nascentes de uma vida mais rica.

20 O Papel do Astrólogo Como Consultor

Lembro-me de ter folheado, há alguns anos, uma revista sobre relações públicas e de ter sido atraído por uma declaração mais ou menos nestes termos: "Nossa Era é a Era do Consultor". O artigo prosseguia dizendo que, numa sociedade que se tornou extraordinariamente complexa e cuja tônica é a especialização, as pessoas, em luta com os inúmeros problemas de negócios e de organização social, têm achado necessário recorrer periodicamente a especialistas e a conselheiros treinados para poder ter uma imagem mais clara desses problemas, para aperfeiçoar suas habilidades ou, simplesmente, assegurar-se de que estão atacando pelo lado certo.

O que é um fato no mundo dos negócios, ou naquele trabalho infinitamente arriscado que é o governo e a diplomacia, também é um fato na área ligada à vida particular de homens e mulheres da atualidade. Em todos os lugares, indivíduos confusos e inquietos estão se dirigindo para os escritórios de "consultores" – sejam eles psicólogos, especialistas em dietas sadias, conselheiros matrimoniais, médiuns, clarividentes ou astrólogos. Agora as pessoas precisam de conselhos, muito mais do que precisavam quando eram conduzidas ao confessor, ao pastor ou ao médico da família em dias passados. Elas pedem que essa orientação seja dada de uma maneira muito mais definida, mais "científica" do que jamais foi antes – quer dizer, não tomando como base princípios gerais de ética, religião ou higiene, mas em termos de indicações claramente definidas no que se refere a como elas poderão adquirir uma técnica, digna de confiança, para a solução dos seus problemas. O enorme sucesso dos livros que dizem "como fazer" é outro aspecto desse ávido desejo de informações técnicas; parece, todavia, que o conhecimento através dos livros quase nunca toma completamente o lugar do consultor, pois as pessoas estão começando a compreender que *elas mesmas* são o problema básico que está por trás de todos os outros problemas; e ninguém pode conhecer-se de modo verdadeiro e objetivo a não ser através do espelho dos olhos e da mente de uma outra pessoa. Os livros estão por demais cheios de tinta para refletirem a imagem do leitor ante o seu olhor ansioso!

Evidentemente, há todos os tipos de consultor; e há uma grande diferença entre o especialista em transações comerciais, que é consultado por um executivo, o cientista eminente, que é chamado para dar uma orientação na construção de um complicado aparelho de física, e o astrólogo profissional – ou o clarividente famoso – a quem as pessoas, incapazes de enfrentar com sucesso os problemas especiais do relacionamento pessoal, vão procurar em busca de um conselho na esperança de que possa ser feito um prognóstico satisfatório. Não obstante, em qualquer forma de consulta existem fatores básicos que deverão ser levados em consideração, se é que o trabalho do consultor vai ser realmente bem-sucedido – não apenas no nível superficial do conselho exato, mas também no nível psicológico, muito mais profundo, do *efeito da consulta sobre a pessoa que está procurando uma orientação.* Presumivelmente, na maioria dos casos, essa pessoa precisa de informações mais definidas; com freqüência, porém, ela precisa de muito mais do que isso – ou seja, ela necessita que a sua confiança lhe seja restituída e precisa sentir – depois de deixar o consultor – que está mais capacitada para enfrentar os problemas em geral. Em outras palavras, o consultor deverá ser capaz de dar não apenas informações – um livro ou uma máquina podem fazer isso – mas também autoconfiança. Nem todos os consultores fazem isso; e muitos fazem exatamente o contrário.

Há alguns anos atrás, o comitê de planejamento da Cruz Vermelha apresentou oito qualificações definindo o consultor e o caráter essencial de sua função. O consultor é uma pessoa: 1) que outros procuram em busca de ajuda; 2) que ajuda os outros a ajudarem a si mesmos; 3) que tem um conhecimento amplo e um ponto de vista objetivo; 4) que tem habilidade e treinamento especializado; 5) que é adepto da criação de um clima para que a ajuda seja desejada; 6) cujos conselhos podem ser aceitos ou rejeitados; 7) que não é um agente e nem um operador; 8) que deve ter tempo suficiente para realizar um trabalho educativo. Essas especificações aplicam-se extraordinariamente bem à pessoa que está sendo consultada na base do seu conhecimento astrológico e da sua habilidade para interpretar.

Conforme venho apontando durante muitos anos, a astrologia do nascimento é uma técnica que capacita os seres humanos a conseguir um tipo específico de ajuda na solução de problemas que, sem ajuda e usando métodos racionais, eles não podem entender plenamente ou solucionar. Contudo, a palavra "problema" pode ter um significado ambíguo. No sentido que eu a estou usando aqui, ela se refere a qualquer situação na qual os elementos são obscuros, provocam confusão e geram conflitos – uma situação que parece requerer uma decisão, todavia, não oferece uma ilustração adequada sobre a qual essa decisão possa se basear logicamente. Uma decisão acertada exige que tenhamos uma compreensão objetiva das causas da situação que está diante de nós; e nós só podemos fazer uma escolha significativa e "livre" se temos bases adequadas para julgamento e avaliação. Na vida, porém, muitas vezes nós temos de dar um novo passo sem ter qualquer maneira racional de saber o que as outras pessoas envolvidas farão ou poderão fazer, o que poderá ocorrer no nosso ambiente num futuro próximo, ou até como nós mesmos reagiremos quando confrontados com os resultados gerados direta ou indiretamente por nossas ações. É isto, naturalmente, que torna bastante ambíguo o conceito de "livre escolha".

Você é "livre" para decidir quando não há uma maneira normal de conhecer as causas da situação que está exigindo uma escolha, ou os resultados das escolhas possíveis? O animal, no estado natural, normalmente escolhe a maneira certa de reagir baseado em instintos compulsivos. Os humanos desenvolveram a inteligência à custa de pelo menos alguns dos seus instintos. A inteligência, porém, precisa ter bases conscientes para seus julgamentos, e muitas vezes essas bases não existem; e a famosa "voz da intuição" não é digna de confiança porque poderá ser a voz de alguma outra coisa – de um complexo psicológico, do medo, da preguiça ou até mesmo de um "fantasma" de verdade (a pressão exercida por alguma entidade psíquica, ou por um "persuasor oculto"). E onde a inteligência não pode nos dar as bases lógicas que necessitamos para uma decisão deliberada, a astrologia pode vir em nossa ajuda – e nós realmente precisamos de ajuda! Contudo, há ajuda e *ajuda!* Nós podemos ficar irracional e compulsivamente amarrados àquele que nos ajuda, ou podemos ser ajudados a nos ajudarmos. No primeiro caso, aceitamos passivamente as prescrições de uma fonte de informação autoritária, que usurpou a nossa sagrada prerrogativa humana de tomar decisões; no segundo caso, nos é dada uma nova perspectiva, uma nova maneira de olhar para os nossos problemas e algumas bases sobre as quais agora podemos tomar uma decisão – uma decisão objetiva, consciente e informada.

Há astrólogos – muitos deles – que, juntamente com vários tipos de médiuns "inspirados" e de "fazedores de milagres", estão dispostos demais a anunciar o que vai acontecer, qual o curso de ação que deve ser tomado, se isto é bom ou mau para você, etc. As pessoas correm para eles, pois a maioria dos seres humanos gosta de aceitar a "autoridade" e de "conhecer a Verdade" (com "V" maiúsculo). Outros astrólogos são *consultores* verdadeiros; eles têm "um conhecimento amplo e um ponto de vista objetivo", assim como também têm "habilidade e treinamento especializado"; mas eles não pretendem ser "agentes" ou "operadores". Eles estabelecem um verdadeiro relacionamento de consultoria com seus clientes, de modo que qualquer conselho dado "poderá ser aceito ou rejeitado". A única coisa em que eles insistem – ou deverão insistir, se for conveniente (o que nem sempre é o caso) – é que "tenham tempo suficiente para realizar um trabalho educativo", pois uma consulta astrológica deverá ser uma forma de educação; portanto, deverá ser uma experiência repetida porque não há educação sem repetição. Que espécie de educação pode ser essa? Educação na qual a pessoa aprende a ser objetiva em relação ao seu próprio tempo de vida total e adquire percepção dos ritmos básicos da sua existência como um indivíduo. Será possível ver esses ritmos operando através dos anos de vida que já passaram; eles deverão ser cuidadosamente estudados. Só tendo como base uma *compreensão vívida do passado* é que se torna possível orientar as atividades, que estão imediatamente à frente, em direção a um futuro construtivo no qual o potencial inato do indivíduo pode ser mais plena e harmoniosamente *realizado*.

O astrólogo não pode prever os acontecimentos futuros *exatos* da vida de um indivíduo; se ele pudesse, a astrologia seria prejudicial e destrutiva para a integridade da pessoa. Ninguém pode predizer exatamente esses eventos *individuais*, nem mesmo Deus; e sempre que há estórias a respeito de tais predições, fatores muito básicos não são mencionados. Por exemplo, no caso dos famosos livros astrológicos antigos da Índia, nos quais os destinos exatos de muitas pessoas, até mesmo de algumas nascidas nos dias de hoje, foram escritos aparentemente há muitos séculos atrás; somente uma pessoa que passasse por testes rígidos e seletivos é que teria permissão para ouvir as profecias para o dia do seu nascimento. Em outras palavras, ela, entre milhares de pessoas nascidas naquele dia, teria de provar que era aquela que se enquadrava no tal padrão arquetípico de experiência da alma, em termos de eventos particulares. A astrologia normalmente pode revelar o padrão de estruturação da vida de um indivíduo, o ritmo básico (ou a "forma") do processo de existência desde o nascimento até a morte; mas se uma *estrutura* é determinada, isto não significa que os *eventos* existenciais reais que enchem essa estrutura básica também sejam predeterminados. Um copo pode conter um vinho delicioso ou um veneno; ambas as substâncias são modeladas pela forma do copo. Todos têm uma estrutura básica de ser; ela é a forma dessa personalidade individual. Ela também é o seu "destino" – se por destino queremos nos referir àquele roteiro por meio do qual aquilo que era potencial por ocasião do nascimento poderá ser realizado durante o tempo de duração da vida; e eu digo "poderá" porque muitas pessoas, durante suas vidas inteiras, realizam apenas uma fração das suas potencialidades inatas.

A astrologia diz a você o que "poderá tornar-se realidade, mas não aquilo que "irá" acontecer; mas porque ela pode revelar a *ordem estrutural inata* da personalidade de um indivíduo, ela pode "educar" esse indivíduo para que ele enfrente os confrontos da sua vida cotidiana com organização e objetividade – isto é, em termos de todo o potencial do seu ser, em termos do que o Zen chama de sua "natureza fundamental". O verdadeiro astrólogo é um especialista em valores estruturais referentes ao desenvolvimento da personalidade, é um especialista em destino humano. Ele pode ser consultado sobre todas as questões que afetam a realização do potencial de um indivíduo – isto é, sobre todas as questões referentes à pergunta: "Como poderei tornar-me aquilo que *sou* essencialmente como um todo orgânico de existência humana?" Ele pode, ao menos teoricamente, responder a essa pergunta, e às suas inúmeras ramificações, *como um consultor*. Todavia, como consultor, não se pode esperar que ele diga ao seu cliente o que irá acontecer no próximo mês ou no próximo ano, ou o que ele deve fazer; isto seria da competência de um vidente ou de um oráculo. A diferença é muito importante e deve ser bem esclarecida para que se evitem decepções e ilusões.

Um consultor astrológico, repito, deverá ter um amplo conhecimento da natureza humana, das condições sociais existentes no meio ambiente do seu cliente; deverá ter um ponto de vista objetivo – isto é, uma forma de abordagem que não tenha sido influenciada por sua própria atitude subjetiva e por suas prevenções pessoais. Naturalmente, ele também deverá ter treinamento e perícia. Terá de compreender uma grande variedade de fatos básicos que são inerentes ao seu papel como consultor. O primeiro desses fatos é que, mesmo que o cliente confie na sua competência, ele ainda poderá sentir que o consultor pode se colocar no seu lugar (do cliente). Uma abordagem subjetiva sempre parece um tanto suspeita e fora de propósito para alguém que está subjetiva e emocionalmente envolvido numa situação que provoca um transtorno profundo. O consultor astrológico poderá ter de recuar até algumas situações um tanto similares, existentes no passado do seu cliente, e, como um psicólogo perspicaz, mostrar a ele quais foram os resultados interiores e exteriores de crises do passado que foram enfrentadas sem êxito. Ele deve provar ao seu cliente que tem "empatia" com ele, que pode "simpatizar" com suas emoções mais profundas, criando com isso uma atmosfera de confiança num nível mais do que técnico – isto é, num nível humano.

O consultor também tem de entender que o seu cliente tenderá a resistir a qualquer sugestão que implique uma mudança fundamental de atitude da parte desse cliente. De fato, é muito humano querer que as situações mudem, contanto que *nós* não tenhamos de mudar. É aqui que deverá ser da maior importância a apresentação de um amplo quadro da vida do cliente como um todo, com seus ritmos básicos de desenvolvimento e seus ciclos (trânsitos planetários, ciclo de lunação progredido e ciclos numerológicos, tais como os ciclos fundamentais de 7 e de 28 anos). Uma "pessoa" não quer mudar porque está hipnotizada pelo momento presente. Contudo, esta "situação de *agora*" não tem um significado profundo em termos do eu individual do cliente, até que seja relacionada com a estrutura e o desenvolvimento rítmico da sua vida inteira. A primeira menstruação de uma menina seria uma experiência devastadora se não dissessem a ela que isso é uma fase do desenvolvimento total do seu corpo e da sua vida como mulher e futura mãe. O "presente" é apenas uma fase fugaz do tempo cíclico; ele só adquire significado quando é colocado dentro do processo cíclico de uma vida inteira, desde o nascimento até a morte – e, teoricamente, até mesmo além do nascimento e da morte, se a encarnação é um fato que podemos aceitar de uma forma inteligente e consciente.

"Por que isto acontece *comigo*?" pergunta o cliente, aborrecido. O que o consultor poderá dizer-lhe que tenha algum significado, a menos que possa indicar o lugar e a função que essa experiência aflitiva ocupa e cumpre dentro do esquema de realização, durante a vida toda, do potencial com que nasceu? Dizer: "Oh, sim, Saturno agora está se movendo sobre sua Vênus, que está em quadratura com Marte" – não serve de consolo. A princípio, dá um caráter mais objetivo, inevitável e assustador à situação. Se Saturno está envolvido, então que o consultor estude, com o cliente, o ciclo inteiro desse planeta, todos os aspectos formados por ele, seu movimento através de uma casa após outra; acima de tudo, que o consultor desenhe a situação *total* do mapa, em termos de trânsito e progressão, e não enfatize apenas um aspecto aparentemente perturbador. Todos os planetas estão sempre ativos, tenham ou não tenham aspectos exatos. O que importa é *o relacionamento mútuo total dos seus movimentos cíclicos,* em qualquer tempo e em relação ao caráter do mapa de nascimento.

No relacionamento cliente-consultor, outro ponto que precisa ser acentuado é o desejo ansioso usual, do cliente, de descobrir uma solução *imediata* para o seu problema, ou problemas. O desejo de resultados rápidos e de soluções fáceis é a desgraça da vida moderna. O fator tempo raramente é levado em consideração por qualquer um, na nossa sociedade, que esteja com problemas, que tenha perdido o contato com os ritmos básicos das estações da vida e do lento desenvolvimento biológico através dos anos. Porque nós todos sentimos que estamos vivendo num período de mudança extremamente acelerada e numa crise de transição entre duas eras, ficamos impacientes com as demoras e não temos percepção da necessidade de um processo de cura e "redenção" que, para ser sadio, deve começar na camada mais profunda da substância da mente da humanidade como um todo e, muito lentamente, subir até a superfície. A mente da humanidade sofreu ferimentos graves durante os últimos dois milênios – período durante o qual a humanidade se desenvolveu do antigo estado tribal de escravização ao solo, às tradições e aos ideais de exclusivismo – até chegar a um estado, ainda vagamente compreendido, de organização mundial e cooperação harmônica. Do mesmo modo, as psiques dos clientes adultos normalmente estão distorcidas ou marcadas com as cicatrizes de complexos, lembranças ou temores antigos, quando eles vêm pedir ao consultor astrológico, ou ao psicólogo, que mostre uma solução para um problema especialmente pungente e mais recente.

As pessoas hoje em dia habituaram-se a considerar o tratamento psicanalítico ou psiquiátrico como sendo um processo longo e caro; assim mesmo, ainda esperam que os consultores astrológicos possam trazer-lhes consolo, esperança e fé em si mesmos no espaço de uma ou duas horas. Os consultores sofrem pressões para descobrir, imediatamente, fatores mágicos que libertem a mente da ansiedade e façam com que tudo saia bem — *com a maior brevidade.* Naturalmente, essa é uma situação impossível; ela nasce do fato de que a maioria das pessoas ainda pensa que a astrologia é uma arte misteriosa, capaz de curar todos os tipos de ansiedades e incertezas. É inútil pedir que a astrologia faça isso. A astrologia é uma técnica de compreensão e uma disciplina do pensamento, graças à qual uma pessoa pode ter uma perspectiva nova da sua vida inteira e uma compreensão mais objetiva e estruturada do lugar e da função das experiências e das crises mais importantes da sua vida. A astrologia pode transformar uma crise aparentemente inútil num processo de catarse, num prelúdio para o renascimento num nível de existência mais elevado e mais abrangente. Ela pode dizer se o cliente está no começo, no meio ou no fim de certos ciclos — e se é ou não prudente forçar a marcha para a frente nesse mesmo momento, ou esperar uma hora mais oportuna e mais significativa.

Não cabe ao consultor astrológico, ou qualquer outro tipo de consultor, tomar decisões por seu cliente. O consultor é, essencialmente, um educador e um conselheiro; ele deverá ajudar seu cliente — talvez até mesmo treiná-lo — a obter um novo tipo de abordagem dos problemas da vida e, especialmente, do problema que o próprio cliente apresenta nos seus contatos com outras pessoas e com as tradições sociais. Naturalmente, tal assistência requer que o astrólogo e o cliente estabeleçam uma comunicação sincera um com o outro; e, para o astrólogo, muitas vezes é bastante difícil comunicar aquilo que ele vê, nos mapas de nascimento, que seja aplicável. É difícil porque a astrologia é uma linguagem especial, cujos símbolos abrangentes não podem ser traduzidos facilmente na linguagem comum de palavras que têm um significado mais ou menos preciso e concreto, que o cliente conhece. A linguagem astrológica é ainda mais difícil de ser compreendida por cientistas academicamente treinados, porque é uma linguagem cujas palavras (planetas, signos, casas, modos, etc.) podem se referir a muitos níveis de significação diferente e, em muitos casos, poderão ter um significado positivo ou negativo. Portanto, aquilo que o consultor astrológico poderá "sentir" a respeito da situação do seu cliente, conforme o quadro apresentado pelos mapas que tem à sua frente, muitas vezes não pode ser declarado em termos de ações definidas e concretas. Neste sentido, a posição do astrólogo é similar a do clarividente genuíno que, quando consultado a respeito de algum assunto, "vê" um símbolo (ou uma cena simbólica) que ele, ou ela, sabe que representa a solução do problema real. Contudo, o problema real nem sempre é o problema contado pelo cliente, e a solução expressada no símbolo poderá não ser fácil de colocar em palavras que *comunicariam ao cliente* qual é o verdadeiro significado da situação.

Isso, porém, é o que pode ocorrer em qualquer consulta – médica, psicológica, astrológica, sociológica – onde são levantadas questões que se referem a pessoas em particular e a relacionamentos entre pessoas; em tais áreas de experiência humana, os níveis de realidade se interpenetram e os fatores conscientes quase nunca estão inteiramente separados das tendências, das esperanças e dos temores, inconscientes ou semiconscientes. É isto que faz com que essas profissões sejam fascinantes e, ao mesmo tempo, perigosas. Elas exigem que o consultor tenha não só uma ampla esfera de conhecimento de natureza humana e grande perícia técnica, mas também a capacidade de *ressoar* em vibração simpática com o cliente, de modo que o conselho mais profundo que ele possa dar seja transmitido sem palavras – isto é, pelo puro contágio da sua presença e daquilo que ele representa. Esta é uma incumbência difícil. Poucos consultores poderão desempenhá-la; mas esses poucos nem sempre são os mais procurados porque a grande maioria das pessoas quer soluções bem definidas e receitas de fácil utilização, formuladas em termos simples que as suas mentes-ego possam compreender rapidamente – e, o que é comum, esquecer ou não colocar em prática por pura preguiça ou indiferença! Há um tempo para tudo. Um consultor deverá ter um apurado senso de cronometragem. No fim de uma entrevista, podem ser ditas algumas coisas que teriam sido prejudiciais se ditas no princípio. Aqui, mais uma vez, o consultor de astrologia quase sempre é seriamente prejudicado pela forma tradicional de relacionamento entre astrólogo e cliente – uma entrevista bastante breve, durante a qual o cliente espera que tudo seja dito.

Um novo tipo de relacionamento está sendo por demais necessitado hoje em dia – na verdade, uma nova abordagem da astrologia. A preocupação do astrólogo de hoje, com respeito a "elevar" a astrologia ao nível aceitável de uma "ciência", através do uso de estatísticas e de outras ferramentas analíticas reverenciadas nas nossas "fábricas" oficiais de "conhecimento" (universidades), não irá produzir uma abordagem mais construtiva dos problemas encarados pelo consultor de astrologia em relação aos clientes. É mais provável que ela faça com que tal relacionamento se torne menos eficaz pois, para ser realmente eficaz, esse deve ser um relacionamento de pessoa para pessoa – e a ciência não lida com *casos individuais,* mas com *médias estatísticas*. A ciência não lida com valores humanos, mas a pessoa vai ao consultor de astrologia pedindo ajuda. Inconscientemente, ela sempre pede ajuda, mesmo que esteja *conscientemente* motivada pela curiosidade. Com seu senso de personalidade individual única, ela vem em busca de ajuda, mesmo que o problema por ela declarado pareça ser um problema comum; e é com esse senso de personalidade que o consultor deve lidar. Pois nós todos somos o nosso próprio problema mais básico; e a astrologia deverá ajudar-nos a enfrentá-lo de forma objetiva e serena, sem evasão e sem o senso de insegurança que o nosso ego intelectual pode gerar.

Editora Pensamento

Rua Dr. Mário Vicente, 374
04270 São Paulo, SP
Fone 63-3141

Livraria Pensamento

Rua Dr. Rodrigo Silva, 87
01501 São Paulo, SP

Gráfica Pensamento

Rua Domingos Paiva, 60
03043 São Paulo, SP